HEYNE ‹

W0096210

MARK OWEN
MIT KEVIN MAURER

MISSION ERFÜLLT

NAVY SEALS IM EINSATZ:
WIE WIR OSAMA BIN LADEN AUFSPÜRTEN
UND ZUR STRECKE BRACHTEN

Aus dem Englischen von
Helmut Dierlamm, Karlheinz Dürr, Hans Freundl,
Karin Miedler, Thomas Pfeiffer, Heike Schlatterer
und Karin Schuler

HEYNE ‹

Die Originalausgabe erschien 2012 unter dem Titel *No Easy Day. The Firsthand Account of the Mission That Killed Osama Bin Laden* bei Dutton, USA.

Verlagsgruppe Random House FSC-DEU-0100
Das für dieses Buch verwendete FSC®-zertifizierte Papier
Super Snowbright liefert Hellefoss AS, Hokksund, Norwegen.

2. Auflage
Umschlaggestaltung: Hauptmann und Kompanie Werbeagentur, Zürich, unter
Verwendung eines Entwurfs von Anthony Ramondo, Penguin Group (USA)
Umschlagfotos: © NRA Life of Duty/Alamy/Shutterstock Images
Innenfotos: Aus der Sammlung des Autors
Karten: Travis Rightmeyer
Redaktion: Ulrich Mihr
Satz: EDV-Fotosatz Huber/Verlagsservice G. Pfeifer, Germering
Druck und Bindung: GGP Media GmbH, Pößneck
Printed in Germany 2012

ISBN: 978-3-453-20038-8

www.heyne.de

The only easy day was yesterday.

Navy SEAL Philosophie

Long live the Brotherhood.

INHALT

Chalk One

Eine Minute vor Erreichen des Ziels schob der Crew Chief des Black Hawk die Luke auf und hielt einen Finger in die Höhe.

Ich konnte ihn kaum erkennen – die Nachtsichtbrille verdeckte seine Augen. Dann sah ich, wie meine SEAL-Teamkameraden das Zeichen durch den Hubschrauber weitergaben.

Die Kabine war vom Dröhnen der Maschinen und dem Geräusch der Rotoren erfüllt, die über uns die Luft durchschnitten. Der Wind zerrte an mir, als ich mich hinauslehnte und in der Hoffnung, einen Blick auf die Stadt Abbottabad zu erhaschen, auf das dunkle Land unter uns hinunterschaute.

Eineinhalb Stunden zuvor hatten wir unsere zwei MH-60-Black Hawks bestiegen und waren in eine mondlose Nacht aufgestiegen. Der Flug von unserer Basis im afghanischen Dschalalabad bis zur pakistanischen Grenze war nur kurz, und von dort aus war es nochmals eine gute Stunde bis zu dem Ziel, das wir seit Wochen auf Satellitenaufnahmen studiert hatten.

Abgesehen von den Lichtern aus dem Cockpit herrschte in der Kabine völlige Dunkelheit. Ich hatte den Flug mit dem Rücken gegen die linke Tür gelehnt gesessen und konnte meine Beine nicht ausstrecken. Um Gewicht zu sparen, hatten wir die Sitze aus dem Hubschrauber ausgebaut, und so saßen wir entweder auf dem Boden oder auf kleinen Campingstühlen, die wir vor unserer Abreise in einem Sportgeschäft gekauft hatten.

Jetzt nutzte ich die Gelegenheit, meine eingeschlafenen Beine durch die offene Tür auszustrecken, damit das Blut wieder zirkulieren konnte. Insgesamt drängten sich in unserer Kabine und der des zweiten Hubschraubers, mich mitgezählt, 24 Angehörige der Naval Special Warfare Development Group, kurz DEVGRU. Ich hatte mit diesen Männern schon Dutzende Operationen durchgeführt. Manche kannte ich seit zehn oder mehr Jahren. Ich vertraute allen vollkommen.

Fünf Minuten zuvor war die Kabine unvermittelt zum Leben erwacht. Wir hatten unsere Helme herausgeholt, die Funkgeräte geprüft und unsere Waffen einem letzten Check unterzogen. Meine Ausrüstung wog dreißig Kilogramm, bis auf das letzte Gramm sorgfältig für diese spezielle Operation ausgewählt, über ein Dutzend Jahre und Hunderte ähnlicher Einsätze hinweg verbessert und angepasst.

Das Team, zu dem ich gehörte, war handverlesen, zusammengestellt aus den erfahrensten Männern unseres Squadron. In den letzten achtundvierzig Stunden schien der Marschbefehl immer wieder unmittelbar bevorzustehen, doch er wurde ein ums andere Mal verschoben. Wir hatten unsere Ausrüstung gecheckt und gecheckt und nochmals gecheckt. Mit anderen Worten, wir waren mehr als bereit für diese Nacht.

Das hier war der Einsatz, von dem ich geträumt hatte, seit ich in meiner Kasernenstube auf Okinawa die Angriffe vom 11. September 2001 im Fernsehen mitverfolgt hatte. Ich war gerade vom Training zurückgekehrt und noch rechtzeitig in die Unterkunft gekommen, um zu sehen, wie das zweite Flugzeug in das World

Trade Center krachte. Ich konnte den Blick nicht abwenden, als der Feuerball auf der anderen Seite des Gebäudes herausschoss und dichter Rauch aus dem Turm in die Höhe quoll.

Wie viele Millionen Amerikaner zu Hause stand ich da und starrte fassungslos und mit einem Gefühl der Hilflosigkeit und Verzweiflung auf die Bilder. Ich konnte mich den ganzen Tag nicht vom Bildschirm lösen, während mein Kopf unablässig versuchte, sich einen Reim auf das zu machen, was da passiert war. Ein Flugzeug, das ins World Trade Center stürzte, konnte vielleicht noch ein Unfall sein. Aber die Nachrichten, die dann kamen, bestätigten, was mir in dem Moment klar geworden war, als das zweite Flugzeug auf dem Bildschirm auftauchte. Ein zweites Flugzeug war ein Angriff, da gab es keinen Zweifel. Ausgeschlossen, dass so etwas zufällig passieren konnte.

Am 11. September 2001 befand ich mich auf meinem ersten Einsatz als SEAL, und als der Name Osama bin Laden fiel, ging ich davon aus, dass meine Einheit am nächsten Tag den Befehl zum Aufbruch nach Afghanistan erhalten würde. Die vorangegangenen eineinhalb Jahre hatten wir für unseren ersten Einsatz trainiert. Wir hatten in Thailand trainiert, auf den Philippinen, auf Osttimor und, in den letzten paar Monaten, in Australien. Als ich nun die Bilder von den Anschlägen sah, wünschte ich mir nur noch eines: nicht mehr hier in Okinawa herumzuhocken.

Ich wollte in die Berge von Afghanistan aufbrechen, Jagd auf die al-Qaida-Kämpfer machen und es ihnen heimzahlen, so gut ich konnte.

Doch der Befehl kam nicht.

Ich war frustriert. Ich hatte nicht so lange und so hart trainiert, um ein SEAL zu werden und mir dann den Krieg im Fernsehen anzuschauen. Meiner Familie und meinen Freunden, die mir schrieben und wissen wollten, ob ich nach Afghanistan ginge, erzählte ich natürlich nichts über meine Enttäuschung. Ich war ein SEAL, und für sie war es nur logisch, dass man uns so schnell wie möglich nach Afghanistan schicken würde.

Ich erinnere mich noch, dass ich zu der Zeit eine E-Mail an meine Freundin schickte, in der ich meinen Frust mit einem Witz zu überspielen versuchte. Wir unterhielten uns über das Ende meines Einsatzes und waren dabei, Pläne für meinen Heimaturlaub vor meiner nächsten Entsendung zu schmieden.

»Ich habe noch ungefähr einen Monat«, schrieb ich. »Ich werde also bald zu Hause sein, es sei denn, ich muss zuerst noch Osama Bin Laden erledigen.« Ein Witz, den man damals oft hörte.

Während die Black Hawks sich unserem Ziel näherten, ließ ich nochmals die letzten zehn Jahre Revue passieren. Seit dem Tag der Anschläge hatte jeder, der meine Uniform trug, davon geträumt, an einer Operation wie dieser teilzunehmen. Der Anführer von al-Qaida verkörperte alles, wogegen wir kämpften. Er hatte Männer mit dem Wunsch beseelt, Flugzeuge voller unschuldiger Zivilisten in Gebäude voller unschuldiger Zivilisten zu steuern. Ein derartiger Fanatismus ist erschreckend, und noch während ich die Türme in New York einstürzen sah und die ersten Berichte über den Angriff auf Washington D. C. und die abgestürzte Maschine in Pennsylvania hörte, wusste ich, dass wir uns im Krieg befanden, und zwar in einem Krieg, den wir uns nicht selbst ausgesucht hatten. Wie ich hatten viele tapfere Männer viele Jahre dem Ziel geopfert, in diesem Krieg zu kämpfen, ohne zu wissen, ob wir jemals die Gelegenheit bekommen würden, zu einer Mission wie in dieser Nacht berufen zu werden.

Ein Jahrzehnt nach den Anschlägen und nach acht Jahren, in denen wir al-Qaida-Führer gejagt und getötet hatten, trennten mich nur noch ein paar Minuten von dem Moment, in dem ich mich in das Anwesen Bin Ladens abseilen würde.

Als ich nach dem Seil griff, das an dem Galgen des Black Hawk fixiert war, fühlte ich, wie endlich Blut durch meine Zehen strömte. Der Scharfschütze neben mir nahm seinen Platz ein; ein Bein hing aus dem Hubschrauber, das andere war angewinkelt aufgestellt, sodass in der engen Luke mehr Platz blieb. Er schwenkte den Lauf seiner Waffe auf der Suche nach Zielen über dem Anwesen. Sein Job war es, die Südseite des Anwesens zu decken, während die Mitglieder des Assault Teams sich in den Hof des Haupthauses abseilten und sich dort entsprechend den ihnen zugewiesenen Aufgaben aufteilten.

Noch vor einem Tag hatte keiner von uns zu hoffen gewagt, dass Washington die Freigabe für die Mission erteilen würde. Aber jetzt waren wir, nach endlosen Wochen des Wartens, weniger als eine Minute von Bin Ladens Versteck entfernt. Alle geheimdienstlichen Informationen bestätigten, dass unsere Zielperson sich hier aufhielt, und ich selbst war auch davon überzeugt, aber vor Überraschungen war man nie gefeit. Wir hatten schon ein paar Mal geglaubt, ihm direkt auf den Fersen zu sein.

2007 hatte ich eine Woche damit verbracht, Gerüchte über Bin Ladens Aufenthaltsort zu verifizieren. Wir hatten Berichte erhalten, denen zufolge er aus Pakistan nach Afghanistan zurückkehren wollte, um nochmals in die Kämpfe einzugreifen. Eine Quelle behauptete, in den Bergen einen Mann in »wehenden weißen Roben« gesehen haben. Doch nach einer Woche der Vorbereitungen entpuppte sich das Ganze als ein aussichtsloses Unterfangen. Dieses Mal hatte ich ein ganz anderes Gefühl. Vor unserem Aufbruch hatte die CIA-Analystin, deren Arbeit wir die Spur nach Abbottabad vor allem verdankten, gesagt, sie sei sich hundertprozentig sicher, dass Bin Laden dort sei. Ich hoffte, dass sie recht behielt, aber meine Erfahrung hatte mich gelehrt, kein Urteil zu fällen, bevor die Mission vorüber war.

So oder so, jetzt war das nicht mehr wichtig. Wir befanden uns nur noch ein paar Sekunden von dem Haus entfernt, und wer immer dort auch lebte, hatte eine höchst unerfreuliche Nacht vor sich.

Wir hatten ähnliche Angriffe unzählige Male erfolgreich abgeschlossen. In den letzten zehn Jahren war ich im Irak, in Afghanistan und am Horn von Afrika im Einsatz gewesen. Wir hatten 2009 an der Mission zur Rettung von Richard Phillips teilgenommen, dem Kapitän des von somalischen Piraten entführten Containerschiffs Maersk Alabama, und wir hatten auch in Pakistan schon etliche Operationen durchgeführt. Taktisch gesehen unterschied sich der Einsatz heute Nacht nicht groß von anderen Operationen; was seine historische Bedeutung anging, hoffte ich, dass dies ganz anders sein würde.

In dem Moment, in dem ich das Seil ergriff, breitete sich Ruhe in mir aus. Wir alle hier hatten die »Eine Minute bis zum Ziel«-Ansage schon unzählige Male zuvor gehört, und in diesem Moment war dies eine Operation wie jede andere. Von der Luke des Hubschraubers aus konnte ich erste Orientierungspunkte auf dem Boden ausmachen, die ich mir beim Studium der Satellitenaufnahmen des Geländes in den Wochen unserer Vorbereitung eingeprägt hatte. Weil ich nicht mit einer Sicherungsleine am Hubschrauber eingeklickt war, hatte mein Teamkamerad Walt eine Hand an der Nylonschlaufe, die am Rückenteil meiner Panzerweste befestigt war. Die anderen drängten sich direkt hinter mir an der Luke, bereit, mir auf dem Weg nach unten zu folgen. Rechts von mir hatten meine Teamkameraden einen guten Blick auf den Hubschrauber mit Chalk Two hinter uns, der seine Landezone ansteuerte.

Sobald wir die südöstliche Mauer überflogen hatten, stellte der Pilot die Rotorblätter stark an, um über unserem festgelegten Einstiegspunkt in den Schwebeflug überzugehen. Aus zehn Metern

Höhe konnte ich an einer Leine aufgehängte Wäsche flattern sehen. Der Abwind des Rotors wirbelte Staub auf und hüllte zum Trocknen aufgehängte Matten ein. Müll wirbelte durch den Hof, und in einem angrenzenden Pferch rannten vom Lärm aufgescheuchte Ziegen und Kühe umher.

Den Blick nach unten gerichtet, sah ich, dass wir uns immer noch über dem Gästehaus befanden. Der Hubschrauber schwankte, und mir wurde klar, dass der Pilot Probleme hatte, ihn in die richtige Position zu bringen. Die Maschine schwebte zwischen dem Dach des Gästehauses und dem Durcheinander auf dem Hof. Über die Schulter hinweg sah ich den Crew Chief, der, das Mikrofon seines Funkgeräts dicht an den Mund gepresst, Anweisungen an den Piloten durchgab.

Der Hubschrauber taumelte, als der Pilot versuchte, ausreichend Auftrieb zu erzeugen, um einen stabilen Schwebeflug zu erreichen und die Position zu halten. Die Bewegungen waren nicht heftig, aber ich wusste, dass sie nicht geplant waren. Der Pilot an den Steuerhebeln tat sein Möglichstes, den Hubschrauber zu stabilisieren. Irgendetwas war nicht in Ordnung. Unsere Piloten hatten solche Einsätze so oft geflogen, dass einen Hubschrauber über ein Ziel zu bringen für sie so einfach war, wie ein Auto einzuparken.

Während meine Augen den Boden absuchten, erwog ich, das Seil einfach hinabzuwerfen, nur damit wir aus dem instabilen Vogel herauskamen. Mir war klar, dass das riskant war, aber wir mussten möglichst schnell auf den Boden kommen. Im Moment konnte ich nichts tun; was ich brauchte, war eine freie Stelle auf dem Boden. Erst dann konnte ich das Seil abwerfen.

Aber ich fand diese freie Stelle nicht.

»Wir gehen außen herum. Wir gehen außen herum«, hörte ich über das Funkgerät. Das bedeutete, dass der ursprüngliche Plan, per Schnellabseilung direkt in das Anwesen einzudringen, abgeblasen war. Nun mussten wir außen herum zur Südseite fliegen, landen und die Mauer von außen her überwinden. Das würde die Operation um kostbare Minuten verlängern und den Leuten hinter der Mauer mehr Zeit geben, zu ihren Waffen zu greifen.

Ich bekam es mit der Angst zu tun.

Bis zu dem Moment, in dem ich den Befehl hörte, außen herum zu gehen, war alles nach Plan verlaufen, und wir hatten unseren Einsatzort unbemerkt vom pakistanischen Radar und der pakistanischen Flugabwehr erreicht. Jetzt aber lief die Sache aus dem Ruder, bevor wir auch nur auf dem Boden waren. Natürlich hatten wir für diese Eventualität geübt, aber es war eben nur Plan B. Wenn unser Ziel tatsächlich vor Ort war, war der Überraschungseffekt entscheidend, und den drohten wir jetzt gerade zu verlieren.

Als der Pilot versuchte, den Hubschrauber aus dem instabilen Schwebeflug hochzuziehen, schwang die Maschine ruckartig um neunzig Grad nach rechts. Ich konnte spüren, wie das Heck nach links gerissen wurde. Von der plötzlichen Bewegung überrascht, suchte ich nach Halt, um nicht aus der Luke zu rutschen.

Dann spürte ich, wie mein Hintern Bodenkontakt verlor, und eine Sekunde lang fühlte ich Panik in mir aufsteigen. Ich ließ das Seil los und wollte mich in die Kabine zurücklehnen, aber hinter mir drängten sich meine Teamkameraden in der Luke, und so blieb mir kaum Raum, weiter nach hinten zu rutschen. Dann fühlte ich, wie Walt die Nylonschlinge an meiner Panzerweste fester griff, während der Hubschrauber anfing, an Höhe zu verlieren. Mit der anderen Hand hielt Walt die Weste des Scharfschützen fest. Ich lehnte mich so weit zurück wie nur möglich. Walt musste sich praktisch auf mich legen, damit ich nicht hinausrutschte.

»Heilige Scheiße, wir sacken ab«, dachte ich.

Durch die geöffnete Luke des zur Seite ziehenden Hubschraubers sah ich die Mauer des Hofs direkt auf uns zukommen. Über uns jaulten die Motoren laut auf, als der Pilot versuchte, die Maschine in der Luft zu halten.

Als der Hubschrauber auf die linke Seite kippte, hätte der Heckrotor um ein Haar das Gästehaus berührt. Vor dem Abflug hatten wir noch gescherzt, dass unser Hubschrauber am wenigsten Gefahr lief abzustürzen, weil so viele von uns schon einen Hubschrauberabsturz überlebt hatten. Wenn überhaupt, dann würde es den Hubschrauber mit Chalk Two an Bord erwischen.

Hunderttausende, vielleicht sogar Millionen Arbeitsstunden waren investiert worden, um uns hierher zu bringen, und nun drohte die Operation zu scheitern, bevor wir auch nur einen Fuß auf den Boden setzen konnten.

Ich versuchte, die Beine hochzuziehen und mich tiefer in die Kabine hineinzudrängen. Sollte der Hubschrauber mit der Seite aufschlagen, könnte er umkippen und meine Beine unter dem Rumpf einklemmen. Ich lehnte mich so weit wie möglich zurück und zog die Beine gegen die Brust. Neben mir versuchte der Scharfschütze ebenfalls, sein Bein hochzuziehen, aber hinter ihm war einfach kein Platz. Wir konnten nur hoffen, dass der Hubschrauber nicht über die Seite abschmierte und das Bein des Scharfschützen, das über die Luke hinausragte, unter sich zerquetschte.

In diesem Moment wechselte meine Wahrnehmung in eine Art Zeitlupenmodus. Ich verdrängte jeden Gedanken daran, gleich zerquetscht zu werden. Mit jeder Sekunde kam der Boden näher und näher. Ich fühlte, wie sich mein ganzer Körper in Erwartung des unausweichlichen Aufschlags verkrampfte.

KAPITEL 1

Green Team

Ich spürte, wie der Schweiß mir den Rücken hinunterlief und mein Hemd durchnässte, während ich mich langsam durch den Korridor des Kill House auf unserem Trainingsstützpunkt in Mississippi vorwärts bewegte.

Das war 2004, sieben Jahre, bevor ich an Bord eines Black Hawk in die pakistanische Stadt Abbottabad fliegen und an einem der spektakulärsten Special-Operations-Kommandos in der Geschichte teilnehmen sollte. Ich absolvierte einen Auswahl- und Trainingskurs für das SEAL-Team 6, auch bekannt unter dem Kürzel DEVGRU, was ausgeschrieben für »United States Naval Special Warfare Development Group« steht. Der neunmonatige Auswahlkurs firmierte unter der Bezeichnung Green Team, und ihn zu bestehen war das Einzige, was mich und die anderen Kandidaten noch von der Aufnahme in die Elite-Einheit DEVGRU trennte.

Mein Herz raste, und ich musste mir den Schweiß aus den Augen blinzeln, als ich meinem Teamkameraden zur Tür folgte. Mein Atem ging heftig und stoßweiße, gleichzeitig versuchte ich, jeden ablenkenden Gedanken aus meinem Kopf zu verdrängen. Ich war aufgeregt und nervös, und genau das verleitet einen dazu, Fehler zu machen. Ich musste mich unbedingt konzentrieren, aber was auch immer uns in dem Raum erwartete, den wir gleich betreten mussten, es war nichts im Vergleich zu der Phalanx an Ausbildern, die uns von dem Laufsteg über uns aus beobachteten.

Die Ausbilder waren hochrangige DEVGRU-Kampfveteranen. Handverlesene Männer für die Aufgabe, neue Einsatzkräfte zu schulen, hielten jetzt meine Zukunft in ihren Händen.

»Los, das Mittagessen wartet«, munterte ich mich selbst auf.

Das war die einzige Methode, meine Angst unter Kontrolle zu bringen. 1998 hatte ich die Kampfschwimmerausbildung, den meist mit BUD/S abgekürzten »Basic Underwater Demolition/ SEAL«-Kurs, vor allem dadurch überstanden, dass ich mich ausschließlich darauf konzentriert hatte, bis zum nächsten Essen durchzuhalten. Es kümmerte mich nicht, wenn ich meine Arme nicht mehr spürte, wenn wir Baumstämme immer und immer wieder über den Kopf stemmen mussten oder ich in der eiskalten Brandung bis auf die Knochen durchgefroren war. Ich wusste, irgendwann würde es vorüber sein. Es gibt da diese Redensart: »Wie isst man einen Elefanten?« Die Antwort ist einfach: »Biss für Biss.« Nur dass meine Bisse durch Mahlzeiten unterbrochen wurden: Halt durch bis zum Frühstück, quäl dich bis zum Mittagessen, beiß die Zähne zusammen bis zum Abendessen. Tag für Tag.

Ich war bereits ein SEAL, aber wenn ich es in die DEVGRU schaffen sollte, wäre das die Krönung meiner Laufbahn. Als Antiterroreinheit der US-Navy führt die DEVGRU Geiselbefreiungen durch, spürt Kriegsverbrecher auf und, seit den Anschlägen vom 11. September 2001, jagt und tötet al-Qaida-Kämpfer in Afghanistan und im Irak.

Aber wer das Green Team bestehen wollte, musste alles geben. Es reichte nicht, nur ein guter SEAL zu sein. Nur bestehen, das hieß im Green Team durchzufallen, Zweiter zu sein, bedeutete, der erste Verlierer zu sein. Es ging nicht darum, den Anforderungen gerecht zu werden, man musste sie übertreffen. Erfolg im Green Team verlangte, extremen Stress auszuhalten und Spitzenleistungen zu bringen – und zwar pausenlos.

Vor jedem Ausbildungstag mussten wir ein mörderisches Krafttraining absolvieren, Spurts und Dauerläufe, Liegestütze, Klimmzüge und was unseren sadistischen Ausbildern noch so einfallen mochte. Sie ließen uns Autos – und hin und wieder sogar Busse – schieben. Wenn wir ins Kill House kamen, ein spezielles, ballistisch abgesichertes Gebäude voller Flure und Zimmer, das zur Nahkampfausbildung dient, waren unsere Muskeln bereits müde und schmerzten. Ziel und Zweck des Krafttrainings bestanden darin, die Belastung zu simulieren, der wir bei einem echten Einsatz ausgesetzt sein würden, um uns dann in einer anspruchsvollen taktischen Umgebung zu testen.

Auf dem Weg den Flur hinunter blieb mir keine Zeit, einen Blick auf die Instruktoren zu erhaschen. Es war der erste Ausbildungstag, und bei allen waren die Nerven bis zum Zerreißen gespannt. Wir hatten gerade erst in Arizona einen vollen Monat Fallschirmsprünge aus großen Höhen trainiert. Der Leistungsdruck war auch dort schon enorm gewesen, aber mit der Ankunft in Mississippi hatte er sich nochmals verschärft.

Ich zwang mich, die Müdigkeit und die bohrenden Schmerzen zu vergessen und richtete meine ganze Aufmerksamkeit auf die Tür vor mir. Sie bestand aus dünnem Sperrholz und hatte keinen Türknauf. Demoliert und zerbrochen von den Teams, die vor uns hineingegangen waren, konnte mein Teamkamerad sie mit seiner behandschuhten Hand problemlos aufstoßen. Auf der Schwelle hielten wir einen Moment inne und suchten nach Zielen, dann gingen wir hinein.

Der Raum war rechteckig mit grob gezimmerten Wänden aus alten Eisenbahnschwellen, um die Geschosse der scharfen Munition aufzufangen. Während ich mein Gewehr auf der Suche nach einem Ziel in einem Bogen vor mir schwenkte, hörte ich, wie mein Teamkamerad hinter mir den Raum betrat.

Nichts.

Der Raum war leer.

»Moving«, rief mein Teamkamerad, als er in den Raum trat, um eine Ecke zu sichern.

Instinktiv glitt ich in Position, um ihn zu decken.

Ich hatte mich kaum in Bewegung gesetzt, als ich über mir auf dem Laufsteg Stimmengemurmel hörte. Wir konnten nicht mehr stoppen, aber ich wusste, dass einer von uns gerade einen Fehler gemacht hatte. Eine Sekunde lang schoss mein Stresslevel in die Höhe, aber ich schob das Gefühl schnell beiseite. Wir mussten noch zwei weitere Räume sichern, und ich durfte keine Zeit damit verplempern, jetzt über einen Fehler nachzugrübeln, den ich vielleicht im ersten Raum gemacht hatte.

Wir kehrten in den Flur zurück und betraten den nächsten Raum. Gleich beim Eintreten erblicke ich zwei Ziele. Auf der rechten Seite die Silhouette eines Typen mit einem kleinen Revolver in der Hand. Er trug ein Sweatshirt und sah aus wie ein Gangster aus einem Siebzigerjahre-Film. Auf der linken Seite war der Umriss einer Frau mit einer Handtasche zu sehen.

Sekunden, nachdem ich den Raum betreten hatte, feuerte ich einen Schuss auf den Gangster ab. Volltreffer. Ich ging auf ihn zu und schoss noch ein paar Mal.

»Alles klar«, rief ich und ließ den Lauf meiner Waffe sinken.

»Alles klar«, antwortete mein Teamkamerad.

»Sichern und runter mit den Waffen«, rief einer der Ausbilder von oben herunter.

Nicht weniger als sechs Ausbilder blickten von dem Laufsteg, der sich wie ein Spinnennetz über das Kill House zog, auf uns herab. Sie konnten in aller Seelenruhe über die Stege laufen und zusehen, wie wir einen Raum nach dem anderen sicherten, unsere Leistung bewerten und nach jedem noch so kleinen Fehler Ausschau halten.

Ich sicherte mein Gewehr und ließ es am Riemen an meiner Seite hängen. Mit einem Hemdsärmel wischte ich mir den Schweiß aus dem Gesicht. Obwohl wir fertig waren, hämmerte mir das Herz immer noch in der Brust. Im Grunde genommen waren die Trainingsszenarien ziemlich unkompliziert. Es ging vor allem darum, einen Raum unter denselben Stressbedingungen wie in einer Kampfsituation ordnungsgemäß zu sichern.

Spielraum für Fehler gab es nicht, und in dem Moment war mir nicht ganz klar, was wir falsch gemacht hatten.

»Wo blieb dein Move-Call?«, fragte mich Tom, einer der Ausbilder, vom Laufsteg herab.

Ich antwortete nicht. Ich nickte bloß. Ich war beschämt und enttäuscht von mir. Ich hatte vergessen, meinem Teamkameraden zu sagen, dass er mir in den ersten Raum folgen sollte. Ein klarer Verstoß gegen die Sicherheitsregeln.

Tom war einer unserer besten Ausbilder. Man konnte ihn leicht von den anderen unterscheiden, weil er einen so großen Kopf hatte. Einen riesigen Kopf, so als steckte ein riesiges Gehirn darin. Es war das Einzige an ihm, was auffällig war; wäre der Kopf nicht gewesen, man hätte ihn übersehen, so zurückhaltend und unaufgeregt war er. Gleichzeitig respektierte ihn jeder von uns, weil er ebenso streng wie gerecht war. Wenn man vor Toms Augen einen Fehler machte, hatte man das Gefühl, ihn persönlich enttäuscht zu haben. Dass er von mir enttäuscht war, stand ihm überdeutlich ins Gesicht geschrieben.

Er brüllte nicht.

Er schrie nicht.

Er sah mich nur an.

Von oben herab sah ich, wie er mir diesen Blick zuwarf, diesen »*Hey Mann, echt? Hast du das gerade echt verbockt?*«-Blick.

Ich wollte etwas sagen, eine Erklärung wenigstens andeuten, aber ich wusste, dass sie nichts von mir hören wollten. Wenn sie sagten, du hast einen Fehler gemacht, dann hast du einen Fehler gemacht. So, wie ich da unter ihnen in dem leeren Raum stand, gab es nichts zu erklären oder zu rechtfertigen.

»OK, verstanden«, sagte ich schließlich, wehrlos und wütend auf mich selbst, weil mir ein so elementarer Fehler unterlaufen war.

»Wir brauchen was Besseres als das!«, sagte Tom. »Und jetzt verzieh dich. Ab auf die Leiter.«

Ich schnappte mein Gewehr, rannte aus dem Kill House und sprintete zu der Strickleiter, die rund dreihundert Meter weiter von einem Baum herunterhing. Mit jeder Sprosse, die ich mich hochzog, fühlte ich mich schwerer. Aber das lag nicht an meinem schweißgetränkten Hemd oder den dreißig Kilogramm, die die Panzerweste und die Ausrüstung wogen, die ich am Leib trug.

Es war meine Angst vor dem Versagen. Bis zu diesem Tag hatte ich in meiner Laufbahn als SEAL kein einziges Mal versagt.

Als ich sechs Jahre zuvor zu meinem BUD/S-Training nach San Diego kam, hatte ich nicht den geringsten Zweifel, dass ich es schaffen würde. Viele Kandidaten, die den Kurs mit mir antraten, wurden ausgemustert oder schmissen hin. Manche hielten die brutalen Dauerläufe am Strand nicht durch, andere gerieten beim Tauchtraining in Panik.

Wie viele andere BUD/S-Kandidaten wusste ich früh, mit dreizehn, dass ich ein SEAL werden wollte. Ich las jedes Buch über die

SEALs, das ich in die Finger bekommen konnte, sog während der Operation Desert Storm begierig jede Meldung über sie auf und träumte von Hinterhalten und davon, bei Kampfeinsätzen aus dem Wasser über den Strand zu stürmen. Ich wollte all die Taten vollbringen, über die ich als Jugendlicher in Büchern gelesen hatte.

Mit dem Abschluss von einem kleinen College in Kalifornien in der Tasche meldete ich mich zum BUD/S-Kurs an und bekam 1998 den SEAL-Trident verliehen, das Qualifikationsabzeichen für das erfolgreiche Absolvieren des Kurses. Nach einem sechsmonatigen Einsatz in der Pazifikregion und einem Kampfeinsatz im Irak 2003/2004 war ich bereit für etwas Neues. Bei meinen ersten beiden Einsätzen hatte ich immer wieder von einer Einheit namens DEVGRU gehört. Die DEVGRU, das sind die Besten der Besten aus den Reihen der SEALs, und ich wusste, ich würde mir nicht mehr in die Augen schauen können, wenn ich mich nicht zumindest für den Auswahlkurs anmeldete.

Die Antiterroreinheit der Navy wurde im Kielwasser der Operation Eagle Claw aufgestellt, der von Präsident Jimmy Carter 1980 angeordneten und so kläglich gescheiterten Kommandoaktion zur Rettung der 52 Amerikaner, die in der US-Botschaft in der iranischen Hauptstadt Teheran gefangen gehalten wurden.

Nach dem Fehlschlag erkannte die Navy die Notwendigkeit einer speziellen Einheit, die in der Lage war, solche extremen Einsätze erfolgreich durchzuführen. Sie beauftragte Richard Marcinko, eine der Navy unterstellte Antiterroreinheit mit dem Namen SEAL Team 6 zu entwickeln. Das Team trainierte die Infiltration von Krisengebieten und Feindländern sowie von Schiffen, Marinestützpunkten und Ölplattformen. Mit der Zeit wurde der Aufgabenbereich der Einheit auf die Geiselrettung, Personenschutz und Einsätze gegen die Verbreitung von Massenvernichtungswaffen erweitert.

Zu der Zeit, als Marcinko das Kommando aufbaute, gab es nur zwei SEAL-Teams, die Zahl sechs sollte den Sowjets vorgaukeln, dass die Navy über mehr Teams verfügte. 1987 wurde SEAL Team 6 in DEVGRU umbenannt.

Die Einheit ging mit 75 von Marcinko handverlesenen »Operators«, sprich Spezialkräften, an den Start. Heute werden alle Mitglieder des Teams in einem langwierigen Prozess aus anderen SEAL-Teams und Kampfmittelbeseitigungs-Einheiten ausgewählt. Inzwischen ist die Einheit beträchtlich gewachsen und umfasst zahlreiche spezialisierte Einsatzteams und Versorgungspersonal, das Grundkonzept aber ist gleich geblieben.

Die Einheit ist Bestandteil des Joint Special Operations Command, kurz JSOC. Die DEVGRU arbeitet eng mit anderen Spezialeinheiten wie der Delta Force der US-Army zusammen.

Einer der ersten Einsätze der DEVGRU fand 1983 im Rahmen von Operation Urgent Fury statt. Während der nach einem kommunistischen Putsch auf Grenada von den USA geführten Invasion auf dem kleinen Inselstaat brachten Mitglieder der Einheit Paul Scoon, den Gouverneur der Insel, in Sicherheit.

Sechs Jahre später, bei der Invasion von Panama, nahm die DEVGRU zusammen mit Delta Force-Einheiten Manuel Noriega fest.

Auch an der im Oktober 1993 unter Führung der USA inszenierten Operation zur Festnahme des somalischen Warlords Mohammed Farrah Aidid, die in der (von Mark Bowden in seinem Buch *Black Hawk Down* nacherzählten) Schlacht von Mogadischu mündete, waren DEVGRU-Einsatzkräfte beteiligt.

1998 spürten DEVGRU-Einsatzkräfte mehrere Kriegsverbrecher im ehemaligen Jugoslawien auf, darunter Radislav Krstić, ein bosnisch-serbischer General, der später wegen seiner Mitverantwortung für das Massaker von Srebrenica von 1995 zu mehreren Jahrzehnten Haft verurteilt wurde.

Seit dem 11. September 2001 führten DEVGRU-Angehörige immer wieder Einsätze gegen al-Qaida- und Taliban-Führer in Afghanistan und im Irak durch. Nach dem 11. September erhielt das Kommando unverzüglich den Befehl, nach Afghanistan zu gehen, und operative Kräfte des Kommandos führten einige Aktionen aus, die Schlagzeilen machten, zum Beispiel die Rettung von Jessica Lynch im Irak 2003. Missionen wie diese und die Tatsache, dass die DEVGRU erst gerufen wurde, wenn Not am Mann war, hatten mich dorthin gelockt.

Bevor man sich für Green Team bewerben kann, muss man ein SEAL sein und hat üblicherweise mindestens zwei Einsätze hinter sich – was bedeutet, dass der Kandidat über eine gewisse Erfahrung und ein Mindestmaß an Qualifikationen verfügt, Dinge, die für den Erfolg im Auswahlkurs entscheidend sind.

Während ich mich in der Hitze von Mississippi die Sprossen der Leiter hinaufhangelte, musste ich daran denken, wie ich um ein Haar an dem dreitägigen Selektionskurs gescheitert wäre, der Voraussetzung für die Aufnahme ins Green Team ist.

Der Zeitpunkt für den Auswahlkurs fiel mit dem Landkampftraining meiner Einheit zusammen. Ich war in Camp Pendleton in Kalifornien, lag unter einem Baum versteckt und beobachtete Marines, die ein Basislager aufschlugen. Es war 2003, und unser Unterrichtsblock Aufklärung lief seit einer Woche, als ich die Order bekam, mich zu dem dreitätigen Auswahlkurs in San Diego zu melden. Sollte ich den Kurs bestehen, durfte ich mit dem neunmonatigen Green Team-Trainingskurs anfangen. Und sollte ich den überstehen, würde ich in die Reihen der DEVGRU aufgenommen.

Aus unserem Zug war ich der einzige, der zu dem Auswahlkurs ging. Aber ein Typ aus einem anderen Zug hatte sich ebenfalls beworben. Auf der Fahrt hinunter nach San Diego wuschen wir uns die grüne Tarnfarbe vom Gesicht. Unsere Tarnanzüge zu wechseln, war keine Zeit geblieben. Nach mehreren Tagen im Feld stanken sie nach Schweiß und Mückenspray. Ich hatte Bauchschmerzen von den ewigen Fertigmahlzeiten, und um nicht zu dehydrieren, trank ich auf der Fahrt literweise Wasser. Ich befand mich nicht gerade in körperlicher Bestform und wusste, dass gleich zu Beginn der Selektion ein Fitnesstest auf dem Programm stand.

Früh am nächsten Morgen waren wir draußen am Strand. Als ich mit meinem Viermeilenlauf auf Zeit fertig war, ging gerade die Sonne über dem Horizont auf. Nach einer kurzen Verschnaufpause stellte ich mich mit den gut zwei Dutzend anderen Kandidaten in einer Reihe auf einem Betonstreifen auf. Vom Pazifik her wehte eine leichte Brise, und die Luft war noch kühl von der Nacht. Normalerweise wäre das ein wunderschöner Morgen am Strand gewesen. Aber ich war bereits von dem Lauf müde, und wir hatten noch jede Menge Liegestützen, Sit-ups und Klimmzüge vor uns, bevor es schließlich ans Schwimmen ging.

Den Liegestützen-Test bestand ich problemlos, obwohl die Instruktoren penibel genau auf die richtige Ausführung achteten. Jeder Liegestütz musste perfekt sein, oder er zählte nicht. Ich rollte auf den Rücken und bereitete mich auf den Sit-up-Test vor.

Ich war wirklich müde, als ich mich die ersten paar Male hochzog.

Das Herumliegen draußen im Feld hatte meiner Ausdauer nicht gerade gutgetan. Zunächst hatte ich einen guten Rhythmus, aber als der Instruktor neben mich trat und anfing, die Nummer einiger meiner Sit-ups zu wiederholen, kam ich aus dem Takt.

»Zehn, zehn, zehn«, rief er. »Zehn, elf, zwölf, zwölf.«

Meine Technik war nicht gerade lehrbuchgerecht, und er wiederholte die Nummern der Bauchaufzüge, die nicht perfekt waren. Jedes Mal, wenn er eine Nummer wiederholte, fühlte ich mich noch ein bisschen mieser. Ich wurde müde, aber ich kam nicht einmal in die Nähe der erforderlichen Mindestzahl.

»Eine Minute.«

Als der Ruf kam, lag ich weit zurück, und die Zeit lief mir rasend schnell davon. Wenn ich die Sit-ups nicht schaffte, war ich draußen. Zweifel beschlichen mich, und ich fing an, mir blöde Ausreden zu überlegen wie dass ich eben schlecht vorbereitet war, weil ich mit meiner Einheit im Training gewesen war, statt mich gezielt für diesen Test fit machen zu können.

»Dreißig Sekunden.«

Noch eine halbe Minute, und mir fehlten noch zehn Sit-ups bis zum Minimum. Der Typ neben mir hatte die Mindestzahl bereits absolviert und machte trotzdem weiter, so schnell er konnte. Meine Gedanken rasten, ich konnte einfach nicht glauben, dass ich drauf und dran war, zu scheitern. Mit Gewalt zwang ich das Gift aus meinen Gedanken und konzentrierte mich voll auf die Technik. Prompt holte ich auf.

»Zehn Sekunden.«

Ich war kurz davor. Mein Bauch schmerzte. Mein Atem ging stoßweiße. Angst hatte meine Müdigkeit verdrängt. Ich befand mich in einer Art Schockzustand. Ich durfte nicht versagen. Ich konnte nicht versagen. Zu meinem Zug zurückzukehren und zu berichten, dass ich nicht einmal den Fitnesstest bestanden hatte? Unmöglich!

»Fünf, vier, drei…«

Ich zog mich noch ein letztes Mal hoch, dann war die Zeit abgelaufen. Ich stöhnte und ächzte, aber ich hatte das Minimum geschafft, wenn auch nur um zwei lächerliche Sit-ups übertroffen. Ich war völlig ausgepowert, aber ich musste immer noch die Klimmzüge machen. Auf dem Weg zur Stange jagte mir der Schreck darüber, um ein Haar versagt zu haben, etwas Adrenalin in die Adern, und es gelang mir, den Klimmzug-Test ohne viel Mühe zu bestehen.

Zum Abschluss stand der Schwimmtest auf Programm. Das Meer in der Bucht von San Diego war ruhig. Wir trugen Neoprenanzüge zum Schutz gegen die Kälte des Wassers. Ich hatte einen guten Start und schwamm auf zweiter Position. Vor mir lag nur ein anderer Kandidat, und der war ein Schwimmer von der Naval Academy. Ich zog und zog, hatte aber gleichzeitig das Gefühl, nur langsam voranzukommen, fast so, als würde ich bergauf schwimmen.

Als ich die Ziellinie erreichte, sagten die Instruktoren zu mir, ich sei durchgefallen. Wie sich herausstellte, hatte mit Ausnahme des Typen von der Naval Academy keiner das Limit geschafft. Das ließ die Instruktoren stutzig werden, und so nahmen sie sich nochmals die Gezeitentabelle vor. Nach einem kurzen Check der Strömungen stellte sich heraus, dass wir gegen die Strömung geschwommen waren.

»Wir werden den gesamten Test morgen nochmals wiederholen«, verkündeten sie schließlich – und zu meiner großen Erleichterung.

Aber da es mit zum Test gehörte, dass man schon einiges in den Knochen stecken hatte, wenn man ins Wasser stieg, konnten sie nicht einfach nur den Schwimmtest wiederholen. Mit anderen Worten, ich würde am nächsten Tag die Sit-ups ein zweites Mal machen müssen, und im Hinterkopf wusste ich ganz genau, dass ich meine Bauchmuskeln nicht über Nacht in Form bringen konnte.

Es war eine mentale Sache.

Am nächsten Tag stürzte ich mich mit wilder Entschlossenheit in die Prüfungen und zwang mich mit schierer Willenskraft, die Vorgaben zu erfüllen. Trotzdem, meine Ergebnisse waren alles andere als berauschend, und ich machte mir Sorgen, was sie am nächsten Tag beim mündlichen Prüfungsausschuss dazu sagen würden. Dass ich die Mindestergebnisse erreicht hatte, spielte für die eigentliche Entscheidung keine große Rolle. Das hier war ein Auswahlkurs für die Besten der Besten, und bislang hatte ich den Instruktoren keineswegs bewiesen, dass ich dafür vorbereitet war.

Am nächsten Morgen erschien ich etwas vor der Zeit zu meinem Interview. Ich trug meine blaue Ausgehuniform mit allen Ordensbändern und Auszeichnungen. Ich hatte mir am Tag vorher die Haare schneiden lassen und mich an diesem Morgen sehr sorgfältig rasiert. Ich sah aus wie das Musterbeispiel aus einem Uniformlexikon. Das hier war, wie ich wusste, einer der wenigen Anlässe, bei denen Dinge wie ein sauberer Haarschnitt, auf Hochglanz polierte Schuhe und eine akkurat gebügelte Uniform für einen SEAL tatsächlich wichtig waren. Zumindest gab ich den Instruktoren damit eine Sache weniger, die sie mir beim Interview ankreiden konnten.

In dem Konferenzzimmer stand am hinteren Ende ein langer Tisch. Hinter diesem Tisch saßen ein halbes Dutzend Master Chiefs, der Psychologe, der uns am zweiten Tag des Screenings getestet hatte, und ein Laufbahnberater. Davor stand ein einzelner Stuhl. Ich ging durch den Raum und nahm Platz.

Die nächsten 45 Minuten hindurch bombardierten sie mich abwechselnd mit Fragen. So heftig war ich noch nie ins Kreuzverhör genommen worden. Ich wusste nicht, dass die Prüfer vor meiner Ankunft bereits mit meinem Zugführer und meinem Commander vom SEAL Team 5 gesprochen hatten. Sie hatten bereits ein Bild von mir, aber das hier war ihre einzige Gelegenheit, mich persönlich unter die Lupe zu nehmen.

Bis heute kann ich mich nicht an die Namen meiner mündlichen Prüfer erinnern. Für mich waren sie einfach nur erfahrene, hochrangige SEALs, die meine Zukunft in ihren Händen hielten. Es lag an mir, sie davon zu überzeugen, dass ich gut genug für das Green Team war.

Und meine schlechte körperliche Fitness half mir dabei ganz und gar nicht.

»Wissen Sie, wofür Sie sich hier bewerben?«, fragte mich einer der Master Chiefs. »Ist Ihnen klar, was Sie hier erreichen wollen? Das hier ist der Einstiegstest. Sie wollen in der Topliga mitspielen, und das hier ist alles, was Sie zu bieten haben?«

Ich zögerte nicht. Mir war klar gewesen, dass sie mir das um die Ohren hauen würden, und ich hatte nur einen Versuch.

»Ich übernehme die volle Verantwortung dafür«, antwortete ich. »Ich schäme mich dafür, hier zu sitzen und Ihnen diesen Fitness-Score zu zeigen. Alles, was ich dazu sagen kann, ist, dass solche Werte, sollte ich hier bestehen und ausgewählt werden, niemals wieder vorkommen werden. Ich will Ihnen hier keine Ausreden auftischen. Ich bin dafür verantwortlich. Ich ganz allein, und nichts und niemand sonst.«

Ich suchte in ihren Gesichtern nach Anzeichen dafür, ob sie mir glaubten. Aber nichts verriet, ob sie es taten oder nicht. Alles, was ich bekam, waren neutrale, ausdruckslose Blicke. Das Bombardement der Fragen ging weiter, darauf angelegt, mich aus dem Gleichgewicht zu bringen. Sie wollten sehen, ob ich die Fassung bewahrte. Wenn ich nicht auf einem Stuhl sitzen und Fragen beantworten kann, was werde ich dann tun, wenn ich unter Feuer genommen werde? Wenn es ihnen darauf ankam, dass ich mich unwohl fühlte, dann hatten sie damit Erfolg. Vor allem aber empfand ich Scham. Das waren die Leute, zu denen ich aufschaute, die so waren, wie ich sein wollte, und hier saß ich vor ihnen, ein junger SEAL, der mit Ach und Krach den Sit-up-Test bestanden hatte.

Dann war das Gespräch vorüber, und ich durfte gehen. Als ich aus dem Raum trat, rechnete ich mir eine Fifty-fifty-Chance aus, es geschafft zu haben.

Zurück in Camp Pendleton schmierte ich mir frische grüne Farbe ins Gesicht und schlich zurück ins Feld zu meinen Teamkameraden, mit denen ich die letzten Tage der Trainingsmission durchzog.

»Wie lief es?«, wollte mein Chief wissen, als ich wieder zum Team stieß.

»Ich weiß nicht«, antwortete ich.

Den Teufel würde ich tun und den anderen von meinem miesen Abschneiden beim Fitnesstest erzählen. Ich musste mit der Möglichkeit rechnen, dass ich durchgefallen war.

SEAL Team 5 und ich waren schon längst im Irak, als ich endlich eine Nachricht erhielt. Mein Zugführer rief mich in unsere Einsatzzentrale.

»Sie haben die Auswahl bestanden«, sagte er. »Sobald wir zurückkehren, werden Sie zum Green Team abgeordnet.«

Ich war sprachlos, wie unter Schock. Im Geiste hatte ich mich schon längst auf das Schlimmste vorbereitet und war fest davon überzeugt, dass ich einen zweiten Anlauf würde machen müssen. Nun, da ich ausgewählt worden war, gelobte ich mir, nicht mehr dieselben Fehler zu machen. Zum Green Team würde ich, das stand fest, bestens vorbereitet erscheinen.

KAPITEL 2

Die fünf Besten,
die fünf Schlechtesten

Meine Lungen brannten und meine Beine schmerzten, als ich an dem feuchten Mississippi-Sommertag von der Leiter kam. Der Schmerz aber, den ich vor allem fühlte, war weniger eine Sache des Körpers, als eine des Stolzes. Ich war dabei, alles zu vermasseln. Der Druck, unter den ich mich selbst setzte, war schlimmer als alles, was ich je von den Ausbildern hatte erdulden müssen. Der Fehler, der mir im Kill House unterlaufen war, zeugte von nachlassender Konzentration, und das war, wie ich wusste, absolut inakzeptabel. Mir war klar, meine Tage hier waren gezählt, wenn ich es nicht schaffte, den Druck auszublenden und mich voll und ganz auf die jeweilige Aufgabe zu konzentrieren. Kandidaten konnten jeden Tag, ohne Vorwarnung, aus dem Kurs geschmissen werden.

Ich rannte zurück und blieb vor dem Kill House stehen. Von drinnen hörte ich die Schüsse der Teams, die jetzt das Sichern von Räumen übten. Uns blieben noch ein paar Minuten, um wieder zu Atem zu kommen, bevor wir zur nächsten Runde dran waren.

Tom war von dem Laufsteg heruntergeklettert und stand draußen, als ich zurückkam. Er zog mich zur Seite.

»Hey, Bruder«, sagte er. »Du hast genau das Richtige gemacht da drin. Du hast deinen Partner geschützt. Aber ich habe kein Move von dir gehört.«

»Verstanden«, sagte ich.

»Ich weiß, in eurer alten Einheit habt ihr die Dinge auf eure Weise gemacht, und vielleicht habt ihr den Ruf dort nicht gebraucht«, fuhr Tom fort. »Aber hier wollen wir Nahkampfverhalten nach dem Lehrbuch sehen, und wir wollen genau die Anweisungen hören, die wir euch beibringen. Falls du glücklich genug bist, dieses Training abzuschließen und aufs zweite Deck zu einer Assault Squadron kommst, dann, glaub mir, geht es nicht mehr um Nahkampf nach dem Lehrbuch. Aber hier musst du uns unter Druck beweisen, dass du die Grundregeln des Nahkampfs perfekt beherrschst. Wir haben hier einen Standard, und ohne Move-Call gehst du keinen Schritt weiter.«

Das »zweite Deck« war dort, wo die Assault Squadron des Kommandos in Virginia Beach trainierten. Gleich zu Beginn des Green Teams wurde uns mitgeteilt, dass es uns verboten war, die zweite Etage des Gebäudes zu betreten. Der Bereich war für uns bis zum erfolgreichen Abschluss des Trainings »off limits«.

Das zweite Deck zu erreichen war also das oberste Ziel, der große Preis.

Ich nickte und schob ein volles Magazin in mein Gewehr.

An diesem Abend holte ich ein kaltes Bier aus dem Kühlschrank und breitete auf dem Tisch mein Waffenreinigungsset aus. Ich nahm einen langen Schluck und erfreute mich der Tatsache, dass ich einen weiteren Tag überlebt, ein weiteres Stück von dem sprichwörtlichen Elefanten abgebissen hatte. Ich war dem zweiten Deck einen Schritt näher gekommen.

Während des Nahkampf-Ausbildungsblocks wohnten wir in zwei großen Häusern in direkter Nachbarschaft zu den Schießständen und zum Kill House. Genau genommen waren es zwei massive, nach mehreren Hundert SEAL- und Special Forces-Lehrgängen ziemlich ramponierte Baracken. Die Zimmer waren mit Stockbetten vollgestellt, aber ich verbrachte sowieso den Großteil der Zeit unten im Aufenthaltsbereich. Es gab dort einen Billardtisch und einen Großbildfernseher aus den Achtzigerjahren, auf dem meist eine Sportsendung lief, willkommene Hintergrundbeschallung, während wir unsere Waffen reinigten oder Billard spielten und versuchten, uns zu entspannen.

Die SEAL-Gemeinde ist klein. Jeder kennt den anderen oder hat zumindest schon von ihm gehört. Vom ersten Tag an, an dem man zum BUD/S-Training einen Fuß auf den Strand setzt, fängt man an, sich einen Ruf zu erwerben. Jeder hier redet vom ersten Tag an über seinen Ruf.

»Hab dich heute auf der Leiter gesehen«, sagte Charlie zu mir, während er die Kugeln für ein weiteres Spiel aufstellte. »Was hast du verbockt?«

Charlie war groß und riss gern Witze. Er war ein Riese, Hände wie Schaufeln und Schultern wie ein Stier. Bei einer Körpergröße von knapp Einsfünfundneunzig brachte er über hundertzehn Kilogramm auf die Waage. Seine Klappe war ebenso beeindruckend und produzierte einen unablässigen Strom an Smalltalk, bei Tag und bei Nacht.

Wir nannten ihn »Bully«.

Charlie war im Mittleren Westen aufgewachsen und nach der Schule als Matrose zur Navy gegangen. Er hatte rund ein Jahr damit verbracht, Farbe abzukratzen und sich mit seinen Crewkameraden in der Navy zu prügeln, bevor er sich zum BUD/S-Lehrgang anmeldete. Laut Charlie unterschied sich das Leben auf einem

Schiff nicht viel von dem in einer Gang. Er erzählte von Schlägereien auf dem Schiff und von Schlägereien im Hafen und auf hoher See. Er hasste die Zeit auf dem Schiff und wünschte sich nichts mehr, als ein SEAL zu werden.

Charlie war einer der Top-Kandidaten des Kurses. Er war konstant smart und aggressiv, und dass er vor der Selektion ins Green Team Nahkampfausbilder für die SEAL-Teams an der Ostküste gewesen war, schadete auch nicht gerade. Das Kill House lag ihm sozusagen im Blut. Und obendrein war er ein erstklassiger Schütze.

»Hab vergessen, Move zu rufen.«

»Mach weiter so, und du bist im Handumdrehen wieder in San Diego und kannst weiter an deiner Sonnenbräune arbeiten«, sagte er. »Dann schaffst du es zumindest in den neuen Kalender.«

SEALs sind an zwei Orten stationiert – in San Diego, Kalifornien, und in Virginia Beach, Virginia. Die beiden Gruppen pflegen eine herzliche Rivalität, zumeist befeuert von geografischen und demografischen Faktoren. Die Unterschiede zwischen den Teams sind minimal. Die Teams werden für dieselben Operationen eingesetzt und verfügen über dieselben Qualifikationen. Aber die SEALs von der Westküste stehen eben im Ruf, lockere Surfertypen zu sein, während die von der Ostküste als Rednecks gelten, die bevorzugt Arbeitsklamotten von Carhartt tragen.

Ich war ein West Coast-Seal, und mit Charlie herumzuhängen war gleichbedeutend damit, mir ständig irgendwelche Frotzeleien anhören zu müssen, insbesondere über die Sache mit dem Kalender.

»Oder etwa nicht, Mr. Mai?«, wieherte Charlie los.

Ich hatte bei dem Kalender nicht mitgemacht, aber einige meiner Teamkameraden hatten vor ein paar Jahren für einen Kalender posiert, um für einen sozialen Zweck zu spenden. Bei den Bildern handelte es sich um oberpeinliche Aufnahmen von Kerlen mit nackten Oberkörpern, die sich am Strand oder vor grau gestrichenen Schiffsrümpfen rekeln. Die Aktion mag zur Armenspeisung oder zum Kampf gegen den Krebs beigetragen haben, aber sie hat uns auch jahrelangen Spott von den Ostküsten-Teams beschert.

»Wer will schon einen Kalender mit weißkäsigen Ostküstentypen machen?«, gab ich zurück. »Tut mir leid, wenn wir drüben bei uns ab und an das Hemd ausziehen und die Sonne von San Diego genießen.«

Ein Geplänkel, das nie aufhören würde.

»Wir werden das morgen auf dem Schießstand klären«, sagte ich noch.

Das Schießen war seit jeher meine letzte Zuflucht. Ich hatte nicht die Klappe, um Charlie oder den anderen Quasselstrippen im Green Team das Wasser zu reichen. Und dass meine Witze ziemlich lahm daherkamen, war auch kein Geheimnis. Da war es schon besser, schnell den Rückzug anzutreten und dann am nächsten Tag mein Bestes zu geben, um es den Kerlen auf dem Schießstand zu zeigen. Da ich als Kind in Alaska praktisch mit dem Gewehr in der Hand aufgewachsen war, war ich ein überdurchschnittlich guter Schütze.

Meine Eltern hatten mich nie mit Spielzeugpistolen spielen lassen; aber noch bevor ich mit der Grundschule fertig war, war ich schon stolzer Besitzer eines Kleinkalibergewehrs. Von früh auf war ich zu der Verantwortung erzogen worden, die beim Umgang mit Schusswaffen unerlässlich ist. Für unsere Familie war ein Gewehr ein Werkzeug.

»Du musst die Waffe respektieren und das, was sie zu tun imstande ist«, schärfte mir mein Vater immer wieder ein.

Er war es, der mir das Schießen beibrachte und den sicheren Umgang mit meinem Gewehr. Was aber nicht heißt, dass ich diese

Lektion nicht auf die harte Tour lernen musste, bevor sie mir in Fleisch und Blut übergegangen war.

Einmal kam ich von einem Jagdausflug mit meinem Vater zurück. Es war bitter kalt, viel zu kalt, um die Gewehre draußen zu entladen. Der Rest der Familie war im Haus. Meine Mutter stand in der Küche und bereitete das Abendessen zu, meine Schwestern saßen neben ihr am Küchentisch und spielten irgendein Spiel.

Ich zog die Handschuhe aus und machte mich daran, mein Gewehr zu entladen. Mein Vater, stets auf Sicherheit bedacht, hatte mir beigebracht, das Patronenlager zu überprüfen. Zuerst nimmst du das Magazin heraus, dann öffnest du den Verschluss und nimmst die Patrone aus dem Patronenlager. Anschließend schaust du ins Patronenlager, und zuletzt gibst du in eine sichere Richtung einen Leerschuss in den Boden ab.

An diesem Tag aber war ich nicht ganz bei der Sache und vergaß die Patrone im Patronenlager. Jedenfalls zog ich das Magazin heraus, richtete den Lauf auf den Boden, entsicherte das Gewehr und betätigte den Abzug. Mit einem lauten Knall schoss die Kugel aus dem Lauf und bohrte sich vor dem Kaminofen im Flur in den Boden. Weil mir kalt war und ich schnell ins Warme kommen wollte, hatte ich nicht richtig achtgegeben. Der Knall hallte im ganzen Haus wider.

Ich stand da und war wie gelähmt.

Mein Herz schlug so heftig, dass es mir in der Brust schmerzte. Meine Hände zitterten. Ich schaute meinen Vater an, der auf das winzige Loch im Boden starrte. Meine Mutter und meine Schwestern kamen aus der Küche gerannt, um zu sehen, was passiert war.

»Bist du in Ordung?«, fragte mein Vater.

Ich stammelte etwas wie ja, öffnete mein Gewehr und warf die abgeschossene Patrone aus. Mit immer noch zitternden Händen stellte ich das Gewehr ab.

»Tut mir leid«, sagte ich. »Ich habe vergessen, das Patronenlager zu überprüfen.«

Mehr als alles andere war ich beschämt. Ich wusste, wie ich mit meinem Gewehr umgehen musste, aber ich war nachlässig geworden, weil ich mehr daran dachte, schnell ins Warme zu kommen. Mein Vater entlud sein Gewehr und hängte seinen Mantel auf. Er war nicht wütend. Er wollte nur sichergehen, dass mir klar war, was gerade passiert war.

Mit meinem Gewehr in der Hand kniete er sich neben mich auf den Boden und ging mit mir die einzelnen Schritte nochmals durch.

»Was hast du falsch gemacht? Erklär es mir, Schritt für Schritt«, sagte er.

»Das Magazin herausnehmen«, sagte ich. »Das Patronenlager entladen und prüfen. Schließen, entsichern und einen Leerschuss in eine sichere Richtung abgeben.«

Nachdem ich ihm zwei Mal vorgemacht hatte, wie man das Gewehr vorschriftsmäßig entlädt, stellten wir es in den Gewehrständer neben der Tür. Einmal reicht, um eine Sache zu vermasseln. Und ich zog meine Lehre daraus. Es war eine wichtige Lektion – und eine, die ich nie vergessen sollte.

Ebenso wenig, wie ich nach diesem einen Tag im Kill House jemals wieder vergessen sollte, Move oder Moving zu rufen.

Unsere tägliche Routine beim Nahkampftraining begann im Morgengrauen. Nach dem gemeinsamen morgendlichen Krafttraining teilte sich der dreißigköpfige Kurs auf; die eine Hälfte ging zur Schießanlage, die andere ins Kill House. Nach dem Mittagessen wurde gewechselt.

Die Schießbahnen hier gehören zu den Besten weltweit. Wir reden hier nicht von einem gewöhnlichen Schießstand, auf dem man von einer Linie aus auf Ziele feuert. Nein, wir rannten durch

Hindernisparcours, schossen von den Skeletten ausgebrannter Autos und machten eine Runde Klimmzüge, bevor wir losrannten und auf eine Reihe von Zielen schossen. Wir waren ständig in Bewegung. Die Grundlagen hatte jeder von uns schon intus, was wir jetzt lernten, war Schießen unter Kampfbedingungen. Die Ausbilder legten es darauf an, unseren Puls in die Höhe zu jagen, was es erschwerte, beim Schießen unsere Atmung zu kontrollieren.

Zu unserer Ausbildungsanlage gehörten zwei Kill Houses. Das eine war aus aufeinander gestapelten Eisenbahnschwellen gezimmert und hatte ein paar lange Flure, von denen rechtwinklig einfache Räume abgingen. Das neuere Kill House war modular aufgebaut und konnte je nach Bedarf so arrangiert werden, dass es darin Konferenzräume, Badezimmer und sogar einen Ballsaal gab. Dass wir denselben Grundplan mehr als einmal zu Gesicht bekamen, war die große Ausnahme. Sinn und Zweck der Anlage waren es, uns jedes Mal mit einer neuen Umgebung zu konfrontieren, damit die Ausbilder beobachten konnten, wie wir reagierten und ob sie uns überraschen und zu einem Fehler verleiten konnten.

Die Schlagzahl des Trainings war hoch. Die Instruktoren warteten nicht, bis Leute, die hinterhinkten, aufgeschlossen hatten. Sie trieben uns im Eilgang durch das Training, und wenn man nicht sofort am ersten Tag den Anschluss schaffte, standen die Chancen gut, dass man binnen kürzester Zeit wieder bei seiner alten Einheit landete. Wie bei einer TV-Realityshow schmolz unsere Truppe Woche für Woche zusammen, jeden Tag wurden Leute nach Hause geschickt. Das gehörte alles mit dazu, uns auf die reale Welt vorzubereiten und den »Gray Man« auszutilgen, den »grauen Mann«. Damit ist der Typ gemeint, der sich in der Gruppe versteckt. Er gehört niemals zu den Besten, aber auch nicht zu den Schlechtesten, erfüllt immer die Vorgaben, übertrifft sie aber nur selten und bleibt stets unauffällig. Um den »Gray Man« auszumerzen, ließen uns die Ausbilder am Ende jeder Woche Peer-Rankings ausfüllen, Leistungsbeurteilungen unserer Kameraden.

Wir saßen an heruntergekommenen Picknicktischen unter einer Plane. Die Ausbilder drückten jedem von uns ein Blatt Papier in die Hand.

»Meine Herren, die fünf Besten, die fünf Schlechtesten«, sagte einer der Instruktoren. »Sie haben fünf Minuten.«

Jeder von uns musste eine anonyme Liste mit den seiner Meinung nach fünf Besten und fünf Schlechtesten der Gruppe erstellen. Die Ausbilder sahen uns nicht den gesamten Tag über, und die Listen mit den fünf Besten und Schlechtesten erlaubte ihnen ein Gefühl dafür zu entwickeln, wer wirklich in Ordnung war. Ein Kandidat konnte ein großartiger Schütze sein und im Kill House alles richtig machen und sich trotzdem abends im Quartier aufführen oder unausstehlich sein. Die Instruktoren nahmen unsere Listen und glichen sie mit ihren eigenen Listen ab. Unsere Listen entschieden mit über das Schicksal eines Kandidaten, da beide zusammen ein klareres Bild der Person zeichneten.

Anfangs war es relativ offenkundig, wer die fünf Schlechtesten des Kurses waren. Es war leicht, die schwachen Glieder auszumachen. Aber in dem Maße, wie diese Leute verschwanden, wurde das immer schwieriger.

Charlie stand immer auf meiner Liste der Top Five. Dasselbe galt für Steve. Steve war, wie Charlie, ein Ostküsten-SEAL, und an den Wochenenden und auf unseren Trainingsausfahrten hing ich meistens mit den beiden herum.

Wenn Steve nicht trainierte, las er, zumeist Sachbücher mit einem Schwerpunkt auf aktuellen Ereignissen und Politik. Daneben verfügte er über ein ordentliches Aktien-Portfolio, das er in den paar Stunden, die wir frei hatten, an seinem Laptop überwachte. Es gab ein paar Dinge, die Steve leicht fielen. Er war nicht nur ein herausragender SEAL, er konnte auch gleichermaßen kenntnisreich über Politik, Finanzen und Football reden.

Er hatte einen massiven Körper, nicht schlank wie der eines Schwimmers, sondern mehr wie der eines Abwehrspielers beim Football. Charlie scherzte immer, Steve würde aussehen wie ein Murmeltier.

Er gehörte zu den wenigen, die mich beim Pistolenschießen regelmäßig alt aussehen ließen, und ich hatte es mir angewöhnt, jeden Abend seinen Punktestand zu checken, um zu sehen, ob ich auch mal besser war als er. Wie Charlie war Steve vor seiner Zeit beim Green Team Nahkampfausbilder bei den Ostküsten-Teams gewesen. Er hatte drei Einsätze mitgemacht und war einer der wenigen Ostküsten-Jungs mit Kampferfahrung. Zu der Zeit waren nur SEAL-Teams von der Westküste in den Irak oder nach Afghanistan entsandt worden. Steve war Ende der Neunzigerjahre bei einem Einsatz in Bosnien, wo sein Team in ein Feuergefecht geriet, eines der wenigen vor dem 11. September 2001.

Irgendwie landeten Charlie und Stevie immer an der Spitze meiner Liste. Was mir aber immer schwer fiel, je mehr Jungs ausgesiebt wurden, war, die fünf unteren Plätze zu füllen.

»Es fällt mir verdammt schwer, mir zu überlegen, wer die fünf Schlechtesten sein könnten«, sagte ich eines Abends zu Steve.

Wir saßen an einem Tisch im Schießstand und reinigten unsere Waffen.

»Wer stand letzte Woche bei dir unten auf der Liste?«, fragte er.

Ich nannte ein paar Namen; die meisten davon standen auch auf Steves Liste.

»Ich weiß einfach nicht, wen ich diese Woche aufschreiben soll«, meinte ich.

»Jemals dran gedacht, dich selbst draufzusetzen?«, gab Steve zurück.

»Ich habe drei Namen. Aber die letzten beiden, da fällt mir niemand ein«, sagte ich. »Stimmt, wir könnten uns selbst aufschreiben. Ich will niemanden unter den Bus schubsen.«

Meiner Meinung nach brachten wir beide gute Leistungen im Training.

»Ich werd's riskieren«, sagte Steve. »Wir brauchen fünf Namen.«

Ein paar Wochen zuvor hatten wir versucht, die letzten fünf Zeilen leer zu lassen. Wir hatten als Team beschlossen, gegen die Vorschrift zu rebellieren und den Ausbildern die Stirn zu bieten. Lange hielten wir nicht durch. Statt nach einer langen Woche des harten Trainings auszuspannen, verbrachten wir den restlichen Freitagabend mit Dauerläufen und damit, stundenlang Autos durch die Gegend zu schieben.

An diesem Freitag setzte ich meinen eigenen Namen auf die Liste der fünf Schlechtesten. Steve tat dasselbe. Er war bereit, für das einzutreten, was er für das Richtige hielt. Steve gehörte zu den Anführern im Team, und wenn er einen Vorschlag machte, hörten die anderen zu.

Am Ende das Nahkampf-Ausbildungsblocks in Mississippi war unsere Gruppe um rund ein Drittel geschrumpft. Die Jungs, die durch das Sieb fielen, konnten neue Informationen nicht schnell genug verarbeiten, um in Bruchteilen von Sekunden die richtige Entscheidung zu treffen. Nicht, dass sie schlechte SEALs gewesen wären; viele von ihnen bewarben sich später nochmals und schafften es beim zweiten Anlauf. Die anderen kehrten in ihre alten Teams zurück und zeichneten sich dort aus.

Wer den Nahkampf-Ausbildungsblock überstanden hatte, ging das Gerücht vor Ort, hatte eine mehr als Fifty-fifty-Chance, das

Green Team erfolgreich abzuschließen. Natürlich wussten die Ausbilder, was unter der Hand erzählt wurde, und als wir nach Virginia Beach zurückkamen, sorgten sie dafür, dass der Druck kein bisschen nachließ und wir keinen Moment lang vergaßen, dass wir längst noch nicht da waren, wo wir hinwollten.

Und so war es ja auch: Wir hatten erst drei Monate des insgesamt neunmonatigen Kurses hinter uns. Die nächsten sechs Monate würden kein bisschen leichter werden. Auf die Nahkampfausbildung folgten die Unterrichtsblöcke Umgang mit Sprengstoff, Landkriegsführung und Kommunikation.

Eine der wichtigsten Aufgaben von SEALs ist das Entern von Schiffen, das »underways«. Wir verbrachten Wochen damit, unterschiedlichste Schiffstypen zu entern, von Kreuzfahrtschiffen bis hin zu Frachtern. Obwohl wir häufig im Irak und in Afghanistan operierten, mussten wir auch unsere Fähigkeiten im Wasser perfektionieren. Wir übten »Über den Strand«-Einsätze, bei denen wir durch die Brandung schwammen, über den Strand vorrückten und einen Überfall durchführten. Anschließend verschwanden wir auf demselben Weg – durchs Wasser – und kehrten zu unseren vor der Küste wartenden Schiffen zurück.

Im letzten Monat der Ausbildung praktizierten wir VIP-Sicherungseinsätze. Das erste Personenschutzkommando des afghanischen Präsidenten Hamid Karzai bestand aus SEALs aus unserem Kommando. Und wir absolvierten ein fortgeschrittenes SERE-Training, kurz für Survival (Überleben), Evasion (Ausweichen), Resistance (Widerstand) und Escape (Flucht).

Das Tempo, das die Ausbilder anschlugen, war nach wie vor extrem hoch, und nach wie vor galt: Wer nicht mitkam, wer nicht gleich am ersten Tag den Anschluss schaffte, war praktisch schon weg vom Fenster.

Stressmanagement, das war der Schlüssel zum Erfolg im Green Team.

Die Ausbilder sorgten dafür, dass wir ständig erschöpft waren und am Rande unserer Kräfte standen, damit wir lernten, auch unter den schlechtmöglichsten Bedingungen blitzschnell die richtigen Entscheidungen zu treffen.

Nur so konnten sie die Bedingungen in realen Kampfeinsätzen nachbilden. Erfolg oder Misserfolg unserer Missionen hingen unmittelbar davon ab, wie gut es jedes Teammitglied verstand, Informationen unter Stressbedingungen zu verarbeiten. Das Green Team war eine ganz andere Sache als das BUD/S-Training; einfach nur die Schwimm- und Lauftest bestehen und die Kälte aushalten, ohne die Flinte ins Korn zu werfen, reichte jetzt nicht mehr aus.

Im Green Team ging es um die mentale Belastungsfähigkeit.

In dieser Zeit lernten wir auch die spezielle Kultur des Kommandos kennen. Um das zu simulieren, was uns auf dem zweiten Deck erwartete, wurden alle Mitglieder des Green Teams unter eine einstündige Rufbereitschaft gestellt. Im Falle eines Rückrufs summte der Pager, und von diesem Moment an hatten wir genau eine Stunde Zeit, uns zum Dienst zurückzumelden. Jeden Morgen um sechs Uhr erhielten wir einen Testruf auf den Pager. Für die Ausbilder war der Pager ein weiteres Mittel, Druck auf uns auszuüben. Mehrmals piepsten sie uns noch vor Tagesanbruch an, um uns zum Dienst zu rufen.

Irgendwann an einem Sonntagabend gegen Mitternacht piepste mein Pager. Noch halb schlaftrunken setzte ich mich ins Auto und kam innerhalb der vorgegeben Zeit zur Basis, wo ich Anweisung erhielt, meinen Trainingsanzug anzuziehen und mich bereit zu halten. Wie es aussah, stand uns ein Fitnesstest bevor.

Wir durften uns nicht weiter als eine Stunde von der Basis entfernen und uns nicht betrinken. Wenn wir gerufen wurden, mussten wir in der Lage sein, volle Leistung zu bringen. Wir konnten angepiepst werden und innerhalb einer Stunde in einem Flugzeug auf dem Weg egal wohin in der Welt sitzen.

In kurzer Folge trafen meine Teamkameraden ein. Ein paar sahen so aus, als hätte sie der Pager in einer Bar aufgeschreckt.

»Sind Sie etwa betrunken?«, hörte ich einen Ausbilder einen meiner Kameraden fragen.

»Selbstverständlich nicht. Ich hatte nur ein Bier zu Hause«, kam die Antwort.

So langsam neigte sich die Stunde dem Ende zu, aber immer noch keine Spur von Charlie.

Als er schließlich eintraf, war er gut zwanzig Minuten über der Zeit. Die Ausbilder waren stinksauer. Unterwegs hatte er noch einen Strafzettel wegen Geschwindigkeitsübertretung bekommen, was ihn zusätzlich aufgehalten hatte. Zum Glück beließen die Ausbilder es bei der verbalen Abmahnung, und Charlie konnte im Team bleiben.

Ein paar Wochen vor dem Ende des neunmonatigen Lehrgangs machten die ersten Gerüchte über die Auswahl die Runde, die folgendermaßen ablief: Die Ausbilder erstellten eine Rangliste der gesamten Gruppe, und anschließend setzten sich die Master Chiefs der Assault Squadrons an einen Tisch und wählten aus dem vorhandenen Angebot verschiedene neue Mitglieder für ihre Einheiten aus.

Die einzelnen Assault Squadrons befanden sich in ständiger Bewegung, rotierten zwischen Auslandseinsätzen, Ausbildungsblöcken und anschließend zum Teil monatelanger Bereitschaft, während der sie jederzeit den Befehl für einen neuen Einsatz erhalten konnten. Wohin wir als nächstes gehen würden, sollten wir erst dann erfahren, wenn wir wussten, von wem wir ausgewählt worden waren.

Nach der Auswahl hängten die Ausbilder des Green Teams eine Liste auf. Zusammen mit Charlie und Steve wurden ich und noch ein paar Freunde zum selben Squadron geschickt.

»Hey, herzlichen Glückwunsch«, sagte Tom zu mir, als er mich vor der Liste stehen sah. »Wenn ich hier mit meiner Zeit als Ausbilder fertig bin, kehre ich als Teamführer zu diesem Squadron zurück.«

SEALs können jederzeit zu einem Einsatz an jeden Ort der Welt geschickt werden. Das Herz der einzelnen Einsatzzüge sind die Teams, bestehend aus je sechs Mann und angeführt von einem erfahrenen aktiven SEAL. Die Teams bilden Troops, die einem Lieutenant Commander unterstehen. Mehrere Troops zusammengefasst ergeben eine Squadron unter dem Oberbefehl eines Commanders. Die DEVGRU-Einsatzzüge werden noch durch nachrichtendienstliche Analysten und Versorgungseinheiten ergänzt.

Wenn man in ein Team aufgenommen wird, arbeitet man sich langsam die Leiter empor. Die meiste Zeit über bleibt man im selben Team, es sei denn, man wird als Ausbilder fürs Green Team ausgewählt oder außer der Reihe zu Sondereinsätzen herangezogen.

Am Tag nach der Auswahl schaffte ich meine Ausrüstung hinauf aufs zweite Deck und folgte Steve und Charlie in den Teamraum des Zugs. Der Raum war groß, es gab eine Bar und in einer Ecke einen Küchenbereich. Gemäß der Tradition hatte jeder von uns einen Kasten Bier mitgebracht, als wir das erste Mal bei unserem neuen Team aufkreuzten.

Unser Zug war dabei, auf Bereitschaft umzustellen und später zu einem Einsatz nach Afghanistan zu gehen. Einige meiner alten Kameraden aus dem Green Team in den anderen Zügen packten bereits ihre Sachen für den ersten Einsatz.

Von der einen Seite des Raums gingen die Büros des Commanders und der Master Chiefs ab. Den Großteil der Fläche nahm ein großer, stabiler Tisch ein, an den Seiten flankiert von kleineren Tischen mit Computern. An einer Wand waren Flachbildschirme montiert, die für Einsatzbesprechungen verwendet wurden. Ansonsten hingen die Wände voll mit Gedenktafeln anderer Spezialeinheiten, darunter den australischen SAS, und Erinnerungsstücken an Einsätze in der Vergangenheit. In den Neunzigerjahren hatte der Zug einen bosnischen Kriegsverbrecher geschnappt, woran eine auf eine Tafel montierte blutige Kapuze und Kabelbinderhandschellen erinnerten. Auch ein leichtes Maschinengewehr hing an der Wand, die Squad Automatic Weapon von Petty Officer First Class Neil Roberts. Roberts war gleich zu Beginn der Operation Anaconda in Afghanistan aus einem Chinook-Hubschrauber, der zwei Raketengranattreffer abbekommen hatte, gestürzt und von Taliban-Kämpfern umgebracht worden.

Während wir uns in einer Reihe an der Kopfseite des Tischs aufstellten, ließ ich den Blick über all diese altgedienten Männer mit langen Haaren und Bärten schweifen. Die meisten hatten mit Tattoos bedeckte Arme, Uniform trugen nur ein paar. Gegen Ende des Green Teams hatten auch wir angefangen, unsere Haare und Bärte wachsen zu lassen. Die Bart- und Haarvorschriften waren im Laufe der Jahre mehrfach überarbeitet worden, aber in dieser Phase des Krieges achteten die Leute weniger auf deinen Haarschnitt als vielmehr auf deine Leistungen auf dem Schlachtfeld. Das hier war ein bunter Haufen extrem gut ausgebildeter Profis. Natürlich hatten wir alle verschiedene Hintergründe und unterschiedliche Hobbys und Interessen. Aber eins hatten wir gemeinsam: die Bereitschaft, unser Familienleben, unsere Zeit und selbst unser Leben für eine größere Sache zu opfern.

Unsere künftigen Teamkollegen forderten uns auf, uns selbst vorzustellen und einen kurzen Abriss unseres bisherigen Lebens zu geben. Charlie, unser »Bully«, ergriff als erster das Wort, aber kaum hatte er seinen Namen gesagt, als die altgedienten Jungs auch schon lauthals buhten und johlten.

»Halt die Klappe«, riefen sie. »Das ist uns scheißegal.«

Uns anderen erging nicht besser. Aber hinterher kamen sie alle zu uns her, schüttelten uns die Hände und halfen uns beim Auspacken unserer Ausrüstung. Sie befanden sich im Krieg und wollten keine Zeit mit Empfangssperenzchen für die Neuen verschwenden.

Ich fühlte mich sofort zu Hause.

Das war die Art Kommando, der ich angehören wollte, seit ich zur Navy gegangen war. Hier gab es keine Grenzen dafür, wie gut man sein und wie viel man beitragen konnte. Mit einem Mal wurde meine ganze Angst vor dem Versagen von dem Wunsch hinweggefegt, alles zu geben, was ich hatte und Höchstleistungen zu erbringen.

Was ich bei dem dreitägigen Selektionskurs vor über einem Jahr gelernt hatte, galt hier noch viel mehr: Einfach nur die Mindestanforderungen erfüllen reichte nicht aus.

Noch während ich meine Ausrüstung auspackte, wurde mir klar, dass ich mich wieder ganz von Neuem beweisen musste. Dass ich das Green Team bestanden hatte, bedeutete rein gar nichts. Schließlich hatten hier alle dieselbe Tortur durchlaufen. Ich schwor, mir den Arsch aufzureißen und ein Gewinn für mein Team zu werden.

KAPITEL 3

Das zweite Deck

Ein paar Wochen vor unserer Entsendung nach Afghanistan druckte ich die Packliste aus. 2005 bereitete ich mich auf meinen ersten Einsatz in dem zentralasiatischen Land vor. Mein einziger Kampfeinsatz während meiner Zeit beim SEAL Team 5 hatte mich in den Irak geführt. Ich stand neben dem Drucker und sah zu, wie er ein Blatt nach dem anderen ausspuckte. Sechs einzeilig bedruckte Seiten später machte ich mich daran, meine Ausrüstung zusammenzustellen. Laut der empfohlenen Packliste sollte ich praktisch alles mitnehmen.

Wir arbeiteten in unserem Kommando nach »Big Boys Rules«, was besagte, dass man ziemlich frei war, es sei denn, man wusste nicht weiter. Schließlich waren wir ja alle »große Jungs«. Seit ich zu dem Team gestoßen war, legte ich großen Wert darauf, unabhängig zu sein. In den letzten drei Monaten hatte ich hart trainiert und war bestrebt, ein Aktivposten zu sein. Ich hatte gelernt, dass es in Ordnung ist, Fragen zu stellen, wenn man welche hat, allerdings wollte auch niemand der Kerl sein, der nicht durchblickte und dauernd dumme Fragen stellte. Aber bei meinem ersten Einsatz wollte ich keinen Fehler machen und nichts Wichtiges vergessen.

Also ging ich zu meinem Teamführer in den Teamraum, um wegen der Packliste nachzufragen.

»Hey«, sagte ich und holte mir eine Tasse Kaffee. »Ich bin gerade dabei, meine Ausrüstung zusammenzustellen, und diese Packliste sieht im Prinzip vor, dass ich alles mitnehmen soll.«

Er saß an der Arbeitsplatte aus Granit, vor sich einen Kaffee, und ging ein paar Unterlagen durch. Untersetzt und stämmig und im Gegensatz zu einigen der anderen Jungs, die ihre Haare länger trugen und sich Bärte stehen ließen, hatte er einen akkuraten Kurzhaarschnitt und war sauber rasiert. Außerdem gehörte er nicht gerade zu den Gesprächigsten im Team und war schon viel länger bei der DEVGRU als ich bei der Navy.

Und er nahm die »Big Boys Rules« ernst.

»Wie lange bist du schon bei der Navy?«, fragte er.

»Bald sechs Jahre.«

»Du bist seit sechs Jahren bei den SEALs und weißt nicht, was du für einen Feldeinsatz brauchst?«

Ich kam mir vor wie ein Vollidiot.

»Hey Mann, was denkst du, was du für den Einsatz brauchst?« Er sah mich an. »Das packst du ein. Das da ist eine Anleitung. In der dämlichen Liste steht, dass du alles mitnehmen sollst. Nimm einfach mit, was du brauchst.«

»Verstanden«, antwortete ich.

Ich ging zu meinem Käfig und breitete meine Ausrüstung, das »Kit«, vor mir aus. Jeder von uns bei der DEVGRU hatte einen solchen Käfig, eine Art überdimensionales, begehbares Schließfach von der Größe eines kleinen Zimmers. An den Seitenwänden standen Regale, und an der rückwärtigen Wand war eine Kleiderstange zum Aufhängen der Uniformen befestigt.

In den Regalen lagen Taschen, die gefüllt waren mit allem, was ich für die verschiedenen Missionen brauchte, zu denen wir in der

Welt geschickt wurden. Eine Tasche enthielt alles, was ich für den Nah- und Häuserkampf brauchte. Eine andere enthielt mein HAHO-Kit, meine Ausrüstung für High Altitude/High Opening-Fallschirmsprünge. Mein Kampfschwimmer oder »Tauch-Kit« steckte in einem separaten, großen und grünen Sack. Alles war farbkodiert und bereit. Mein zwanghafter Ordnungssinn hatte unverkennbar die Regie übernommen, und ich hatte alles perfekt organisiert und aufgeteilt.

Aber manche Dinge wie zum Beispiel ein Gerber-Tool, also ein Multifunktionswerkzeug, sind für alle Einsätze praktisch. Beim SEAL Team 5 hatte man uns nur ein Gerber-Tool mit Messer, Schraubenzieher, Schere und Dosenöffner ausgehändigt.

Und sie gaben uns auch nur ein Zielfernrohr für unser Gewehr.

Ein feststehendes Messer.

Und ein Set kugelsichere Einlagen für die Kampfweste.

Ich musste also mehrere Taschen durchsuchen, um genau den einen Ausrüstungsgegenstand zu finden, der in die Tasche gehörte, die meine Spezialausrüstung für einen speziellen Einsatz enthielt. Das nervte und war auch nicht sonderlich effizient, aber so hatte es die US-Regierung festgelegt, und ich hatte mich inzwischen damit abgefunden.

Aber hier bei der DEVGRU lagen die Dinge ein wenig anders.

Später kam mein Teamführer bei meinem Käfig vorbei, um zu überprüfen, was ich da trieb, und kontrollierte, was ich in meine vier farbkodierten Einsatztaschen gepackt hatte. Daneben lag eine separate Tasche mit den Dingen, von denen ich glaubte, dass ich sie für die meisten Einsätze brauchte, darunter auch ein Multifunktionswerkzeug.

»Geh runter zur Materialausgabe und lass dir für jede Tasche ein Gerber geben«, sagte mein Teamführer.

Ich sah ihn überrascht an.

»Ich bekomme vier?«

»Ja, eins für jede Einsatztasche. Du brauchst in jeder Tasche ein Gerber.«

Er zeichnete meinen Materialschein ab, und ich ging hinunter zur Materialausgabe. Einer der Jungs vom Support kam ans Fenster.

»Was brauchst du?«

Ich zeigte ihm die Liste. Nichts Besonderes, Dinge wie Taschenlampen und anderes Werkzeug. Aber jeweils vier Stück.

»Okay«, sagte er. »Bin gleich zurück.«

Ein paar Minuten später kehrte er mit einer Kunststoffkiste zurück, in der alles drin war, was auf meiner Liste stand. Ich musste mich zwingen, ein Grinsen zu unterdrücken. Hier wurde ein Traum wahr. Bei unseren alten Teams hatten manche Leute mehrere Tausend Dollar aus eigener Tasche für Dinge ausgegeben, die sie für ihren Job brauchten.

Das Waffenarsenal war sogar noch besser. Über der Tür prangte ein Schild: »Du träumst davon, wir geben es dir.«

Für einen Mann wie mich war das der Himmel. Zuerst ließ ich meine zwei M4-Sturmgewehre einrichten, eines mit einem 16-Zoll-Lauf, das andere mit einem 10-Zoll-Lauf. Dann bekam ich eine MP7-Maschinenpistole und mehrere Handfeuerwaffen, darunter die standardmäßige Navy SEAL Sig Sauer P 226. Meine primäre Waffe, die ich täglich verwendete, war ein schallgedämpftes Heckler & Koch 416 (HK 416) mit 10-Zoll-Lauf und einem Rotpunktvisier mit dreifacher Vergrößerung. Mein HK416 mit 14-Zoll-Lauf ließ ich für Schüsse auf große Distanzen einschießen. Es war ebenfalls schallgedämpft und mit einem Nachtsichtvisier mit zweieinhalbfacher Vergrößerung bestückt.

Das HK416 war zusätzlich mit einem Infrarot-Laser und einem aufsetzbaren Wärmebildzielgerät für das Schießen bei Dunkelheit ausgestattet. Ich benutzte das HK416 mit langem Lauf eher selten, weil meine primäre Waffe, das Heckler & Koch mit dem 10-Zoll-Lauf, in den meisten Situationen vollauf genügte. Aber es war ein gutes Gefühl, für den Fall der Fälle ein Gewehr mit größerer Reichweite griffbereit zu haben.

Bei ein paar Einsätzen hatte ich eine schallgedämpfte MP7-Maschinenpistole von Heckler & Koch dabei, aber bei ihr fehlte mir die Durchschlagskraft meines HK416. Die Maschinenpistole war ideal, wenn es darum ging, Schiffe zu entern, im Dschungelkrieg oder wenn es auf Gewicht, Kompaktheit und die Fähigkeit ankam, möglichst leise zu arbeiten. Wir haben mit der MP7 mehr als einmal feindliche Kämpfer in einem Raum erschossen, ohne dass ihre Kameraden im Nebenzimmer davon aufgewacht wären. In Sachen Schalldämpfung war das HK416 jedoch der MP7 unterlegen.

Abgerundet wurde mein Arsenal durch zwei Pistolen – eine Sig Sauer P 226 und eine Heckler & Koch .45, die beide mit einem Schalldämpfer versehen werden können. Bevorzugt trug ich die HK im Kaliber .45. Darüber hinaus hatte ich noch einen M79-Granatwerfer, der vom Aussehen einer Donnerbüchse ähnelt und deshalb auch als »Piratenflinte« bezeichnet wird. Unsere Büchsenmacher hatten den Lauf des Granatwerfers gekürzt und den Schaft zu einem Pistolengriff umgeformt.

Natürlich entsprach keine meiner Waffen dem Standardmodell. Wir alle hatten individuelle Modifikationen an den Abzügen und Griffen vornehmen lassen, und ich weiß, dass unsere Büchsenmacher sehr stolz darauf waren, die Werkzeuge zu optimieren, die unser Überleben sichern sollten. Und wir von der DEVGRU hatten die besten Werkzeuge in der Branche.

Wenn man über die Basis lief, war es gang und gäbe, dass man Schüsse von den Schießständen oder den dumpfen Schlag von Sprengladungen hörte, mit denen im Kill House eine Tür aufgesprengt wurde. Wir alle waren ständig am Trainieren, und es war keineswegs ungewöhnlich, die Jungs zwischen den Trainingseinheiten in voller Montur und mit ihren geladenen Waffen über das Gelände laufen zu sehen. Alles hier war auf die Kriegführung – oder das Training dafür – ausgerichtet.

Ich hatte mich im Einsatzzug gerade halbwegs eingelebt, als ich 2005 in ein Flugzeug mit Ziel Afghanistan verfrachtet wurde. Zu der Zeit war unsere Einheit hauptsächlich für Afghanistan zuständig und die Delta Force der Army für den Irak.

Delta war im Irak gerade in ziemlich raues Fahrwasser geraten und hatte innerhalb kurzer Zeit mehrere Leute verloren. Sie hatten zusätzliche Einsatzkräfte angefordert, und die DEVGRU hatte sich bereit erklärt, auszuhelfen und mein Team in den Irak zu schicken. Aber da ich nicht gleich bei meinem ersten Einsatz mit Delta arbeiten sollte, wurde ich mit meinem Trupp zunächst einige Zeit als Springer nach Afghanistan geschickt. Doch als die Delta Force weitere Männer anforderte, wurde ich mit zwei anderen SEALs von Afghanistan in den Irak versetzt.

Wir erreichten Bagdad deutlich nach Mitternacht. Die Fahrt vom Hubschrauberlandeplatz führte uns durch die dunklen und verlassenen Straßen der Grünen Zone. Es war Sommer, und die feuchtheiße Nachtluft lastete wie ein schwerer Teppich auf der Stadt. Ich saß ohne Ausrüstung hinten auf der Ladefläche des Pickup und genoss den Fahrtwind. Alles wirkte und roch genau so, wie ich es von meinem ersten Kampfeinsatz 2003 in Bagdad mit Team 5 noch in Erinnerung hatte.

Wir waren damals kurz nach Beginn der Invasion in die Stadt gekommen. Unser erster Auftrag lautete, den hydroelektrischen Staudamm von Mukarayin nordöstlich von Bagdad zu sichern. Unsere Führung fürchtete, die sich zurückziehenden irakischen

Truppen könnten den Damm sprengen, um den amerikanischen Vormarsch zu bremsen.

Unser Plan war simpel. Basierend auf unserer Erfahrung, die gleich null war, sah er vor, dass wir zum X fliegen, wobei es sich um eine Taktik handelt, die bedeutet, dass wir direkt auf das Ziel niedergehen und so die Faktoren Schnelligkeit und Überraschung zu unserem Vorteil nutzen. In diesem Fall war X der Damm, laut Plan sollten wir, sobald der Hubschrauber über dem Ziel war, per Schnellabseilung in den Hof vorstoßen. Von dort aus wollten wir in das Hauptgebäude eindringen, es säubern und sichern. Parallel dazu sollte die GROM, die polnische Spezialeinheit, einen weiteren Gebäudekomplex sichern, während gleichzeitig eine weitere Gruppe SEALs mithilfe von zwei Wüstenbuggys den äußeren Perimeter der Anlage sichern sollte.

Nachdem wir ein paar Tage darauf gewartet hatten, bis der Himmel aufklarte, kam schließlich der Einsatzbefehl. Als ich in den MH-53-Hubschrauber kletterte, schlug mir das Herz bis zum Hals. Diesen Moment hatte ich herbeigesehnt, seit ich als Junge von den Kommandoeinsätzen im Mekong-Delta gelesen hatte.

Ich war drauf und dran, meinen ersten echten Kampfeinsatz zu erleben. Ich hatte davon geträumt, darüber gelesen, und jetzt war ich im Begriff, es auch zu tun.

Wahrscheinlich hätte ich Angst haben oder zumindest besorgt sein sollen. Schließlich wusste ich nicht, was mich erwartete; aber zugleich war es großartig, endlich in den Einsatz zu gehen. Ich hatte keine Lust mehr, immer nur zu trainieren, ich wollte wirklich und echt mitspielen, und gleich sollte ich meine erste Kostprobe bekommen.

Der Flug dauerte mehrere Stunden inklusive einer Luftbetankung. Unser zwanzig Mann starkes Team saß dicht gedrängt in dem Hubschrauber. Kerosinschwaden drangen durch die Kabine, als der Hubschrauber über den vor dem Cockpit montierten Tankrüssel seinen Treibstoff aufnahm. In der Kabine herrschte völlige Dunkelheit, und den Großteil der Zeit über döste ich vor mich hin, bis wir schließlich das Zeichen erhielten, uns bereit zu machen.

»Zwei Minuten«, brüllte der Crew Chief gegen den Lärm an, hob eine Faust mit zwei ausgestreckten Fingern und schaltete ein rotes Licht an. Es war weit nach Mitternacht, als die Hubschrauber sich dem Damm näherten.

Ich nahm meine Position an der Luke ein und griff nach dem Seil. Das Dröhnen der Motoren übertönte jedes andere Geräusch. Wie meine restlichen Teamkameraden war ich schwer mit Ausrüstung beladen und steckte in einem Chemieschutzanzug. Die »good idea fairy«, die »Fee der guten Einfälle« – unser Spitzname für die Neigung der Einsatzplaner, ihren Senf zu jeder nur denkbaren Eventualität dazuzugeben und die Teams mit noch mehr Optionen und Ausrüstung und »guten« Einfällen zu belasten – hatte bei dieser Mission besonders heftig gewirkt. Wir hatten Trennschleifer dabei, um die Tore zum Damm aufzusägen. Weil wir nicht wussten, wie lange wir hier sein und ohne Nachschub von außen würden auskommen müssen, hatten wir Essen und Wasser für mehrere Tage dabei. Doch die Regel lautet: »Im Zweifelsfall – lade es aus.« Denn je mehr man mitnimmt, umso größer ist die körperliche Belastung, umso langsamer bewegt man sich und umso schwerer ist es, schnell auf eine Bedrohung zu reagieren.

Als der Hubschrauber in den Schwebeflug übergegangen war, griff ich das Seil mit beiden Händen und ließ mich nach unten gleiten. Wir befanden uns in rund zehn Metern Höhe, und ich konnte den Boden rasch näher kommen sehen. Ich versuchte meinen Abstieg zu bremsen, aber ich durfte auch nicht zu langsam werden, sonst würden meine Kameraden auf mich draufkrachen.

Mit der ganzen Ausrüstung am Leib landete ich wie eine Tonne Ziegelsteine. Meine Beine schmerzten, als ich mein Gewehr packte und auf das weniger als einhundert Meter entfernte Tor zuging.

Nach ein paar Schritten erfasste mich der Abwind des Hubschraubers und drückte mich nieder. Kleine Steine prasselten auf mich ein, und durch den Staub, der mich fast blendete, konnte ich das Tor vor mir nur schemenhaft ausmachen. Als ich lossprintete, packte mich der Abwind des Rotors und ließ mich unkontrolliert vorwärts stürzen. Ich musste alle meine Kraft aufwenden, um auf den Beinen zu bleiben, und konnte gerade noch vermeiden, gegen das geschlossene Tor zu prallen.

Die anderen folgten dicht hinter mir. Mit meinem Bolzenschneider durchtrennte ich das Schloss, setzte mich wieder an die Spitze und rannte auf die Gebäude vor uns zu. Das Hauptgebäude war zweistöckig, im tristen Stil der Ostblockarchitektur, die Wände aus nacktem Beton und die Tür aus Metall. Während meine Teamkameraden mir Deckung gaben, drückte ich die Klinke herunter. Die Tür war offen.

Ohne zu wissen, was mich erwartete, ging ich vorsichtig hinein. Vor mir erstreckte sich ein langer Gang. Wir konnten jeden Moment unter Beschuss genommen werden.

Links und rechts gingen mehrere Räume von dem Gang ab. Gerade als wir vorrückten, sah ich eine Bewegung in einem der weiter hinten liegenden Räume. Zwei Hände tauchten im Türrahmen auf, gefolgt von mehreren irakischen Wächtern. Sie hatten die Hände erhoben und waren unbewaffnet.

Meine Teamkameraden führten sie hinter mir ab, während ich weiter den Gang hinunter ging. In den Räumen lagen die AK-47 der Iraker; alle Waffen waren nicht geladen. Offenbar hatten sie geschlafen und waren vom Lärm der Hubschrauber aus dem Schlaf gerissen worden.

Wegen der Größe des Gebäudes dauerte es einige Zeit, bis wir es gesichert hatten. Dazu kam, dass wir den Auftrag hatten, nach Sprengladungen zu suchen, mit denen der Damm womöglich in die Luft gesprengt werden sollte. Da wir noch nie zuvor ein vergleichbar großes Objekt gesichert hatten, brauchten wir dazu länger als vorgesehen.

Niemand war verletzt, ausgenommen ein Pole von der GROM, der sich beim Schnellabseilen den Knöchel gebrochen hatte.

Nachdem das Hauptgebäude gesichert war, kam mein Platoon Chief zu mir.

»Hey, kannst du mal nach dem Funkgerät schauen«, sagte er. »Ich bekomme keinen Empfang.«

Beim Ausstieg aus dem Hubschrauber hatte er sich das Funkgerät auf den Rücken geschnallt. Er stand direkt vor mir, und über seine Schulter sah ich das Kabel des Kopfhörers nach hinten hängen. Aber als er sich umdrehte, sah ich, dass der Rucksack mit dem Funkgerät verschwunden war. An ihm baumelte nur noch das Kopfhörerkabel.

»Dein Rucksack ist weg«, sagte ich.

»Wie, weg? Was soll das heißen?«, meinte er.

»Nun, er ist eben weg«, gab ich zurück.

Er hatte den Rucksack nicht richtig an seiner Schutzweste festgeschnallt. Unsere Schutzwesten haben auf der Vorder- und der Rückseite mehrere im Abstand von knapp zwei Zentimetern angeordnete Nylonschlaufen zur Befestigung von Taschen und Rucksäcken. Mein Chief hatte seinen Rucksack nur durch die oberen und unteren Schlaufen geschlauft, und als er sich durch den Abwind des Rotors abgeseilt hatte, war ihm der Rucksack mitsamt Funkgerät vom Rücken gerissen und ins Wasser unterhalb des Damms geschleudert worden. Dort unten im Fluss half uns das Funkgerät natürlich nicht viel weiter. Dasselbe war unserem Sanitäter passiert, dem ein Rucksack mit Morphiumampullen davongeflogen war.

Von der Ausrüstung, die wir bei dieser Mission dabei hatten, war vieles neu für uns. Kurz vor unserer Entsendung war im Teamzimmer kistenweise neues Material aufgetaucht. Unser übliches Mantra lautete: »Trainiere, wie du kämpfst«, was bedeutet, dass man nicht mit Material oder Geräten in Kampfeinsätze geht, die man nicht zuvor benutzt hat, und zwar bevorzugt lange und intensiv. Wir hatten gegen diese Regel verstoßen, und wir hatten verdammten Dusel, dass uns diese Nachlässigkeit nicht teuer zu stehen kam. Das war unsere erste Lektion bei dieser Mission.

Und in noch einer Hinsicht hatten wir bei diesem Einsatz großes Glück. Die Iraker hatten Flugabwehrkanonen neben dem Staudamm, die geladen und einsatzbereit waren. Hätten die Wachen kämpfen wollen, hätten sie die Hubschrauber mühelos vom Himmel holen können, während wir uns abseilten.

Wir bekamen bei dieser Mission zahlreiche Lektionen, angefangen davon, dass wir bessere nachrichtendienstliche Informationen über unsere Ziele brauchen, bis dahin, wie man seine Ausrüstung korrekt sichert, und zum Glück hatten wir diese Lektionen ohne Verluste gelernt. Im Normalfall lernt man die besten Lektionen nämlich in den härtesten Momenten. Aber mir – und vor allem meinem perfektionistischen Ego – gefiel es ganz und gar nicht, dass das Glück für unser Überleben bei dieser Mission eine so entscheidende Rolle gespielt hatte.

Als drei Tage später der Hubschrauber abhob, der uns zurück nach Kuwait brachte, wurde mir klar, dass dies alles für mich und meine Kameraden im Team 5 noch sehr neu und dass dieser Kampfeinsatz für uns alle eine Premiere war, selbst wenn wir uns von unseren Erfahrungen und der Zeit her, die wir bereits bei den SEALs waren, noch so sehr unterschieden.

KAPITEL 4

Delta

Zwei Jahre später, als ich nach Bagdad zurückkehrte, war ich ein wenig erfahrener, aber nicht viel. Ich hatte den Aufnahmetest bestanden und das Green Team abgeschlossen, aber ich war eindeutig immer noch der Neue. Gut war jedoch, dass ich aus meiner Zeit bei Team 5 schon Erfahrung mit der Arbeit in Bagdad mitbrachte. Nach dem Auftrag mit dem Damm wurde mein Team nach Bagdad entsandt, um bei der Jagd auf frühere Anhänger des Regimes und Anführer des Aufstands zu helfen.

Der Stützpunkt der Delta Force befand sich in der Grünen Zone am Ufer des Tigris im Zentrum der Stadt. Sie war ganz in der Nähe der berühmten gekreuzten Schwerter stationiert, die zur Feier des irakischen »Sieges« im Ersten Golfkrieg zwischen dem Irak und dem Iran errichtet worden waren. Der von den Schwertern gebildete Triumphbogen überspannte die große »Paradiesstraße«. Im Laufe des Tages ließen sich ganze Militäreinheiten neben den Armen fotografieren, die diese Krummschwerter hielten. Hände und Unterarme des Denkmals waren denen des Diktators genau nachgebildet, sogar der Daumenabdruck stimmte exakt mit dem von Saddam Hussein überein.

Das Hauptquartier der Delta Force lag in den früheren Gebäuden der Baath-Partei. Ich ging hinein und meldete mich beim Joint Operation Center. Gleich darauf wurde ich von Jon, meinem neuen Teamführer abgeholt. Ich war total neu und hatte immer noch keine Ahnung, was mich erwartete. Doch ich war froh, dass ich da war, und ich brannte darauf, mich an die Arbeit zu machen.

Jon war Ranger gewesen, bevor er zur Delta Force gekommen war. Er hatte einen gewaltigen Brustkorb, sehr kräftige Arme, einen braunen buschigen Vollbart, der ihm bis auf die Brust reichte, und er sah aus wie eine größere Version von Gimli, dem streitbaren Zwerg aus *Der Herr der Ringe*.

Jon war gleich nach der Highschool zur Armee gegangen. Nach jahrelanger Kurzhaarfrisur und jeder Menge Vorschriften bei den Rangers hatte er mit dem Ziel, Pilot eines Apache-Hubschraubers zu werden, die Warrant Officer School besucht, letztlich aber doch nicht auf sein Gewehr verzichten wollen. Also hatte er den Aufnahmetest für die Delta Force gemacht und sich dort hochgearbeitet.

»Willkommen im Paradies«, sagte er, als wir zum Raum unseres Teams gingen. »Heiß genug für dich?«

»Wenigstens gibt es hier eine Klimaanlage«, sagte ich. »Als ich das letzte Mal hier war, haben wir in einem Zelt gewohnt. Es hat Wochen gedauert, bis wir eine Klimaanlage bekamen.«

»Hier ist es halbwegs komfortabel«, sagte er und öffnete die Tür zu unserem Raum.

Unser Schlafzimmer lag in einem Palastflügel. Die Korridore waren breit, mit Marmorböden und hohen Decken. Ich würde einen Raum mit ihm und dem neusten Mitglied seines Teams teilen. Mein Stockbett stand in der nächsten Ecke, und ich warf meine Taschen daneben. Jon half mir, meine Ausrüstung in den Raum zu schaffen, dann führte er mich herum.

In dem Palast gab es ein Fitnessstudio, eine Kantine und einen Swimmingpool. Tatsächlich gab es sogar mehr als einen Pool. Jedes Team bewohnte zwei Räume. Die Teams bestanden aus fünf Mann, darunter ein British Royal Marine mit doppelter Staatsbürgerschaft. Er war in die Vereinigten Staaten gekommen, dort in die Armee eingetreten und schließlich bei der Delta Force gelandet. Die anderen Männer waren wie Jon frühere Ranger oder Soldaten der Special Forces. Das neuste Mitglied des Teams war ein Ranger, der in der Schlacht nach dem Abschuss des Black-Hawk-Hubschraubers in Somalia verwundet worden war. Er sah aus wie ein Amish mit seiner Topffrisur und dem fleckigen Bart, der offenbar nie zusammenwuchs.

Wir machten ein bisschen Small Talk, und danach verbrachte ich den Rest der Nacht damit, meine Ausrüstung in Ordnung zu bringen. Zuerst packte ich meine »Op Gear« in ein Kabuff draußen im Gang, damit ich mich schnell in die Kampfausrüstung werfen und das Gebäude verlassen konnte, falls es einen Treffer abbekommen sollte. Danach packte ich meine Kleidung aus und richtete mein Bett. Da wir Stockbetten hatten, benutzten wir meistens das obere Bett als Lager und hängten einen Poncho vor das untere, damit wir ein bisschen Privatsphäre hatten.

Es war fast Morgen, als ich endlich fertig war. Da wir die Arbeitszeit von Vampiren hatten, also den ganzen Tag schliefen und bei Nacht unterwegs waren, hatten sich die meisten Kameraden hingelegt. Im Raum standen ein Sofa und ein Fernsehgerät. Ich holte mir eine Tasse Kaffee und schaute fern, bis Jon herüberkam.

»Wir weisen dich morgen ein«, sagte er. »Wenn du was brauchst, lass es mich wissen.«

»Danke«, sagte ich.

»Wir haben viel zu tun«, sagte Jon. »Freie Tage wie heute sind selten. Ich bin sicher, morgen Nacht sind wir wieder draußen.«

Es gab keinen allmählichen Einstieg in die Aufgaben. An den meisten Tagen stand ich am Nachmittag auf und ging mit den Lautsprechern meines iPods raus zum Pool. Ich zog mir ein bisschen Red Hot Chili Peppers oder Linkin Park rein, lag in der Sonne und entspannte mich. Einer der Kollegen aus meinem Team machte es zu seinem Hobby, den Rasen am Pool zu pflegen. In einem Land, wo es fast nur Sand und Dreck gab, war es ein echtes Vergnügen, wenn man ein paar Schritte auf Gras laufen konnte. An manchen Tagen konnte ich das frisch geschnittene Gras riechen, wenn ich mich im Wasser treiben ließ.

Danach frühstückte ich und trainierte im Fitnessstudio oder machte einen Lauf. Ich trainierte so oft wie möglich in der Schießanlage. In der Abenddämmerung begannen dann die Einsätze. Wir schafften eine Operation – oder zwei, wenn wir Glück hatten.

Ich gehörte zum »Roof Team«, das heißt, wir saßen auf den Waffenbehältern eines MH-6 Little Bird über den Kufen. Wir landeten auf dem Dach des Zielgebäudes und griffen von oben an. Der Rest der Angreifer traf mit Panzerfahrzeugen am Zielgebäude ein und säuberte das Erdgeschoss.

Der Little Bird ist ein leichter Hubschrauber, der in der US-Army für Spezialeinsätze benutzt wird. Er hat ein unverwechselbares eiförmiges Cockpit und zwei Waffenbehälter oder Sitzbänke auf den Seiten. Bei der Angriffsvariante AH-6 sind die Behälter oder Sitzbänke durch Raketen und Maschinengewehre ersetzt.

Die Hubschrauber wurden von Piloten des 160th Special Operations Aviation Regiment (Airborne) oder SOAR geflogen. Das Regiment fliegt die meisten Operationen für JSOC. Wir arbeiten seit Jahren zusammen. Die Piloten des 160th sind die besten der Welt. Ihr Hauptquartier befindet sich in Fort Campbell, Kentucky, und sie werden als Night Stalkers bezeichnet, weil fast alle ihre Operationen bei Nacht stattfinden.

Ich hatte schon im Green Team kurz mit Little Birds gearbeitet, aber in Bagdad saß ich fast jede Nacht über den Kufen, während die Stadt unter mir vorbeiraste.

Einige Tage nach meiner Ankunft waren wir nach Mitternacht im Einsatz, und ich konnte nur das Brüllen der Maschine und das Heulen des Windes hören. Wir rasten mit hunderzehn Stundenkilometern dahin, und der Wind zerrte wild an meinen Beinen, die von meinem Sitz baumelten. Ich wusste, dass es darauf ankam, in aller Ruhe klare Entscheidungen zu treffen. Doch das ist schwierig, wenn man das Gefühl hat, auf einer Achterbahn in die Schlacht zu fahren.

Ich spannte den Riemen meines Gewehrs, damit es fest an meine Brust gepresst war, und prüfte die Absturzsicherung, durch die ich hoffentlich mit dem Hubschrauber verbunden bleiben würde, falls ich vom Sitz rutschte. Von meinem Platz aus konnte ich im grünen Schein des Nachtsichtgeräts auf unserer rechten Flanke den zweiten Little Bird sehen, der mit uns in Formation flog. Einer der Delta-Leute auf dem anderen Hubschrauber merkte, dass ich herüberschaute, und zeigte mir den Stinkefinger. Ich erwiderte den Gruß.

Der Einsatz richtete sich gegen einen großen Waffenlieferanten, eines der vielen Glieder jener Kette, die den Aufstand im Irak möglich machte. Er hatte sich mit mehreren Kämpfern und einem großen Waffenlager in einem zweistöckigen Haus verschanzt. Unser Team hatte die Aufgabe, mit einem Little Bird auf dem Dach zu landen und das Haus von oben zu stürmen. Ein zweites Team würde mit einem Pandur ankommen, einem gepanzerten Lastwagen mit Maschinengewehren im Kaliber .50 und Mark-19-Raketenwerfern. Die Männer würden etwa eine halbe Minute warten, bis wir die Tür auf dem Dach aufgebrochen und damit für Ablenkung gesorgt hatten. Dann würden sie das Erdgeschoss stürmen, und wir würden das Gebäude von oben und unten zugleich durchkämmen.

Unter mir erstreckte sich die Stadt mit einen Gewirr von Straßen und Gassen zwischen Blöcken von niedrigen Gebäuden. Immer wieder lagen zwischen den Häusern total mit Müll bedeckte und verlassene Grundstücke. Ich saß vorne auf dem Waffenbehälter in der Nähe des Hubschrauber-Cockpits. Auf der anderen Seite saß Jon.

»Noch eine Minute«, hörte ich den Piloten auf meinem Funkgerät sagen. Er streckte schweigend den Arm aus der Tür und hielt mir einen Finger vor das Gesicht für den Fall, dass ich die Durchsage nicht mitgekriegt hatte.

Auf meinem Platz konnte ich sehen, wie der Copilot mit einem Laser auf das Dach des Zielgebäudes zielte. Jede Nacht schafften es die Piloten, in einem Meer von Dächern genau das richtige anzufliegen. Ich hatte keine Ahnung, wie sie das machten, weil die Dächer für mich von oben alle gleich aussahen.

Ich spürte, wie der Hubschrauber in die Tiefe sank. Der Pilot fing ihn unmittelbar über dem Dach ab und setzte mit den Kufen auf dessen Rand auf. Wir mussten uns also nicht schnell abseilen, sondern sprangen direkt auf das Dach. In weniger als zehn Sekunden war das ganze Vier-Mann-Team gelandet, und der Little Bird war wieder weg.

Ein Mann rannte zur Tür, brachte einen Sprengsatz an und sprengte sie auf. Sekunden später hörten wir die Ladung an der Tür im Erdgeschoss explodieren und die ersten Schüsse knallen.

Jon war vorn, als wir die Treppe hinunterliefen.

Aber schon nach den ersten Schritten blieb er stehen und sagte: »Wir sind auf dem falschen Dach.«

Die Schüsse kamen aus dem Nachbarhaus. Als wir zum Rand des Daches rannten, hörte ich mehrere kleine Explosionen, die von Handgranaten stammen mussten.

»Wir sind ein Gebäude zu weit«, sagte Jon. Wir überlegten, wie wir unseren Kameraden im Nachbargebäude helfen könnten.

Die Häuser sahen aus der Luft alle gleich aus, und zum ersten Mal hatten die Piloten das falsche erwischt. Wir waren aus dem Süden gekommen und auf dem Haus unmittelbar nördlich des Zielgebäudes gelandet.

»Wir müssen rüber zum Nachbarhaus«, sagte Jon. »Hier sind wir nutzlos.«

Das Nachbargebäude, das er meinte, lag im Osten des Zielgebäudes und hatte drei Stockwerke, sodass wir das Zielgebäude von oben unter Beschuss nehmen konnten.

»Adler am Boden«, hörte ich im Funkgerät. Das bedeutete, dass einer unserer Männer getroffen worden war.

Wie sich später herausstellte, hatte einer der Delta-Operators einen Schuss in die Wade bekommen, und mehrere andere waren von Handgranatensplittern verwundet worden.

Die Aufständischen warfen Handgranaten in den Treppenschacht, was den Vorstoß der Operators verlangsamte, nachdem sie das Erdgeschoss gesäubert hatten.

Sie zogen sich mit den Verwundeten von der Treppe zurück, während wir um den Block herumrannten und das dreistöckige Gebäude im Osten des Ziels durchkämmten und besetzten.

Explosionen und Gewehrschüsse hallten durch die Gebäude. Als wir das Dach des Nachbarhauses erreicht hatten, schauten wir auf das Zielgebäude hinab und suchten nach Zielen. Ich konnte die Punkte der Infrarot-Laser über die Fenster des Nachbargebäudes kriechen sehen, als meine Teamkameraden nach Zielen suchten. Alle paar Minuten erschien einer der Aufständischen mit einer

Kalaschnikow an einem Fenster im oberen Stockwerk und gab einen langen Feuerstoß ab.

»*Allahu Akbar*«, schrien die Aufständischen, wenn sie die Angreifer am Boden unter Beschuss genommen hatten.

Es war eine Pattsituation. Das Bodenteam kam die Treppe nicht hinauf, und wir hatten keine Möglichkeit, auf das Dach des richtigen Gebäudes zu gelangen und von oben anzugreifen.

Im Funk hörte ich, dass wir eine Einheit Panzergrenadiere der Army kontaktierten, die zehn Blocks entfernt in Stellung gegangen war. Sie war unser äußerer Sicherheitsring.

Wir arbeiten gern mit zwei Sicherheitsringen. In dieser Nacht bestand der innere aus einer Gruppe von Rangers, die an den Ecken des Zielgebiets postiert waren. Eineinhalb Kilometer weiter draußen waren die Panzergrenadiere mit ihren M1-Kampfpanzern und Bradley-Schützenpanzern stationiert. Der Bradley ist ein gepanzerter Truppentransporter mit einem 20-mm-Turmgeschütz.

»Schicken Sie uns einen Bradley«, hörte ich im Funk.

Ich konnten die Raupen des Schützenpanzers über den Asphalt mahlen hören, als er sich dem Haus näherte.

»Ich will, dass Sie das obere Stockwerk plattmachen«, rief der Commander des Einsatzes dem Führer des Schützenpanzers zu, der in der Luke seines Geschützturms saß.

Der Bradley durchbrach eine Mauer auf der Südseite des Zielgebäudes und kam in dessen Hof zu stehen. Dann gab er einen kurzen Feuerstoß aus seiner 20-mm-Kanone ab. Die Geschosse durchschlugen mit Leichtigkeit die Mauer des oberen Stockwerks und rissen große Löcher in den Beton.

Als der Bradley sich zurückzog, sah ich unseren Commander hinter ihm herrennen.

»Schießen Sie weiter«, schrie er zu der Luke hinauf.

»Was?«, fragte der Mann am Geschütz.

»Ich will, dass Sie das ganze obere Stockwerk zum Einsturz bringen«, sagte der Einsatzleiter. »Sie sollen es plattmachen.«

Das Bradley rollte wieder über den Schutt und begann zu feuern. Einer der Aufständischen schrie: »*Allahu Akbar!*« und begann wild aus einem Fenster zu schießen.

Dieses Mal feuerte der Bradley immer weiter. Unsere Männer jubelten, als die Geschosse einschlugen und explodierten. Nach ein paar Minuten ging dem Bradley die Munition aus. Wir forderten noch einen an, und auch er feuerte, bis ihm die Munition ausging.

Als er sich zurückzog, tobte im oberen Stockwerk bereits ein Feuer. Schwarzer Rauch quoll aus den Fenstern und stieg hoch in den Himmel hinauf. In unserer Stellung auf dem Dach konnten wir immer noch die Rufe der Aufständischen hören. Ich kauerte an der nordöstlichen Ecke des Daches und spähte mühsam durch den Rauch auf das Zielgebäude hinunter.

Plötzlich sah ich Kopf und Oberkörper eines Mannes in einem Fenster.

Ohne nachzudenken, richtete ich meinen Laser auf seine Brust und feuerte. Ich sah, wie die Kugeln ihn trafen. Dann fiel er zurück in das Zimmer und verschwand im Rauch.

Nach dem Feuerstoß rannte Jon zu mir herüber.

»Was war los?«

»Hab einen Kerl im hinteren Fenster gesehen«, sagte ich.

»Bist du sicher?«, sagte Jon und richtete seinen Laser auf dasselbe Fenster.

»Ja.«

»Hast du ihn erwischt?«

»Garantiert«, sagte ich.

»Okay, bleib, wo du bist.«

Jon ging zurück auf seinen Posten, und ich suchte nach weiteren Zielen. Ich hatte keine Zeit, über meine Tat nachzudenken, und ich hatte auch keine Schuldgefühle. Es war das erste Mal, dass ich einen Menschen erschossen hatte, und ich hatte vorher so viel darüber nachgedacht, wie ich mich danach fühlen würde, dass ich jetzt überhaupt nichts fühlte. Ich wusste, dass die Männer in dem Haus bereits versucht hatten, meine Freunde im Erdgeschoss zu töten, und dass sie das auch bei mir versuchen würden.

Trotz der beiden Bradleys und des Feuers hörten wir immer noch Geschrei aus dem Haus, das von Feuerstößen gefolgt war. Es wäre unklug gewesen, einen Angriff über die Treppe zu wagen.

»Sie werden das Gebäude sprengen«, sagte Jon.

Er beschloss, uns vom Dach abzuziehen, damit wir nicht der Detonation ausgesetzt würden. Wir schlossen uns den Leuten am Boden an. Ich sah, wie ein kleines Sprengteam unter Führung eines Sprengstoffexperten der Delta Force in das Erdgeschoss des Zielgebäudes rannte, um eine thermobare Sprengladung zu legen. Sie würde eine gewaltige Druckwelle produzieren und wahrscheinlich das ganze Gebäude zum Einsturz bringen.

Minuten später war die Ladung gelegt, und die Leute des Sprengteams kamen aus dem Gebäude gerannt und gingen neben mir in Deckung. Wir kauerten hinter dem Pandur, lauschten dem Countdown des Sprengstoffexperten und warteten auf die Druckwelle.

Nichts geschah.

Alle starrten den Experten an, und alle hatten denselben verwirrten Gesichtsausdruck. Ich sah, wie Jon zu dem Mann hinüberging.

»Was zum Teufel …?«, setzte er an.

»Die Zeit muss falsch eingestellt sein«, hörte ich den Mann murmeln.

Ich bin sicher, dass es in seinem Hirn ratterte, als er hektisch die Gründe durchging, weshalb die Ladung nicht explodiert war.

»Haben Sie zwei Zünder genommen?«, fragte Jon.

Man lernt auf jeder Schulung, dass man eine Sprengladung stets mit einer Doppelzündung versieht, falls ein Zünder versagt. Die Faustregel ist einfach: Einer ist keiner. Zwei sind einer.

Doch das half uns jetzt nicht weiter. Wir mussten eine Entscheidung treffen: Schicken wir Leute in das Haus, um die Ladung noch einmal scharf zu machen, oder warten wir ab, was passiert? Wir konnten nicht wissen, ob die Aufständischen inzwischen die Treppe heruntergekommen waren und darauf warteten, dass wir wiederkamen, oder ob der Zeitzünder so eingestellt war, dass die Ladung hochgehen würde, wenn unsere Männer gerade wieder ins Gebäude eindringen würde.

Schließlich wurde beschlossen, den Sprengstoffexperten mit seinen Leuten noch einmal hineinzuschicken, damit er einen weiteren Zünder anbrachte. Wieder rannte das Sprengteam ins Haus. Wir behielten es im Visier, und Minuten später kauerten die Männer des Sprengteams wieder hinter dem Pandur.

»Glauben Sie, dass es diesmal funktioniert?«, fragte Jon mit einem Grinsen.

»Ja, ziemlich sicher«, sagte der Sprengstoffexperte. »Ich habe zwei Zünder gelegt.«

Diesmal explodierte die Ladung wie geplant. Das Haus stürzte in sich zusammen, und wir wurden von einer dicken Staubwolke eingehüllt, die uns mit einem dünnen talkumartigen Staub bedeckte. Ich sah zu, wie die Wolke in den Himmel stieg und in der schwülen Morgenluft hängen blieb. Inzwischen war die Sonne aufgegangen.

Wir gingen rein und durchsuchten die Trümmer nach Leichen und Waffen. Wir fanden mindestens sechs tote Kämpfer. Die meisten lagen im oberen Stockwerk. Ihre Gesichter waren rußgeschwärzt. Jon stellte fest, dass neben einigen Leichen Sandsäcke lagen.

»Hey, schaut euch das mal an«, sagte er. »Das ganze obere Stockwerk war verbarrikadiert. Ein Glück, dass die Piloten einen Fehler gemacht haben. Das hat uns wahrscheinlich das Leben gerettet.«

»Warum?«, fragte ich.

»Wenn wir tatsächlich auf dem richtigen Gebäude gelandet wären, hätten wir mit unseren vier Mann im oberen Stockwerk eine befestigte Stellung angegriffen«, sagte er. »Wir hätten vielleicht vom Überraschungseffekt profitiert, aber unsere Chancen wären trotzdem schlecht gewesen. Wir hätten ganz bestimmt mehr Verluste gehabt.«

Ich schwieg. Ich hatte großen Respekt vor Jon, und nun sagte er, wir hätten Glück gehabt. Wir hatten unser Leben vermutlich einem Fehler zu verdanken. Einem glücklichen Zufall.

Nachdem wir den Schutt durchsucht hatten, fuhren wir schweigend mit dem Pandur zurück zum Stützpunkt. Wir waren müde und hungrig. Unsere Gesichter waren mit Ruß beschmiert. Gewöhnlich ging es auf der Rückfahrt lebhafter zu, wenn wir ein so wichtiges Ziel ausgeschaltet hatten. Ich grübelte darüber nach, was geschehen war.

Jons Worte gingen mir nicht mehr aus dem Kopf. Wäre der Einsatz planmäßig verlaufen und der Little Bird auf dem richtigen Dach gelandet, hätten wir die Tür des oberen Stockwerks aufgesprengt und wären dann mindestens vier schwer bewaffneten Aufständischen gegenübergestanden. Ein Feuergefecht mit acht automatischen Waffen in einem Raum, der nicht größer ist als ein Schlafzimmer, geht nie gut aus.

Als wir wieder auf unserem Stützpunkt eintrafen, war ich mit meiner mentalen Gymnastik fertig. Ich verbannte einfach die Vergangenheit aus meinen Gedanken und merkte mir nur, was ich gelernt hatte: Ein Zufall kann dir das Leben retten. Und: Lege nie eine Sprengladung mit nur einem Zünder.

Nach dem Einsatz in Bagdad flogen wir zurück auf die Pope Air Force Base in North Carolina zum Hauptquartier der Delta Force. Als wir aus dem Flugzeug stiegen, begrüßten mich die Mitglieder der Einheit, als ob ich einer der ihren sei.

Bevor ich nach Virginia Beach weiterflog, überreichte mir Jon eine Gedenktafel. Es war die Kopie einer Bleistiftzeichnung von einem Delta Operator und einem Little Bird. Sie war grün gerahmt und mit einer Erkennungsmarke der Delta Force Unit versehen.

»Ich will, dass du das bekommst«, sagte Jon. »Jeder, der bei diesem Einsatz dabei war, bekommt eine.«

Die Zeichnung stammte von Master Sergeant Randy Shughart, einem Scharfschützen der Delta Force, und das Original wurde gefunden, nachdem er in Somalia getötet worden war. Er wurde nach der Schlacht von Mogadischu postum mit der Medal of Honor ausgezeichnet. Als der Black Hawk abstürzte, hatte er sich freiwillig gemeldet, um die Absturzstelle zu verteidigen, bis Hilfe eintraf. Er war von einem somalischen Mob getötet worden.

Vor den Angriffen am 11. September waren Delta Force und DEVGRU rivalisierende Organisationen. Sie waren die beiden führenden Eliteeinheiten, und es tobte ein heftiger Streit, welche die bessere war. Im Krieg gab es dann keine Zeit mehr für solche Rivalitäten, und der ganze Blödsinn war vergessen. Ich wurde während des Einsatzes wie ein Bruder behandelt.

Ich gab Jon die Hand und stieg in das Flugzeug nach Virginia Beach.

Einen Tag nach meiner Rückkehr zur DEVGRU traf ich Charlie und Steve. Sie kamen zu meinem Käfig herüber, als ich auspackte und meine Ausrüstung wieder an ihrem Platz verstaute. Unsere Squadron war gerade von ihrem Einsatz in Afghanistan zurückgekehrt. Im Vergleich zu meinem Ausflug nach Bagdad hatte ihr Einsatz relativ lang gedauert.

Obwohl es mir bei der Delta Force in Bagdad gefallen hatte, war es doch gut, wieder bei den Jungs zu sein.

»Du hast offenbar viel zu tun gehabt dort unten«, sagte Charlie.

»Wann ziehst mit deinen Brüdern von der Army runter nach Fort Bragg?«, fragte Steve.

Ich wusste, dass sie Mist redeten, aber meine Witze waren auch nicht immer die besten. Trotzdem war es gut, wieder da zu sein.

»Ha, ha«, sagte ich. »Ich freu mich auch, euch zu sehen, Jungs.«

Ich brannte darauf, den Stützpunkt zu verlassen und zum Schießen nach Mississippi zu fahren. Ich wusste, dass ich nur in der Schießanlage eine Chance hatte, sie zu respektvollem Schweigen zu veranlassen. Obwohl wir alle gerade erst heimgekehrt waren, war nicht geplant, dass wir lange blieben. Zwei Wochen Urlaub waren alles, bevor wir wieder zur Ausbildung geschickt würden – ein Zyklus, der sich fast ein Jahrzehnt lang wiederholen sollte.

KAPITEL 5

Point Man

Im Dezember 2006 wurden wir im Westirak stationiert. Es war mein dritter Einsatz für die DEVGRU. Davor war ich eine Zeitlang zur CIA abgestellt gewesen. Es tat gut, wieder bei den eigenen Leuten zu sein, nachdem ich der CIA bei der Ausbildung ihrer afghanischen Kämpfer geholfen hatte. Wir arbeiten mit vielen anderen Einheiten zusammen, aber es ist immer besser mit den eigenen Jungs, weil wir aus demselben Holz geschnitzt sind.

Mein Trupp arbeitete an der syrischen Grenze und in einigen besonders schlimmen irakischen Städten wie Ramadi, der Heimat der irakischen al-Qaida. Unsere Aufgabe bestand darin, hochrangige Kuriere zur Strecke zu bringen, die ausländische Kämpfer und iranische Waffen ins Land brachten.

Die Marines in al-Anbar fragten an, ob wir ihnen dabei helfen könnten, einige Häuser in einem Dorf nahe der syrischen Grenze zu säubern und zu sichern. Sie war ein Rückzugsort der Aufständischen, und mehrere ihrer Anführer wohnten in der Nähe des Zentrums. Wir planten, ihre Häuser in der Nacht anzugreifen, und dann sollten die Marines die Ortschaft umzingeln und uns am nächsten Morgen ablösen.

Obwohl das ganze Team in einen Black Hawk gezwängt war, hatte ich Probleme, warm zu bleiben.

Wir hatten einen Diensthund dabei, um Bomben und feindliche Kämpfer aufzuspüren. Ich versuchte, ihn dazu zu bringen, dass er sich auf meinen Schoß setzte und mich wärmte. Aber jedes Mal, wenn ich ihn fast herangelockt hatte, zog ihn sein Führer wieder weg.

Es war eiskalt, als wir etwa sechseinhalb Kilometer von der Stadt entfernt landeten. Ich schützte meine Augen vor dem Staub und wartete, bis die Hubschrauber wieder gestartet waren. Minuten später verebbte ihr Motorenlärm im Osten, als sie Richtung Al Asad Airbase flogen.

Ich stampfte mit den Füßen und rieb mir die Hände, um meinen Kreislauf in Gang zu bringen, während wir uns für den Abmarsch organisierten.

Ich war schon zweimal im Irak gewesen, aber dieser dritte Einsatz war anders. Der Feind hatte dazugelernt. Also taten wir, was SEALs am besten können, wir passten uns an. Statt wie früher zum Ziel zu fliegen, landeten wir ein paar Kilometer entfernt und marschierten möglichst geräuschlos zum Einsatzort. So konnte der Feind die Hubschrauber nicht hören. Wir waren nicht mehr laut und schnell, um den Feind zu überraschen, sondern leise und langsam, wodurch wir das Überraschungsmoment länger auf unserer Seite hatten. Wir konnten uns in ihre Häuser und in ihre Schlafzimmer schleichen und sie wecken, bevor sie eine Chance hatten, sich zu wehren.

Doch der Marsch zum Ziel war nicht so einfach, wie es direkt anzufliegen, besonders in einer kalten Winternacht. Der Wind schnitt durch unsere Uniformen, als wir uns auf das Dorf zubewegten. Ich war ziemlich weit vorne, weil ich für unser Team als Point Man agierte.

Eine der wichtigsten Fähigkeiten, die ein SEAL schon sehr früh in seiner Laufbahn erwerben muss, besteht darin, sich in einer unangenehmen Lage wohlzufühlen. Ich hatte diese Fähigkeit schon als Kind in Alaska gelernt, als ich mit meinem Vater im Winter einen Fallenpfad überprüft hatte.

Immer, wenn es im Irak oder während der Hell Week in BUD/S kalt wurde, kehrte ich im Geiste nach Alaska zurück. Ich konnte immer noch den Motorschlitten röhren hören, mit dem mein Vater und ich zu den Fallen unterwegs waren, die er mehrere Kilometer außerhalb des Dorfes tief in der Wildnis Alaskas aufgestellt hatte.

Ich weiß noch, wie es sich anfühlte, wenn der Motorschlitten durch den frischen Pulverschnee rauschte, und wenn wir eine Kurve fuhren, war es, als würde man mit dem Surfbrett in eine Welle schneiden. Die Temperatur lag bei etwa minus 18 Grad Celsius, und unser Atem gefror in der Luft.

Bei einem unserer Jagdausflüge in Alaska war ich in einen hellbraunen Schneeanzug von Carhartt, Winterstiefel und Handschuhe eingepackt. Mein Kopf und meine Ohren waren von einer Biberfellmütze geschützt, die meine Mutter genäht hatte, und ich trug einen Schal vor dem Gesicht, der nur die Augen freiließ. Mir war eigentlich warm, nur meine Hände und Füße waren kalt. Wir waren seit Stunden unterwegs, und ich spürte meine Zehen fast nicht mehr.

Ich versuchte, sie in den dicken Wollsocken zu bewegen, doch es half nicht. Ich saß im Windschatten hinter meinem Vater und konnte nur noch daran denken, wie kalt meine Hände und Füße waren. Wir hatten schon ein paar Marder gefangen, etwa katzengroße Raubtiere mit einem buschigen Schwanz und einem weichen, braunen Fell. Mein Vater verkaufte die Bälge im Dorf, um ein kleines Zubrot zu verdienen, oder meine Mutter machte Mützen für meine Schwestern daraus.

Leider verdarb mir die beißende Kälte den Spaß an der Fahrt. Mir war so kalt, dass ich einfach nichts anderes mehr denken konnte.

Ich hatte meinen Vater bekniet, mich mitzunehmen.

»Bist du sicher?«, hatte er gesagt. »Du weißt, dass es sehr kalt wird.«

»Ich will mit«, hatte ich gesagt.

Ich wollte mit meinem Vater raus und nicht im Haus zurückbleiben. Ich hatte zwei Schwestern, und mein Vater und ich verstanden uns sehr gut. Solche Ausflüge waren Männersache, und er brachte mir das Schießen und Jagen bei. Als ich älter war, hatte er so viel Vertrauen zu mir, dass ich allein jagen und fischen und mit dem Boot der Familie für eine Woche den Fluss hinauffahren durfte. Damals bekam ich sozusagen einen ersten Vorgeschmack auf die »Regeln für große Jungs«, und sie taten mir gut. Außerdem musste ich dann nicht mit den Mädchen zu Hause herumsitzen.

Ich wollte immer draußen sein. Ich war schrecklich gern im Freien, nur nicht bei so einer Kälte. Ich wusste, dass ich mich nicht wie ein Kind über die Kälte beschweren durfte, wenn mein Vater mich mitnahm. Aber jetzt, nachdem wir mehrere Stunden unterwegs waren, wollte ich einfach nur noch warme Hände und Füße.

»Dad«, schrie ich, um den Fahrtwind zu übertönen. »Dad, meine Füße sind eiskalt.«

Mein Vater, der denselben Schneeanzug anhatte und dieselbe Mütze trug wie ich, brachte den Motorschlitten zum Stehen. Er wandte sich um und sah vermutlich einen kleinen Jungen, dessen Zähne hinter dem Schal klapperten.

»Mir ist schrecklich kalt«, sagte ich.

»Wir müssen nur noch ein paar Fallen kontrollieren«, sagte mein Vater. »Schaffst du das noch?«

Ich schaute ihn einfach nur an, weil ich nicht Nein sagen wollte. Ich wollte ihn nicht im Stich lassen. Also wartete ich, dass er die Entscheidung traf.

»Ich spüre meine Füße nicht mehr«, sagte ich schließlich.

»Steig hier ab und geh hinter dem Motorschlitten her. Folge meiner Spur. Ich fahre weiter. Ich werde nicht weit voraus sein. Bleib einfach in der Spur und beweg dich, dann werden deine Füße warm.«

Ich stieg ab und spannte den Riemen des Kleinkalibergewehrs, das ich auf dem Rücken trug.

»Verstanden?«, fragte mein Vater.

Ich nickte.

Er startete den Motor und fuhr in Richtung der nächsten Falle davon. Ich lief los, und meine Füße wurden warm.

Abenteuertouristen zahlen Tausende von Dollar, um in Alaska durch die Tundra streifen zu dürfen. Für mich lag sie den größten Teil meiner Kindheit direkt vor der Haustür.

Meine Familie hatte eine Abenteuerlust, wie sie nur wenige Leute haben. Als ich fünf war, zogen wir in ein kleines Eskimodorf im Inneren Alaskas. Meine Eltern waren Missionare. Sie hatten sich in Kalifornien auf dem College kennengelernt hatten und festgestellt, dass ihr Glaube es ihnen nicht nur ermöglichte, das Christentum zu verbreiten, sondern auch gut mit ihrer Abenteuerlust zu vereinbaren war.

Außer als Missionar arbeitete mein Vater auch für den Staat. Für den Posten brauchte man einen Hochschulabschluss, und mein Vater war einer der wenigen Menschen im Dorf, die einen hatten.

Meine Mutter blieb bei uns zu Hause. Sie half uns bei den Hausaufgaben und sorgte dafür, dass ich und meine Schwestern auf dem rechten Weg blieben. Ich war das zweitälteste Kind und hatte zwei Schwestern. Wir hatten eine starke Bindung an die Familie, weil es im Dorf nicht viel zu tun gab. Die Winter waren lang und kalt, also saßen wir viel am Küchentisch und machten Brettspiele.

Das Dorf – wenn es diese Bezeichnung verdiente – war ziemlich klein. Es hatte zwei Läden, zusammen nicht größer als eine kleine Fernfahrerkneipe, eine kleine Schule und ein Postamt. Kein Einkaufszentrum, kein Kino, aber in einem Geschäft konnte man Videos ausleihen. Das Kronjuwel des Dorfes war das Flugfeld. Es war gerade groß genug für eine Boeing 737 und für einige der größeren propellergetriebenen Frachtflugzeuge. Dadurch wurde unser Dorf zum Knotenpunkt der Region. Buschflugzeuge starteten und landeten und brachten Jäger und Trekkingtouristen aus Anchorage und den weiter entfernten, am Fluss gelegenen Dörfern mit.

Wir wohnten in einem zweistöckigen Haus, hundert Meter vom Fluss entfernt, mit einem herrlichen Blick auf die malerische Landschaft Alaskas. Wenn ich Glück hatte, sah ich manchmal einen Elch oder einen Bären, wenn ich in der Haustür stand. Wenn ich nicht in der Schule war, jagte oder fischte ich. Seit ich ein kleines Kind war, war ich daran gewöhnt, mit einem Gewehr umzugehen, mich in den Wäldern zu bewegen und für mich selbst Verantwortung zu übernehmen.

Beim BUD/S war ich besonders gut im Landkrieg. Er unterschied sich gar nicht so sehr von meinen Jagdausflügen als Jugendlicher. Je nach dem Hintergrund waren die Teilnehmer beim BUD/S in bestimmten Bereichen besonders gut. Ich schnitt auch im Wasser gut ab, aber bei der Ausbildung an der Waffe und im Landkrieg war ich am besten.

Deshalb arbeitete ich bei der DEVGRU meistens als Point Man für mein Team. In dieser kalten Nacht im Irak dauerte der vier Kilometer weite Marsch zum Ziel etwa eine Stunde. Es wurde fast drei Uhr morgens, bis wir ankamen. Als wir uns dem Ziel näherten, konnte ich jenseits einer Fernstraße die Lichter des irakischen Dorfs schimmern sehen.

Es war ein staubiges Scheißloch.

Der Wind blies hellblaue Plastiktüten die Straße hinunter und war mit dem Geruch ungeklärter Abwässer aus einem Graben geschwängert. Ich konnte mit Mühe die cremefarbenen Häuser ausmachen, die in meinem Nachtsichtgerät einen schwachen grünen Schimmer hatten. Die Stromleitungen, die entlang der Fernstraße nach Syrien verliefen, hingen durch. Alles wirkte verlottert und heruntergekommen.

Als wir das Dorf betraten, bewegten sich die Teams eines nach dem anderen auf die geplanten Ziele zu. Ich führte mein Team zu unserem Zielgebäude, schlich mich zum Tor und probierte den Griff. Das schwarze eiserne Tor ging quietschend auf. Ich öffnete es nur so weit, dass ich in den Innenhof spähen konnte. Der Hof war leer.

Die Vordertür des zweistöckigen Hauses hatte ein großes Fenster, das mit einem kunstvollen Gitter versehen war. Ich konnte in die Diele hineinsehen, während meine Teamkollegen mit ihren Lasergeräten durch die Fenster im Erdgeschoss ins Haus spähten.

Auch die Haustür war nicht verschlossen. Langsam schob ich sie auf. Auf der Schwelle hielt ich mit schussbereitem Gewehr an und wartete. Ich blickte über die Schulter, und einer meiner Kameraden gab mir mit hochgestrecktem Daumen grünes Licht. Ich blinzelte, um den Staub aus meinen Augen zu entfernen und sicherzustellen, dass ich wirklich gut sah, wenn ich das Haus betrat. Die Ausrüstung, die ich über einer Winterjacke trug und mit der ich mich fast so geräuschlos und geschmeidig wie eine Katze bewegte, wog fast fünfundzwanzig Kilogramm.

»Ruhe bewahren«, sagte ich mir.

Die Diele war überfüllt. Auf dem Boden stand ein kleiner Generator. Genau vor mir war eine Tür und zu meiner Rechten eine weitere. Ich ignorierte die rechte Tür, weil sie durch den Generator blockiert war und schlich durch die Tür vor mir.

Meine Sinne waren hellwach. Ich lauschte angespannt auf irgendeine Bewegung im oberen Stockwerk, während ich sorgfältig den Raum absuchte. Der Petroleumgeruch vom Ofen der Familie stieg mir in die Nase.

Jeder meiner Schritte klang wie ein Riesenknall in meinen Ohren. Wir waren darauf trainiert, hinter jeder Tür einen angriffsbereiten Aufständischen mit einer Kalaschnikow zu erwarten.

Der Gang, der nach hinten zu den Schlafräumen führte, war mit einem Vorhang verschlossen. Ich hasste Vorhänge, weil man sich mit einer Tür vor sich wenigstens ein bisschen sicher fühlte. Ich hatte keine Ahnung, ob jemand unter dem Vorhang hindurchblickte oder einfach darauf wartete, bis er sah, wie mein Schatten über den Vorhang glitt, und dann schoss.

Dies war das Endspiel. Diese Räume konnten nicht leer sein. Wir hatten keine Ahnung, ob ihre Bewohner uns gehört hatten. Bei meinem früheren Einsatz mit der Delta Force waren mehrere Mitglieder dieser Spezialeinheit getötet worden, als sie in ein Haus eindrangen, wo ein Kämpfer sie verschanzt hinter Sandsäcken empfangen hatte. Wir vergaßen diese tödliche Lektion nie, sondern hatten sie immer im Hinterkopf, wenn wir ein Zielgebäude betraten.

Ich blieb ein oder zwei Sekunden stehen in der Hoffnung, vielleicht einen ungeduldigen Angreifer aus dem Hinterhalt zu locken. In dem Bereich hinter dem Vorhang brannte Licht. Ich schob mir das Nachtsichtgerät in die Stirn und zog langsam den Vorhang auf.

Ein langer, schmaler Kühlschrank stand an der Biegung eines L-förmigen Ganges. Ich erspähte eine angelehnte Tür und bewegte mich schnell darauf zu, während meine Kameraden in den Gang stürmten und die anderen Räume sicherten. Einer meiner Kameraden folgte mir, als ich die Tür aufstieß und in das Schlafzimmer spähte. Niemand sprach. Jeder wusste, was er zu tun hatte.

Auf dem Boden lagen drei Matratzen, und ich konnte mit Müh und Not zwei Augen ausmachen, die mich aus einer Ecke des Zimmers anstarrten. Es war ein junger Mann mit dem ersten Bartflaum im Gesicht und dunklen Augen. Er wirkte nervös, und seine Augen flackerten, als wir hereinkamen.

Es kam mir komisch vor, dass er einfach nur so mit offenen Augen dasaß.

Auch zwei Frauen waren im Raum. Sie waren ebenfalls wach und starrten auf die Tür. Ich bewegte mich sofort auf den Mann zu. Etwas stimmte nicht, weil Männer normalerweise nicht im gleichen Raum schlafen wie Frauen. Als ich an den Frauen vorbeikam, gab ich ihnen mit der Hand ein Zeichen, ruhig zu sein. Der Mann wollte etwas sagen.

»Pssst!«, flüsterte ich. Ich wollte nicht, dass er Männer in einem anderen Raum alarmierte.

Er behielt mich fest im Auge. Ich packte ihn am rechten Arm, riss ihn hoch und zog die Decke weg, um zu sehen, ob eine Waffe darunter versteckt war. Dann presste ich ihn gegen die Wand und zog auch den Frauen die Decken weg. Zwischen ihnen schlief ein kleines, vielleicht fünf- oder sechsjähriges Mädchen. Als ich ihr die Decke wegzog, packte sie eine der Frauen und presste sie an sich.

Ich führte den Mann in die Mitte des Raumes, fesselte ihm die Hände mit Plastikhandschellen und stülpte ihm einen Sack über den Kopf. Mein Teamkamerad behielt die Frauen im Auge, während ich rasch die Taschen des Mannes durchsuchte. Dann zwang ich ihn auf die Knie und schob seinen Kopf in eine Zimmerecke. Er versuchte wieder zu reden, aber ich presste ihm das Gesicht gegen die Wand, was seine Stimme dämpfte.

Der Chef unseres Trupps, der die Operation leitete, streckte den Kopf durch die Tür.

»Was habt ihr?« fragte er.

»Einen MAM«, sagte ich – die Abkürzung für »Mann in militärfähigem Alter«. »Wir müssen den Raum noch durchsuchen.«

Ich ging in die hintere Ecke des Zimmers neben den Matratzen und sah den braunen Kolben einer Kalaschnikow. Auf einem Stapel kleiner Plastiktüten lag außerdem eine grüne Kampfmittelweste mit Reservemagazinen und einer Handgranate.

»Hier ist eine Kalaschnikow mit einer Kampfmittelweste und einer Granate. FUCK!« Ich war wütend, dass ich die Waffe nicht früher gesehen hatte.

Mein Teamkamerad, der die Frauen bewachte, hatte sie auch nicht gesehen, als wir in den Raum kamen.

Der Mann, den wir gefunden hatten, war eindeutig ein Kämpfer, und er war schlau. Er hatte sein Gewehr, seine Weste und seine Handgranate knapp außerhalb seiner Reichweite so gut versteckt, dass wir sie nicht sofort sahen, als wir den Raum betraten.

Alles in mir lechzte danach, den Mann auf der Stelle zu erschießen. Er kannte die Regeln, die wir befolgen mussten, und er nutzte sie zu unseren Ungunsten. Wir durften ihn nur erschießen, wenn er eine Bedrohung darstellte. Wenn er Mumm gehabt hätte, hätte er auf uns geschossen, als wir zur Tür hereinkamen. Er hatte gewusst, dass wir im Haus waren. Er musste uns gehört und gedacht haben, er könnte sich bei den Frauen verstecken.

Als das Haus gesichert war, führte ich den Mann zum Verhör in einen anderen Raum. Der Boden war mit Teppichen bedeckt, und in der Raummitte lag ein Stapel Schlafmatten. Ein Fernseher war an, zeigte aber nur Rauschen. Unser Dolmetscher stand neben dem Mann, als ich ihm den Sack abnahm. Sein Gesicht war schweißbedeckt, und seine Pupillen waren ganz groß, bis er sich an das helle Licht gewöhnt hatte.

»Fragen Sie ihn, warum er eine Kampfmittelweste und eine Handgranate hatte«, sagte ich zu dem Dolmetscher.

»Ich bin hier zu Gast«, sagte der Mann.

»Warum haben Sie bei den Frauen und Kindern geschlafen? Gäste schlafen nicht bei den Frauen.«

»Eine der beiden ist meine Frau«, sagte er.

»Aber ich dachte, Sie seien hier zu Gast«, sagte ich.

Das Verhör ging etwa eine halbe Stunde so weiter. Er verwickelte sich ständig in Widersprüche, und am Morgen übergaben wir ihn den Marines.

Der Einsatz war frustrierend, weil diese Einsätze immer so liefen. Es war ein System von Fangen und Freilassen. Wir schnappten die Kämpfer, und ein paar Wochen später waren sie wieder auf der Straße. Ich war mir sicher, dass der Kämpfer, den wir in dem Schlafzimmer gefunden hatten, auch bald wieder freigelassen würde. Man bekam diese Männer nur dann von der Straße, wenn sie den Mumm hatten zu kämpfen.

Wir erfuhren später von den Dorfältesten, dass die Männer, zu denen auch unser Gefangener gehörte, zu einer Zelle von Aufständischen gehörten, die reihum in den Häusern des Dorfes übernachteten. Der Mann, den wir schnappten, war in dieser Nacht heim zu seiner Familie gegangen. Drei andere Mitglieder seiner Zelle wurden in jener Nacht nach einem kurzen Feuergefecht mit meinen Teamkameraden getötet. Meine Kameraden hatten Glück gehabt und sie überraschen können. Unser Trupp fand Gewehre, Minen und Sprengstoff für improvisierte Bomben, die am Straßenrand gezündet werden.

Nachdem wir unsere ersten Zielgebäude gesäubert hatten, durchsuchten wir die meisten Häuser des Dorfes. In einem Schlafzimmer fand ich einen Haufen BHs in einer der Schubladen. Ich fischte einen schönen weißen heraus, der mit Spitzen besetzt war und in der Mitte eine Schleife hatte. Ich knüllte ihn zusammen und stopfte ihn zur späteren Verwendung in eine Tasche meiner Cargohose.

Draußen hörte man das BOP, BOP, BOP der großen CH-53-Hubschrauber der Marines. Die Sonne ging auf, während wir in einem nahe gelegenen Haus in sicheren Stellungen warteten. Es war eisig. Offenbar ist der Morgen immer die kälteste Tageszeit.

Ich sah nach oben, wo ich gerade von etwas überflogen wurde, das wie zwei große graue Schulbusse aussah. Sie machten eine Kurve von neunzig Grad und landeten in der Wüste unmittelbar nördlich der Stromleitungen. Die Hubschrauber ließen ihre Laderampen herunter, und heraus kamen Marines, genau wie man es in der Werbung immer sieht.

Mein Troop Chief ging an mir vorbei, um mit den Marines die Übergabe des Dorfes abzusprechen, damit wir nach Hause konnten.

»Siehst du ihr HQ?«, sagte er.

»Ich glaube, sie sind da die Straße runter«, sagte ich und zeigte auf eine Gruppe von Männern und Funkantennen.

Als er an mir vorbeikam, fischte ich den BH aus der Tasche und drapierte ihn über die Funkantenne, die er auf dem Rücken hatte. Wenn es kalt und langweilig ist, sind es die kleinen Dinge, die einen aufmuntern. Als er an einigen der Marines vorbeikam, sah ich, wie sie ihm nachstarrten und lachten.

»Hey, wo ist Ihr HQ?« fragte er einen der Marines.

Der zeigte die Straße hinunter.

»Hey Sir, Sie haben einen Büstenhalter am Rücken hängen«, sagte er dann.

»Ja, das ist sicher richtig«, sagte der Troop Chief ohne Zögern, drehte sich um und blickte in unsere Richtung. »Das passiert mir ständig.«

Auf dem Marsch zurück zur Landungszone in der Wüste merkte ich, dass am Rand meines Blickfelds etwas im Wind wehte. Ich langte nach hinten und bekam einen BH-Träger zu fassen.

Jemand hatte einen BH an den Bolzenschneider gehängt, den ich auf den Rücken geschnallt hatte.

Streiche sind für ein Team eine Art zu leben.

Sie waren so häufig, dass die Squadron schließlich ein Verbindungsdiagramm anlegte, auf dem alle Verdächtigen miteinander verbunden waren. Wir verwendeten solche Diagramme, um Terroristen aufzuspüren. Wir hatten die Namen aller Leute in eine Pyramide geschrieben mit dem schlimmsten Schelm an der Spitze: Phil, der damalige Führer meines Teams.

Phil diente schon ewig in der Navy. Er absolvierte das Green Team im gleichen Jahr wie ich BUD/S, verließ DEVGRU eine Zeit lang und schloss sich den Leap Frogs an, dem Fallschirmspringerteam für die Shows der Navy. Außerdem unterrichtete er militärische Fallschirmspringer im freien Fall, bevor er wieder in die DEVGRU zurückkehrte.

Ich lernte ihn während der ersten Tage in der Squadron kennen und mochte ihn sofort. Er absolvierte mehrere Einsätze als Assaulter und leitete dann das Diensthundeprogramm der Squadron, bis er schließlich mein Teamführer wurde.

Phil war immer zu Streichen aufgelegt. Mindestens einmal kam ich zu meinem Käfig und stellte fest, dass bei all meinen Stiefeln für den rechten Fuß die Schnürsenkel abgeschnitten waren. Ich konnte nicht beweisen, dass Phil es gewesen war. Ich wusste, dass er große Magnete besaß, die er über unsere Brieftaschen schwenkte, um den Magnetstreifen auf der Kreditkarte zu entmagnetisieren. Er war berüchtigt dafür, dass er die gesamte Ausrüstung von Kameraden mit Flitter bombardierte. Ich weiß nicht mehr, wie viele

Beutel und Uniformen ich ersetzen musste, weil roter Flitter mit dem Klettverschluss verklebt war oder sich in den Falten des Gewebes festgesetzt hatte.

Wenn es Phil zu langsam ging, fing er gern Streit an.

»Okay, wer hat mir einen Streich gespielt«, schrie er, wenn er in den Teamraum kam.

Aber alle wussten, dass er es selbst gewesen war. Er wollte Händel anfangen, weil er sich langweilte.

Manchmal zahlten die Jungs es ihm heim. An einem Freitagabend nach der Arbeit gingen wir alle auf den Parkplatz, wo Phils Auto hoch in der Luft schwebte. Eines seiner Opfer (es kam nie heraus, wer) hatte sein Auto mit einem Gabelstapler hochgehoben und es in der Luft stehen lassen.

Auch die diversen Streiche mit einem besonders ekelhaften Objekt verübte Phil. Wenn wir mal nicht im Einsatz waren, trainierten wir an den verschiedensten Orten in den Vereinigten Staaten. Eines Nachts waren wir in Los Angeles für irgendeine Ausbildung im CQB (Häuserkampf). Es wurde gerade dunkel, und wir sollten in einem alten verlassenen Hotel diese Techniken üben.

Bevor wir mit dem Training begannen, vergewisserte sich Phil mit der lokalen Polizei, dass das Hotel leer war. Wir wollten beim Training nicht auf einen obdachlosen Hausbesetzer treffen. Phil arbeitete damals noch als Hundeführer.

Als er mit den Polizisten durch die Korridore ging, sah er in einem Raum etwas aus der nackten Wand ragen. Es war ein riesiger, dreißig Zentimeter langer schwarzer Dildo. Phil stülpte einen Gummihandschuh über, zog das Ding aus der Wand und nahm es mit nach draußen.

»Guckt mal, was ich gefunden habe«, sagte er und schwenkte den künstlichen Penis über dem Kopf.

»Bleib bloß weg mit dem Ding«, sagte ich und trat einen Schritt zurück, als der er den künstlichen Penis in seiner Hand vor- und zurückschnellen ließ.

Nachdem das Hotel überprüft war, begann das Training. Es dauerte bis kurz vor dem Morgengrauen. Ich war völlig erledigt, als ich meine Ausrüstung im Kofferraum meines Mietautos verstaute und mich hinter das Steuer sinken ließ. Als ich das Auto starten wollte, merkte ich, dass etwas am Lenkrad befestigt war.

»Phil!«, brüllte ich, als ich aus dem Auto sprang, um möglichst weit weg von dem Ding zu kommen.

Ich sah mich um, aber Phil war weg. Er hatte den Ort seiner Schandtat schon verlassen.

Der Dildo war an mein Lenkrad geschnallt. Er reichte von der Neun-Uhr- bis zur Zwölf-Uhr-Position. Ich schnitt ihn ab und legte ihn in irgendeinen Helm in den Taschen mit der Ausrüstung.

Der schwarze Schwanz, für den sich die Bezeichnung »Stab der Macht« einbürgerte, verschwand. Wir vergaßen seine Existenz ein paar Monate lang, bis wir wieder in Virginia Beach waren, wo wir gerade mit der Gasmaske geübt hatten.

Da es zu den Aufgaben der DEVGRU gehört, Massenvernichtungswaffen aufzuspüren, trainierten wir oft mit kompletten Schutzanzügen im Kill House. Es dauert eine Weile, bis man sich an die Gasmaske gewöhnt hat, und wir mussten lernen, lange Zeit mit Schutzanzug und Gasmaske zu operieren.

Am Abend nach der Übung kamen wir alle im Teamraum zusammen, um ein paar Bierchen zu trinken. Ich ging gleich zum Kühlschrank, öffnete eine Flasche und nahm einen großen Schluck. Als ich mich umdrehte, sah ich, dass sich einige Jungs am Ende des Konferenztischs drängten.

»Heilige Scheiße«, hörte ich einen von ihnen sagen.

»Das darf doch nicht wahr sein«, sagte ein anderer.

Ich ging zu den Leuten hinüber und sah, dass sie ein Polaroidfoto betrachteten, das auf ein leeres Blatt Papier geklebt war. Der Stab der Macht lag zusammengerollt in einer Gasmaske. Als ich das Bild sah, drehte sich mir der Magen herum. Ich hatte keine Ahnung, wo der Stab gewesen war, bevor ihn Phil sich geschnappt hatte, und jetzt konnte er in meiner Gasmaske gewesen sein. In der gleichen Maske, in der ich an diesem Tag viele Stunden verbracht hatte. Ich überlegte, ob die abgebildete Maske meine war, aber das Bild war so aufgenommen, dass ich es nicht sagen konnte. Damit war der Stab der Macht sozusagen in allen Masken gewesen, wir alle mussten fürchten, dass er in unserer gesteckt hatte.

Ich ging mit den anderen hinunter zur Ausrüstungskammer und tauschte meine Gasmaske gegen eine neue ein. Danach war der Stab der Macht wieder ein paar Monate verschollen.

Es gab immer Essen in der Küche, und die Jungs brachten große Eimer mit Salzbrezeln und anderen Snacks von der Großhandelskette Costco mit. Eines Tages stand ein Rieseneimer Tierkekse in der Küche. Sie verschwanden eine Handvoll nach der anderen. Man begegnete Leuten, die die Kekse aßen, wenn sie aus der Küche zu ihrem Käfig oder hinaus zu den Schießanlagen gingen.

Als der Eimer etwa halb leer war, fanden wir ein wieder ein Polaroidfoto. Diesmal steckte der Stab der Macht tief in dem Eimer mit den Tierkeksen.

Ich kann bis heute keine Tierkekse mehr essen.

Ich habe keine Ahnung, ob Phil der Täter war. Ich weiß nur, dass er den Dildo gefunden hat. Inzwischen ist der Stab der Macht jedoch wieder verschollen.

KAPITEL 6

Maersk Alabama

Das Einzige, was Phil noch besser gefiel als ein guter Streich, war Fallschirmspringen. Da er mein Teamführer war, führte seine Leidenschaft dazu, dass wir bei Luftoperationen eingesetzt wurden, und zwar bevorzugt bei Sprüngen aus großer Höhe, bei denen man den Fallschirm früh öffnete, sogenannten HAHO-Sprüngen. Mit dieser Technik konnte man am besten unentdeckt in ein Zielgebiet vordringen. Bei einem HAHO-Sprung öffnet man den Fallschirm ein paar Sekunden nach dem Absprung und gleitet damit zur Landezone.

Ich hatte meine Freifallqualifikation bei Team 5 gemacht, aber erst bei der DEVGRU wurde ich ein wirklich guter Springer.

Ich will nicht verhehlen, dass ich bei meinem ersten Sprung aus einem Flugzeug Angst hatte.

Es hat etwas Unnatürliches, an den Rand einer Rampe zu treten und ins Leere zu springen. Es machte mir nicht nur Angst, ich hasste es sogar. Ich war der Typ, der beim Aufstieg den Sauerstoff aus der Atemmaske geradezu panisch einsaugte (um den Stickstoffgehalt im Blut zu reduzieren). Ich war immer vom Sprung begeistert, aber erst, wenn ich wieder am Boden war. Doch am nächsten Morgen brach mir wieder der kalte Schweiß aus. Weil ich mich dazu zwang, es immer wieder zu tun, wurde es am Ende einfacher. Genau wie in BUD/S kam Aufgeben nicht in Frage. Das Springen gehörte zu unserem Job, also lernte ich, es zu lieben.

Während ich 2005 mit der Delta Force im Irak war, führte Phil das Kommando bei einem erfolgreichen HAHO-Sprung in Afghanistan. Wir trainierten immer für diese Art von Einsatz, aber ich rechnete nicht damit, dass ich jemals an einem teilnehmen würde. Seit ich mich der DEVGRU angeschlossen hatte, wurde ich abwechselnd im Irak und in Afghanistan eingesetzt. Es hatte sich ein fester Ablauf von Einsätzen, Ausbildungsphasen und Bereitschaftsphasen entwickelt. Die Einsätze waren so zahlreich, dass sie in der Erinnerung ineinander verschwammen. Mit jedem Einsatz bekamen wir mehr Gefechtserfahrung. Das ganze Kommando verbesserte ständig seine Taktiken und wurde immer kampfstärker.

Im Jahr 2009 bekamen wir endlich einen anderen Auftrag.

Ich war im Urlaub und wartete auf einen Privatflug nach Virginia Beach, als ich auf dem Flughafen die Fernsehnachrichten sah. Die *Maersk Alabama*, ein Frachter, der mit einer Ladung von 17 000 Tonnen nach Mombasa in Kenia unterwegs war, war von somalischen Piraten gekapert worden, als sie das Horn von Afrika passierte. Es war Mittwoch, der 8. April 2009. Die Piraten nahmen Richard Phillips, den Kapitän des Schiffes, als Geisel und flohen mit ihm in einem der fünfeinhalb Meter langen überdachten Rettungsboote des Frachters. Sie hatten Nahrungsmittelrationen für neun Tage dabei. Die USS *Bainbridge*, ein Zerstörer, beschattete das Rettungsboot, das noch etwa fünfzig Kilometer von der somalischen Küste entfernt war. Es hatte vier mit Kalaschnikows bewaffnete Piraten an Bord.

Ich fragte mich, ob wir den Einsatzbefehl bekommen würden, als ich auf dem Flughafen wartete. Ein Privaturlaub war sehr

Lastwagen des afghanischen Militärs mit aufmontiertem Geschütz in den Bergen zwischen Bagram und Kundus. Wegen der harten Wetterbedingungen ist man bei einem Wintereinsatz tendenziell weniger aktiv als im Sommer.

Blick aus unserem Stützpunkt in Zentralafghanistan. Bei meinen Einsätzen in Afghanistan war ich oft fasziniert von der natürlichen Schönheit der Landschaft.

Meine Hauptwaffen: eine
Heckler & Koch MP7 mit
Schalldämpfer (oben), ein
stark modifizierter M79
Vierzig-Millimeter-Gra-
natwerfer – die »Piraten-
pistole« (Mitte) – und
ein Heckler & Koch 416
Sturmgewehr mit 26,4 Zen-
timeter langem Lauf und
Schalldämpfer (unten).

Meine Ausrüstung, wie
ich sie mir während meines
Afghanistaneinsatzes
organisierte. Zu sehen sind
meine Pistolen, meine
Sturmgewehre, der Helm
mit dem Nachtsichtgerät
und meine 27 Kilogramm
schwere Weste mit den
beschusshemmenden
Einlagen.

Beschusshemmender Gefechtshelm, ausgerüstet mit einem Nachtsichtgerät der neuesten Generation, Stirnlampe und Infrarot-Stroboskop. Die vier Okulare verbessern die Sicht im peripheren Gesichtsfeld im Vergleich zum traditionellen Nachtsichtgerät mit zwei Okularen. Das Infrarot-Stroboskop spielt bei der Ortung von Hubschraubern und anderen Luftfahrzeugen aus eine wichtige Rolle.

Die offene Rampe unserer C-17, unmittelbar bevor wir bei der Operation zur Befreiung von Kapitän Phillips in den Indischen Ozean sprangen.

HAHO-Training über dem Grand Canyon.

Mitglieder von DEVGRU im Landeanflug beim HAHO-Training.

Ein CH-47 Hubschrauber oder »fliegender Schulbus«.

Blick aus dem Heck eines CH-47. In den Taschen sind Seile für das Schnellabseilen.

Ein CH-47 Hubschrauber, wie wir ihn bei der Operation in Kunar benutzten.

MH-6 Little Birds, wie sie die Night Stalkers bei den Razzien im Irak flogen.

Marsch in die irakische Wüste zum Rückflug nach einer arbeitsreichen Nacht.

schwer zu bekommen, weil meine Squadron in Bereitschaft war und jederzeit den Befehl erhalten konnte, binnen einer Stunde für einen Einsatz an jedem beliebigen Ort der Welt zur Verfügung zu stehen.

Auf dem Fernseher des Flughafens konnte ich das orange Rettungsboot auf den Wellen tanzen sehen. In seiner Nähe fuhr die graue USS *Bainbridge*. Ich ging so nah wie möglich an den Fernsehschirm heran, damit ich im Lärm des Flughafens den Bericht hören konnte. Als ich Virginia Beach ein paar Tage zuvor verlassen hatte, war noch nichts los gewesen, aber jetzt hatte ich das Gefühl, dass ich einen Anruf bekommen würde. Als die Bilder von dem Rettungsboot noch einmal auf dem Schirm erschienen, summte das Handy in meiner Hosentasche. Es war Phil.

»Schaust du dir die Nachrichten an?«, fragte er.

»Ja. Ich habe es gerade gesehen«, antwortete ich.

»Wo bist du?«

Damals war ich das ranghöchste Mitglied meines Teams nach dem Teamführer.

»Ich bin auf dem Flughafen«, sagte ich. »Ich warte gerade auf meinen Flug.«

»Okay, gut«, sagte Phil. »Komm zurück, so schnell du kannst.«

Sofort begann es in meinem Kopf zu arbeiten. Das Flugzeug konnte gar nicht schnell genug fliegen. Der Einsatz war eine einmalige Chance. Ich wollte ihn nicht verpassen.

An Bord eines Flugzeugs zu gehen ist schon frustrierend genug, wenn man es nicht eilig hat. Jetzt beobachtete ich gequält, wie sich die Leute zu ihren Sitzen durchschlängelten oder an ihrem Gepäckfach herumfummelten. Je schneller wir starteten, desto schneller konnte ich wieder bei der Arbeit sein. Außerdem wusste ich, dass ich nicht mehr telefonieren konnte, wenn wir erst in der Luft waren. Ich war also nicht mehr erreichbar, wenn der Einsatzbefehl kam. Sobald die Flugbegleiterin die Türen des Flugzeugs geschlossen hatte, würde ich bestimmt die Nachricht auf meine Mailbox kriegen, dass ich in einer Stunde bei meinem Kommando sein müsste. Und wenn ich landete, würde das Team schon weg sein.

Ich setzte mir die Kopfhörer auf und wollte mich entspannen, doch es gelang mir nicht. Nach der Landung in Virginia war ich kaum fünf Schritte vom Flugsteig entfernt, als ich schon am Telefon hing.

»Hey wie sieht's aus«, sagte ich, als Phil sich meldete.

Es war inzwischen nach acht Uhr abends.

»Wir sind noch da«, sagte er. »Komm morgen früh zur Arbeit, und ich bringe dich auf den neusten Stand. Die Planung läuft schon. Aber wir warten noch darauf, dass Washington eine Entscheidung trifft.«

Am nächsten Morgen war ich früh bei der Arbeit. Phil erwartete mich im Teamraum, und wir setzten uns an den Konferenztisch.

»Wir haben einen Mann als Geisel und vier Piraten«, sagte Phil. »Sie wollen zwei Millionen Dollar für seine Freilassung.«

»Schön, wenn man so genau weiß, was man wert ist«, sagte ich.

»Ich würde mehr verlangen«, sagte Phil. »Zwei Millionen ist ein bisschen wenig, es sei denn, du fragst meine Ex.«

»Wohin fahren sie?«, fragte ich.

»Sie wollen sich mit ihren Komplizen treffen und Phillips in ein Lager oder auf ein Mutterschiff bringen«, sagte Phil. »Wir müssen also darauf vorbereitet sein, ein Schiff zu entern oder über den Strand anzugreifen und in eines ihrer Lager einzudringen.«

Auf beide Einsätze hatten wir uns jahrelang vorbereitet.

»Wir haben schon eine Handvoll Jungs auf der *Bainbridge*«, sagte Phil. »Sie haben gerade in Afrika gearbeitet und sind letzte Nacht abgesprungen. Die Verhandlungen sind am Donnerstag gescheitert.«

»Wie lange haben wir Zeit, bis sie die Küste erreichen?«, fragte ich.

»Sie wollen nicht an Land gehen, wo sie jetzt sind, wegen obskurer Stammesstreitigkeiten«, sagte Phil. »Ihr Stamm ist ein bisschen weiter im Süden, also können sie erst in zwei Tagen landen, wir haben also hoffentlich noch ein bisschen Zeit.«

Ich fragte wegen des Einsatzbefehls.

»Es gibt noch keinen, aber er wird diskutiert«, sagte Phil.

»Warum haben wir noch nichts gehört?«, sagte ich. »Es hat doch keinen Sinn, die Entscheidung zu vertagen.«

»Das ist eben Washington, Alter«, sagte er. »Hat dort irgendwas einen Sinn?«

Einen Tag später bekamen wir endlich einen einseitigen Schrieb mit dem Einsatzbefehl. Die meisten von uns waren schon beim Kommando. Unsere Ausrüstung war fertig und gepackt.

Etwa zwanzig Stunden später öffnete sich die Rampe der C-17, und Sonnenlicht strömte in die Kabine.

Ich konnte den Wind auf meinem Gesicht spüren, als ich meine Augen gegen die helle ostafrikanische Sonne abschirmte. Minuten später sah ich, wie sich der kleine Fallschirm öffnete, der an einem großen grauen Angriffsschnellboot (High Speed Assault Craft – HSAC) befestigt war, und das Boot aus dem Laderaum des Flugzeugs zog. Die Boote waren mit unserer gesamten Ausrüstung beladen. Sie und ihre Crews sollten zuerst abgesetzt werden, gefolgt von den Assault Teams.

Klick. Klick. Klick.

Ich hörte, wie sich das Boot auf seinen Metallrollen Richtung Tür bewegte und immer schneller wurde, bis es von der Rampe verschwand. Augenblicke später öffnete sich ein zweiter Fallschirm und das zweite Boot sauste vorbei. Es folgten die »Boat Crews«.

»Yeah!« brüllte ich, als die Boote an mir vorbeischossen. Andere Kameraden jubelten, als die Boat Crews von der Rampe verschwanden.

Mein Herzschlag beschleunigte sich, vermutlich vor Aufregung, als ich darauf wartete, dass mir meine Teamkameraden auf der Lampe mit dem Daumen grünes Licht gaben. Sie beobachteten die Boote, um sicherzugehen, dass sich auch ihre großen Schirme öffneten.

Wir sprangen unter der Horizontlinie der *Bainbridge* ab, damit die Piraten uns nicht sehen konnten. Die USS *Boxer*, ein Amphibisches Angriffsschiff, das normalerweise Marines in die Schlacht transportierte, sollte sich mit uns treffen, und wir würden von ihrem Deck aus in den Einsatz gehen.

Im Wasser unter uns landeten die Boat Crews in der Nähe der HSACs und begannen, die Fallschirme abzuhängen. Wir mussten bis zu unserem Sprung noch dreißig Minuten warten, die extrem langsam vergingen.

Ich saß ziemlich weit vorn im Flugzeug auf einer Sitzbank. Auf mir saß einer der Fernmeldespezialisten meiner Squadron. Er trug Tandemgurtzeug, mit dem er auf meinem Bauch festgeschnallt war. Er hatte erst ein paar Stunden zuvor erfahren, dass er nicht nur mit uns nach Afrika fliegen würde, um uns bei einer Geiselbefreiung zu helfen, sondern auch, dass er mit einem Fallschirm in den Indischen Ozean springen würde, um dies zu tun.

Um alles benötigte Personal zur USS *Boxer* zu bringen, mussten wir mit drei Gästen im Tandem springen, darunter dem Fernmeldespezialisten. Die drei waren keine SEALs, sondern unverzichtbares Unterstützungspersonal. Während des Fluges saß ich neben dem Fernmelder und hatte Gelegenheit, ihm die notwendigen Informationen zu geben.

»Wir springen zusammen«, sagte ich. »Bist du bereit?«

Er war dünn, mit kurzen Haaren, und wirkte wie ein Bücherwurm. Er schien ein bisschen nervös, als ich mit ihm den Sprung durchging und ihm erklärte, was ihn erwartete.

»Bist du schon mal gesprungen?«, fragte ich.

»Nein«, sagte er.

Als die Durchsage kam, dass wir noch sechs Minuten Zeit hätten, standen wir alle auf und nahmen die letzten Checks vor. Der Fernmeldespezialist war ganz blass geworden. Er hatte kein Wort mehr gesagt, seit sich die Rampe zum ersten Mal geöffnet hatte. Mein erster Sprung hatte wenigstens über Arizona stattgefunden. Er würde gleich in den Indischen Ozean springen.

»Wir schaffen das«, sagte ich.

Er wirkte nicht überzeugt.

Die Rampe ging wieder herunter. Es waren etwa vierzig Springer im Flugzeug, und wir bildeten eine Schlange vor der Rampe.

»Fertig machen«, schrie der Absetzer – für uns das Signal, dass wir noch dreißig Sekunden bis zum Sprung hatten.

Ich konnte spüren, wie die Beine des Fernmeldespezialisten zu zittern begannen. Es vibrierte förmlich, als wir uns der Rampe näherten.

»Hey Kumpel, entspann dich einfach«, sagte ich.

Er brauchte sich nur an alles zu erinnern, was ich ihm gesagt hatte.

»Grünes Licht. Und los!«

Der Absetzer deutete über die Rampe hinaus.

Die Leute vor uns watschelten einer nach dem anderen los und sprangen. Als wir uns der Rampe näherten, konnte ich sehen, wie sich der kristallblaue Himmel und das Meer am Horizont trafen.

Ich langte hinauf, tippte meinem Gast zweimal auf die Schulter und schrie ihm wegen des lauten Windgeräuschs ins Ohr.

»Ins Gurtzeug hängen!«

Der Ruf war das Signal, dass er sich in Position bringen sollte. Ich wollte, dass er die Zehen über den Rand der Rampe schob, damit er sich nicht die Schienbeine verletzte, wenn wir sprangen.

Er erstarrte. Ich konnte spüren, dass er versuchte, sich in Position zu bringen, aber seine Füße waren wie festgefroren. Ich klopfte ihm noch einmal auf die Schulter und schrie.

»HÄNGEN!«

Wieder bewegte er sich nicht.

Wir hatten nicht die Zeit zu warten.

Ich gab ihm einen Stoß, und wir hechteten von der Rampe.

Hinter meinem Rücken öffnete sich der Bremsschirm. Er stabilisierte uns und sorgte dafür, dass wir beim Freifall nicht zu schnell wurden. Wie bei Hunderten anderer Sprünge machte ich die nötigen Routinechecks, dann zog ich die Leine und öffnete den Hauptschirm.

Plötzlich verschwand der Lärm des Flugzeugs, und alles war ganz still. Das einzige Geräusch kam vom Schirm, der im Wind knatterte.

Ich ließ den Blick schweifen und fand die Welt wunderschön. Die frische Luft war eine echte Erleichterung nach der stickigen C-17-Kabine. Der Himmel und das Wasser waren vom gleichen Kristallblau, und nur ein paar Federwolken schwebten hoch über uns am Himmel. Unter uns sah ich einen Wirbel von Fallschirmen um die vier grauen Boote kreisen, die drunten im Wasser lagen.

Es sah aus wie ein Luftkampf im Zweiten Weltkrieg, wie meine Teamkameraden ihre Kreise zogen. Sie achteten darauf, nicht zusammenzustoßen, bis sie schließlich im Meer landeten.

Das Wasser war ruhig, mit sehr kleinen Wellen. Ganz in der Nähe sah ich das flache Deck der USS *Boxer*, die auf uns wartete. Als wir herunterkamen. fing ich den Fallschirm ab, und wir lande-

ten im badewannenwarmen Wasser. Ich schnallte den Fernmeldespezialisten ab und befreite mich von meinem Gurtzeug.

Wir waren nicht mehr als zwanzig Meter von unserem Boot entfernt. Ich machte die Flossen von meinen Knöcheln los, wo ich sie
für den Sprung festgeklebt hatte, zog sie an und schwamm zu dem
Fernmeldespezialisten hinüber. Hinter mir versank der Hauptschirm langsam in den Fluten, als sich der Reserveschirm mit
Wasser füllte und ihn hinunterzog. Ich erreichte den Mann, als er
in seiner Schwimmweste zu der Leiter paddelte, die vom Boot herabhing.

»Na wie war's, Alter?«, sagte ich.

»Das war Wahnsinn«, sagte er.

Es war das erste Mal, dass ich ihn lächeln sah, seit sich die Rampe
geöffnet hatte.

Ich kletterte in das HSAC und fand einen Platz nahe am Bug,
während wir darauf warteten, durchzuzählen. Da die Boote jeweils
nur zwölf Leute fassten, wurde es schnell eng. Ich ging ganz nach
vorn in den Bug, und ließ die Beine ins Wasser baumeln. Die Strömung zerrte sanft an meinen Flossen.

»Hey Mann, hast du Haie gesehen?«, fragte ein Teamkamerad,
als er zu mir in den Bug kletterte.

»Nein«, sagte ich. Ich wusste, dass diese Gewässer mit Haien ver-
seucht waren, hatte aber nichts auf uns zukommen sehen.

»Ich habe diesen einen großen Schatten unter der Oberfläche gesehen, als ich herunterkam, Alter«, sagte er.

Ich zog meine Flossen näher ans Boot.

Während wir zum Einsatzort flogen, hatte Phillips einen Fluchtversuch gemacht und dadurch die Spannungen mit seinen Entfüh-
rern verschärft. Er hatte es ins Wasser geschafft, war aber mit vor-
gehaltener Waffe wieder herausgefischt worden. Danach fesselten
ihm die Piraten die Hände und warfen ein Handy und ein ameri-

kanisches Funksprechgerät ins Meer, weil sie dachten, der Kapitän würde irgendwie Befehle von dem Schiff bekommen.

Inzwischen war dem Rettungsboot der Treibstoff ausgegangen. Es trieb nur noch dahin. Commander Frank Castellano, der Kapitän der USS *Bainbridge,* überredete die Piraten, sich von dem Zerstörer schleppen zu lassen und sich vom Festrumpfschlauchboot des Zerstörers mit Wasser und Nahrungsmitteln versorgen zu lassen. Bei einer dieser Versorgungsmissionen bat Abdul Wal-i-Musi, einer der vier Piraten, um medizinische Hilfe wegen eines Schnitts in der Hand, den er sich bei Phillips Fluchtversuch zugezogen hatte. Er wurde zur Behandlung auf die *Bainbridge* gebracht.

Nachdem wir uns am Samstag auf der *Boxer* eingerichtet hatten, schickten wir ein kleines Team zur *Bainbridge* hinüber. Der Rest der Squadron sollte in Bereitschaft bleiben. Wenn das Rettungsboot irgendwo landete, würden wir gezwungen werden, einen Rettungsversuch an Land zu unternehmen.

Der Trupp, der zur *Bainbridge* übersetzte, bestand aus einem Assault Team, mehreren Scharfschützen und ein paar Spezialisten. Die SEALs richteten auf dem Hecküberhang der *Bainbridge* eine Überwachungsstellung ein. Scharfschützen lösten sich bei der Überwachung rund um die Uhr ab, während die Verhandlungen fortgesetzt wurden. Wir warteten geduldig, wie sich die Situation weiterentwickelte.

Am Sonntag bekamen wir plötzlich die Nachricht, dass Phillips inzwischen an Bord der *Bainbridge* und in Sicherheit sei. Bald waren alle zurück, und ich traf auf meinen Freund Gary. Er hatte den BUD/S-Lehrgang vor mir besucht und ein paar Jahre nach mir das Green Team absolviert. Seine Karriere bei den SEALs hatte er als Fahrer von Mini-U-Booten begonnen. Es war eine komische Vorstellung, wie er seinen 1,95 Meter großen Körper in ein Mini-U-Boot presste. Bei seinem letzten Einsatz war er mit einem Silver

Star ausgezeichnet worden. Er hatte fünf Typen erledigt, die versucht hatten, seinen Kameraden in die Flanke zu fallen. Nun war auf der *Bainbridge* gewesen und hatte den gefangenen Piraten Wal-i-Musi verhört.

Wir schüttelten uns die Hände.

»Heilige Scheiße, Alter, kannst du mir nicht einen Exklusivbericht geben?«, sagte ich.

»Wir haben den letzten erwischt, als er den Kopf herausstreckte, und alle drei mit Fernschüssen erledigt«, sagte er.

Er berichtete, dass er die Aufgabe bekommen habe, sich um den verletzten Piraten Wal-i-Musi zu kümmern, als dieser auf die *Bainbridge* kam. Er hoffte, dass Musi vielleicht seine Kameraden zum Aufgeben überreden würde. Also verwöhnte er ihn nach Strich und Faden.

»He, Mann, willst du vielleicht ein Eis?«, sagte er. »Wie wär's mit einer Cola?«

Musi und Gary schlossen schnell eine Freundschaft, die auf Leckerbissen und anderen Annehmlichkeiten beruhte. Er sorgte dafür, dass Musi immer an Deck war, damit die anderen Piraten sehen konnten, wie er Eis aß und Cola trank. Da die anderen Entführer immer noch auf dem Rettungsboot waren und das Handy und das Funkgerät über Bord geworfen hatten, mussten sie sich rufend verständigen, wenn sie mit der *Bainbridge* verhandelten.

»Ich versteh sie nicht«, sagte Gary zu Musi. »Sag ihnen, sie sollen etwas Seil einholen.«

Musi tat wie geheißen, und das Seil und wurde immer kürzer und mit ihm der Abstand zwischen dem Boot und der *Bainbridge*. Der Seegang wurde stärker, und das antriebslose Rettungsboot wurde von den Wellen umhergeworfen. Als es dunkel wurde, zogen Gary und seine Teamkameraden das Boot noch näher an den

Zerstörer heran. Es war stockfinster, und die Piraten konnten unmöglich merken, dass sie der *Bainbridge* immer näher kamen. Auf dem Hecküberhang suchten Gary und seine Kameraden das Rettungsboot ab. Infrarotlaser, die man nur mit Nachtsichtgeräten sehen kann, tanzten über seine Bordwand.

Einer der Piraten saß immer oben auf der Überdachung und hielt Wache; er würde leicht zu treffen sein. Durch das Fenster war auch der Pirat zu sehen, der das Boot steuerte. Er war ebenfalls ein relativ leichtes Ziel. Doch der dritte war immer außer Sicht, und sie mussten alle drei gleichzeitig ausschalten. Sie konnten nur dann schießen, ohne Phillips zu gefährden, wenn sie den dritten Piraten dazu brachten, sich zu zeigen. Schließlich, nach stundenlangem Warten, tauchten in der Nacht von Sonntag auf Montag Kopf und Schultern des dritten Piraten in der Heckluke des Rettungsboots auf. Das war die Sekunde der Scharfschützen. Der Befehl lautete eindeutig, nur dann zu handeln, wenn Phillips in unmittelbarer Lebensgefahr schwebte. Da die Spannung im Rettungsboot stark gestiegen war und meine Teamkameraden um Phillips Sicherheit besorgt waren, eröffneten sie das Feuer. Sekunden später brachen alle drei Piraten im Kugelhagel zusammen.

Nach dem letzten Schuss eines Scharfschützen hörte das Team auf dem Hecküberhang das unverwechselbare Knallen einer Kalaschnikow. Der Schuss hallte über das Wasser, und sofort verflog die Hochstimmung meiner Kameraden. Es stand viel auf dem Spiel. Washington wurde ständig über die Entwicklung auf dem Laufenden gehalten und erhielt Drohnenaufnahmen von dem Rettungsboot. Der kommandierende Offizier von DEVGRU und der Commander unserer Squadron waren beide an Bord der *Boxer*.

Weil sie das Schlimmste befürchteten und nicht wussten, ob Phillips tot oder verwundet war, sprangen zwei der Scharfschützen auf die Schleppleine auf und glitten zum Rettungboot hinunter. Es war keine Zeit zu verlieren. Sie balancierten auf der Leine, die nur wenige Zoll über den schwarzen Wellen tanzte, und erreichten das Boot in Minutenschnelle. Nur mit Pistolen bewaffnet sprangen sie an Bord und schwangen sich unter die Überdachung. Die Kabine hatte nur einen Zugang, sodass sie selbst für einen verwundeten Piraten leichte Ziele gewesen wären.

Als sie auf dem Boot waren, schalteten sie alle Piraten schnell und endgültig aus, damit von ihnen keine Bedrohung mehr ausging. Sie fanden Phillips, gefesselt, aber unverletzt in einer Ecke. Das Festrumpfschlauchboot beschattete das Rettungsboot mit ein paar SEALs an Bord. Als sie die Schüsse hörten, raste es heran, und die Männer zogen Phillips vom Rettungsboot.

Auf der *Bainbridge* packte Gary, noch bevor der letzte Schuss knallte, den Piraten Wal-i-Musi und warf ihn auf das Deck.

»Du kommst ins Gefängnis«, sagte er. »Deine Kameraden sind tot. Wir haben unseren Mann. Du hast ausgedient.«

Musi wurde mit gefesselten Händen und einem Sack über dem Kopf abgeführt.

Gary traf Phillips auf dem Hecküberhang. Der Kapitän war verwirrt und desorientiert, als er an Bord der *Bainbridge* kletterte.

»War das wirklich nötig, Leute?«, fragte er.

Er litt unter einer leichten Form des Stockholmsyndroms, war nach den Schüssen in einem Schockzustand und verstand nicht, was gerade passiert war und weshalb.

Er wurde medizinisch untersucht, und man stellte fest, dass er in relativ gutem Zustand war. Es dauerte nicht lang, bis das Stockholmsyndrom verebbte. Danach war er dankbar für das, was meine Teamkameraden getan hatten. Er rief zu Hause an und wurde zur USS *Boxer* geflogen, bevor er nach Vermont zurückkehrte.

Wir anderen blieben noch ein paar Tage auf der *Boxer* und warteten auf weitere Befehle. Dann gingen wir an Land und flogen wieder zurück. Es tat gut, dass wir endlich einmal ein Leben gerettet hatten, statt immer nur Leute zu töten. Und es war gut, einen Einsatz außerhalb des Iraks und Afghanistans erledigt zu haben. Es war mir nicht wichtig, dass ich nicht zu den Schützen gehört hatte. Ich war froh, dass ich einmal einen anderen Job gemacht hatte. Schlecht war nur, dass wir einen gewissen Einblick in den Washingtoner Apparat bekommen und erlebt hatten, wie langsam die Entscheidungsprozesse dort mitunter laufen. Wir waren längst startbereit gewesen, als der Einsatzbefehl endlich kam. Aber wir hatten durch den Einsatz für Kapitän Phillips unsere Fähigkeiten aufgefrischt und waren von da an in Washington auf dem Schirm, wenn andere wichtige Operationen anstanden.

KAPITEL 7

Der lange Krieg

Meine Beine schmerzten und meine Lunge brannte, als ich den Berg hinaufrannte.

Im Sommer 2009 waren wir in etwa 2500 Metern Höhe im zentral-afghanischen Gebirge unterwegs, zwei Stunden südlich von Kabul. Nach Phillips' Rettung kehrten wir nach Hause zurück, trainierten einige Monate und wurden dann planmäßig in Afghanistan stationiert. Ich sah, wie der Infrarotlaser der Flugdrohne die Bewegung der acht Kämpfer verfolgte, die das Zielgebiet verließen, als wir ankamen.

»Alpha Team hat Sichtkontakt auf Pisser«, sagte Phil nur über Funk.

Die Kämpfer bewegten sich auf einen Bergkamm dreihundert Meter nördlich des Gebiets zu. Wir versuchten, ihnen den Weg abzuschneiden, während der Rest der Truppe das Zielgebiet übernahm. Als wir sie einholten, blickte ich nach hinten und sah Phil und den Rest des Teams dicht hinter mir. Es war unser erster Einsatz nach unserer Ankunft, und wir mussten uns noch an die Höhe gewöhnen.

Ich sah, wie die anderen sich in Position brachten, drehte mich schnell wieder um und setzte mein Gewehr ab. Die feindlichen Kämpfer brachten sich in etwa hundertvierzig Metern Entfernung in Gefechtsposition. Ich konnte nach dem Fünfhundert-Meter-Lauf mit meiner gesamten Ausrüstung meinen Laser kaum ruhig halten, aber es gelang mir, den Kämpfer mit einem PKM-Maschinengewehr ins Visier zu nehmen. Ich feuerte mehrere Schüsse ab und sah ihn fallen. Inzwischen kamen meine Teamkollegen an und eröffneten das Feuer. Zwei weitere Kämpfer fielen zu Boden, bevor der Rest über den Kamm außer Sichtweite verschwand.

Sie ließen ihre Toten zurück und liefen die Rückseite des Kamms hinunter.

»Wir haben fünf Hotspots im Norden, die sich auf mehrere Zielgebiete zubewegen,« hörte ich den Flugdrohnenpiloten in meinem Funkgerät sagen. Hotspots sind Kämpfer oder Gefahrenquellen. Ich konnte den Laser der Drohne an der Rückseite des Kamms sehen.

Phil nickte dem Team zu, und wir legten einen weiteren Sprint ein, um die Distanz zu verringern.

Als wir den Bergkamm erreichten, wurden wir langsamer, weil wir nicht durch unvorsichtige Eile in einen Hinterhalt geraten wollten. Ich sah drei Leichen dort liegen, eine mit dem Maschinengewehr und eine mit einer RPG (Rocket Propelled Grenade; A.d.Ü.). Wir hatten Glück gehabt, weil wir ihre beiden größten Waffen in den ersten Sekunden außer Gefecht gesetzt hatten.

Die toten Kämpfer trugen weite Hemden und Hosen sowie schwarze Cheetahs, das sind niedrige Sportschuhe, so ähnlich wie Pumas, die die Talibankämpfer trugen. Es war ein Running Gag in der Squadron, dass man in Afghanistan automatisch verdächtig war, wenn man schwarze Cheetahs trug. Ich habe diese Schuhe immer nur bei Talibankämpfern gesehen.

Vom Bergkamm sahen wir die überlebenden Kämpfer die Rückseite des Berges hinunterpreschen. Phil griff sich die RPG neben einem Toten und feuerte damit auf die flüchtende Gruppe. Die Granate explodierte in ihrer Nähe, und die Schrapnellkugeln trafen die laufenden Kämpfer.

Er ließ den Raketenwerfer fallen und wandte sich zu mir. Über Funk erhielten wir die Nachricht, dass Luftnahunterstützung oder CAS (Close Air Support) in der Nähe war. Eine AC-130 kreiste über uns.

»CAS KOMMT ZUR POSITION«, schrie mir Phil aus gerade einmal einem halben Meter Entfernung zu.

Der Abschuss der RPG hatte ihn nahezu betäubt.

»Ich höre dich gut«, sagte ich. »Hör auf zu schreien.«

»WAS?«, schrie Phil.

Den Rest der Nacht konnte ich Phil immer schon hören, ehe ich ihn sah. Jedes Wort aus seinem Mund war ein Schrei.

Vom Bergkamm beobachteten wir, wie die 20-mm-Bordkanone der AC-130 auf die Kämpfer feuerte. Wir schickten den Diensthund vor, den Phil scherzhaft »Hair Missile« nannte, und verbrachten den Rest der Nacht damit, die verbliebenen Kämpfer aufzuspüren. Alle waren entweder tödlich verwundet oder bereits tot.

Phil und ein weiterer Assaulter jagten einen Kämpfer in einem der Zielgebiete, während wir anderen begannen, ein Feld von hüfthohem Gras zu säubern. Die AC-130 berichtete von weiteren Gefahrenherden. Wir schickten unser »Hair Missile« los, und er nahm die Witterung eines Kämpfers knappe zwanzig Meter rechts von mir auf. Ich hörte den Kämpfer schreien, als der Hund angriff.

Die Assaulter riefen den Hund zurück und warfen Handgranaten in den Graben, wo der Kämpfer uns auflauerte. Als sie von dem Graben abzogen, rückte ich vor.

Selbst mit meiner Nachtsichtbrille war es schwierig, etwas zu erkennen. Das Gras war dicht und schwer zu durchstreifen. Hinter mir hörte ich immer wieder Schüsse, da Phil und ein weiterer Assaulter sich ein Feuergefecht mit einem verbarrikadierten Schützen in einem der Zielgebiete lieferte. Ich hatte mein Gewehr im Anschlag und versuchte mit meinem Laser einen Weg durch das Gras zu erleuchten. Vor mir sah ich verbrannte Flecken, wo die 20-mm-Geschosse eingeschlagen waren.

Jeder Schritt war genau berechnet.

Ich sah durch die Nachtsichtbrille einen dunklen Schatten zu meinen Füßen. Ich nahm an, es sei ein Holzstück oder ein Ast und hob meinen Fuß an, um darauf zu treten. Da hörte ich einen Menschen keuchen. Ich wich erschrocken zurück und feuerte. Ich hatte eine Scheißangst.

Ich brauchte eine Sekunde, um mich zu versichern, dass ich nicht in die Hose gemacht hatte, und versuchte, meine Nerven wieder unter Kontrolle zu bringen. Ich ging zurück, um die Leiche zu durchsuchen. Er muss schon tot gewesen sein, ehe ich dorthin kam. Das Gewicht meines Fußes auf seiner Brust hatte die Luft aus seinen Lungen gepresst. Der Körper war versengt von den 20-mm-Geschossen, die ihn getroffen hatten. Bei einer hastigen Durchsuchung fand ich eine Kalaschnikow und eine Kampfmittelweste.

Als wir wieder in Dschalalabad waren, posierten wir für Fotos nach der Mission. Phil trug eine schwarze Under Armor Skullcap und hatte die RPG über seiner Schulter drapiert. Das Bild sollte daran erinnern, wie er den Feind mit seiner eigenen RPG niedermähte und dabei fast sein Gehör verlor.

Wir hatten gute Arbeit geleistet in dieser Nacht, und es war ein großartiger Auftakt für einen ereignisreichen Einsatz. In dieser Nacht töteten wir über zehn Kämpfer und erlitten keinerlei Verluste. Wie üblich war es eine Kombination aus Geschick und Glück. Zweifellos hätte uns der Schütze aus dem Graben angegriffen, wenn wir nicht den Diensthund gehabt hätten.

Seit der Ankunft bei der Einheit hatte mein Leben aus einer Reihe von Höhen nach großartigen Operationen und Tiefen beim Warten auf die nächste Mission bestanden. Wenn wir nicht im Einsatz waren, trainierten wir für den Einsatz. Das ging nonstop so. Es war nicht wichtig, ob man ledig oder verheirateter Familienvater war. Wir waren nur auf unsere Arbeit konzentriert. Die hatte erste Priorität.

Aus Sicherheitsgründen wäre es nicht klug, wenn ich zu viel über die Familien sagte. Aber es wäre auch unaufrichtig, wenn ich meine Leser denken ließe, wir hätten keine. Wir hatten Ehefrauen, Kinder, Freundinnen, Ex-Frauen und Eltern und Geschwister, die alle um Zeit mit uns wetteiferten. Wir versuchten gute Väter und Ehemänner zu sein, aber nach Jahren im Kriegseinsatz war es schwierig, präsent zu sein, sogar, wenn wir zu Hause waren.

Wir hatten immer ein Auge auf die Nachrichten und warteten auf die nächste Captain-Phillips Geschichte. Beim Training machten wir alles möglichst gut. Wir waren so beschäftigt mit unserem normalen Einsatz, mit Training und mit unseren Familien, dass wir kaum an etwas anderes denken konnten.

Unsere Familien hatten größtenteils Verständnis für unseren Lebensstil. Wenn wir acht bis zehn Monate im Training oder im Einsatz waren, standen sie am Ende der Prioritätenliste.

Doch sie brauchten uns zu Hause.

Sie wollten, dass wir in Sicherheit waren.

Sie wussten wenig darüber, wie unser Leben wirklich war. Sie kannten nicht die Befriedigung, wenn wir wussten, dass mit jedem

Bombenbastler oder al-Qaida-Kämpfer, den wir töteten, die Welt ein bisschen sicherer wurde, oder dass wir zumindest den Soldaten, die auf den Straßen Afghanistans patrouillierten, das Leben leichter gemacht hatten. Theoretisch mochte ihnen das klar sein, aber sie waren immer diejenigen, die zu Hause saßen und um unser Leben bangten.

Unsere Angehörigen rechneten immer damit, dass Männer in Dienstuniform an ihrer Tür klingeln und die Nachricht überbringen könnten, dass wir nicht mehr nach Hause kommen würden. Die SEAL-Gemeinschaft hat schon viele großartige Jungs verloren, und allein die DEVGRU war überproportional betroffen. Diese Opfer waren nicht umsonst. Die Lehren, die wir daraus zogen, und die Heldentaten unserer Brüder sollten nicht vergeblich gewesen sein. Wir kannten die Risiken im Einsatz und im Training. Wir wussten damit zu leben, und wir verstanden, dass wir für diesen Job Opfer bringen mussten. Unsere Familien, wie etwa mein Vater, der sich für mich nicht dieses Leben gewünscht hatte, verstanden das nicht immer.

Kurz vor meinem High-School-Abschluss in Alaska teilte ich meinen Eltern mit, dass ich zum Militär wollte. Sie waren nicht begeistert. Meine Mutter hatte mich als Kind nicht mit Militärspielzeug wie zum Beispiel G.I. Joe spielen lassen, weil das zu gewalttätig war. Ich scherze immer noch mit meiner Mutter, sie hätte mich mit den Actionfiguren spielen lassen, dann wäre ich zufrieden gewesen und vielleicht nicht zum Militär gegangen.

Vor der Abschlussprüfung saß ich in der Küche und telefonierte mit Anwerbern. Ich glaube, meine Eltern hielten das zunächst nur für eine Phase. Doch bald erkannten sie, wie ernst es mir damit war, zur Navy zu gehen.

Mein Vater setzte sich mit mir zusammen und wollte über meine Pläne und über das College sprechen.

»Ich will einfach nicht, dass du zum Militär gehst«, sagte er schließlich.

Er war keineswegs Pazifist, aber er war in der Zeit des Vietnamkriegs aufgewachsen und wusste, welchen Einfluss der Krieg auf Menschen hatte. Viele seiner Freunde waren eingezogen worden und waren nicht zurückgekommen. Er wollte niemals, dass sein Sohn in den Krieg zog. Aber ich hörte nicht die Besorgnis in seiner Stimme oder die Beunruhigung, weil sein einziger Sohn sich der Gefahr aussetzte. Ich hörte ihn nur sagen, was ich nicht durfte.

»Ich mach das«, sagte ich. »Es ist das, was ich machen will.«

Mein Vater wurde nie laut. Stattdessen argumentierte er.

»Hör zu«, sagte er. »Wenn du mir auch nur einmal zuhörst, wirst du einen Rat von mir annehmen? Probiere ein Jahr auf dem College. Wenn es dir nicht gefällt, musst du nicht wieder hin.«

Mein Vater wusste, dass ich noch nicht viel von der Welt gesehen hatte, weil ich in einem kleinen Ort in Alaska aufgewachsen war. Meine Eltern waren überzeugt, wenn sie mich zum College überreden könnten, würde ich so viel Neues erleben, dass ich meinen Traum, SEAL zu werden, vergessen würde.

Ich wurde an einem kleinen College in Südkalifornien angenommen.

»Okay, Dad«, sagte ich. »Ein Jahr.«

Aus einem Jahr wurden vier, und mit meinem Abschluss in der Tasche dachte ich daran, als Offizier zur Navy zu gehen. Im College freundete ich mich mit einem ehemaligen SEAL an, der mir riet, nicht als Offizier zur Navy zu gehen. Er sagte, Offizier könnte ich später immer noch werden. Wenn ich den Weg über die Rekrutierung nähme, könnte ich mehr Zeit als Operator verbringen und im Gefecht bleiben. Als ich nach dem College zur Navy ging, hatte mein Vater keine Einwände mehr.

Wie alle meine Teamkameraden drängte es mich, SEAL zu werden. Und sobald ich BUD/S beendet hatte, wollte ich ein möglichst guter SEAL werden. Ich war kein Einzelfall. Es gab ein ganzes Kommando mit Typen wie mich. Aber wir rangen alle um die Balance. Wir nannten es »den rasenden Zug«. Es ist schwierig einzusteigen, aber sobald man drin ist, bleibt man besser dabei, denn man will unbedingt mitfahren.

Eigentlich hatten wir zwei Familien. Die Jungs bei der Arbeit und dann die Familie und die Lieben zu Hause. Ich stand meiner Familie in Alaska sehr nahe. Ich empfand für sie dasselbe wie etwa für meine Teamkameraden Phil, Charlie und Steve.

Vielen gelang die Balance zwischen Arbeit und Familienleben nicht. Viele meiner Teamkameraden hatten erlebten schmerzliche Scheidungen. Wir verpassten Hochzeiten, Beerdigungen und Ferien. Wir konnten der Navy nicht absagen, aber unseren Familien. Und das taten wir oft. Es war schwierig, frei zu bekommen. Die Arbeit hatte immer erste Priorität. Sie nahm dir alles und gab wenig zurück.

Das Komische war: Sogar wenn wir vor einem Einsatz frei hatten, sah man die Jungs bei der Arbeit. Wir kamen, um die Ausrüstung in Schuss zu halten, zu trainieren oder nur noch letzte Vorbereitungen vor dem Einsatz zu treffen.

Unser schmutziges Geheimnis ist: Alle liebten diesen Job, auch ich. Wir waren jederzeit bereit zum Einsatz. Das bedeutete, dass alles andere auf der Welt warten musste.

2009 war ich in meinem elften Kampfeinsatz in Folge. Ich hatte mich vom Neuen zu Phils Nummer zwei hochgearbeitet. Seit 2001 war die einzige Pause das Green Team gewesen, wenn man das Pause nennen will. Das waren acht Jahre am Stück im Einsatz oder in der Vorbereitung darauf. Ich war inzwischen klüger und reifer geworden. Während ich aufstieg, kamen Neue nach mir. Die Neuen hatten mehr Kampferfahrung. Sie waren sicher besser, als ich zu dem Zeitpunkt gewesen war, als ich zum Green Team stieß. Das ganze Kommando war besser. Wir waren vor allem auf Afghanistan fokussiert. Auch als die Operationen im Irak weniger wurden, ließ das Tempo bei uns nie nach. Wir alle wollten arbeiten, aber alle Älteren spürten allmählich Ermüdung.

Steve war aufgestiegen. Er war verantwortlich für die anderen Teams in unserer Truppe. Charlie war Instructor im Green Team.

Es war ein Sommereinsatz, das hieß, wir hatten viel zu tun. Die alljährliche Sommeroffensive gegen die Taliban war voll im Gange. Im Winter flauten die Kämpfe ab, weil es jämmerlich kalt war. Wenn zu Beginn des Sommers ein amerikanischer Soldat vermisst wurde, ließen wir alles stehen und liegen und machten uns auf die Suche.

Der Soldat Bowe Bergdahl verschwand am 30. Juni 2009. Eine Gruppe Taliban nahm ihn gefangen und brachte ihn schnell in Richtung der Grenze zwischen Pakistan und Afghanistan, in der Hoffnung, ihn hinüberschaffen zu können. Unsere Analysten vom Geheimdienst verfolgten jeden Hinweis nach seinem Verschwinden, hatten aber keinen Erfolg. Wir mussten ihn zurückholen, ehe sie ihn nach Pakistan schmuggeln konnten. Es wurde befürchtet, die Gruppe, die ihn gefangen genommen hatte, könnte ihn an eine andere Gruppe, zum Beispiel an das Haqqani-Netz verkaufen, eine Terroristengruppe, die Verbindungen zu den Taliban hat.

Weniger als einen Monat nach seinem Verschwinden veröffentlichten die Taliban ein Video, in dem Bergdahl zu sehen war. Er trug das in der Region übliche hellblaue lange Hemd und weite Hosen und saß vor einer weißen Wand. Er war abgemagert, sein Hals wirkte lang, und er trug einen kleinen Bart unter seinem Kinn. In dem Video wirkte er verängstigt.

Eines Abends, kurz nach der Weitergabe des ersten Videos, erfuhren wir, dass ein möglicher Aufenthaltsort für ihn entdeckt worden sei.

»Der Geheimdienst sagt, er befinde sich heute wahrscheinlich in diesem Gebiet südlich von Kabul«, sagte unser Troop Commander und zeigte auf eine Karte von Zentralafghanistan. »Wir haben nicht viele Geheimdiensterkenntnisse, aber das hat Priorität.«

Wir versammelten uns zu einer Einsatzbesprechung im Operations Center. Steve und sein Team waren auch da. Die gesamte Truppe sollte teilnehmen. Es war geplant, zum »Y« zu fliegen, das bedeutet, gerade außerhalb der Reichweite einer RPG zu landen und sich dann in Stellung zu bringen. Es war nicht so sicher, wie zu Fuß hineinzugehen, aber es war auch nicht so gefährlich, wie zum X zu fliegen. Es war die einzige Möglichkeit, das Ziel vor Sonnenaufgang anzugreifen und zu säubern.

Es war bereits Mitternacht. Das bedeutete, es wurde knapp mit der Dunkelheit für uns. Wir mussten sofort starten.

»Diese Nacht haben wir hundert Prozent Helligkeit, es wird verdammt viel zu sehen sein draußen, Jungs«, sagte Phil.

Normalerweise versuchen wir, nicht bei Vollmond zu operieren. Unsere Nachtsichtgeräte funktionieren dann zwar besser, doch die starke Beleuchtung bedeutet, dass auch der Feind uns sehen kann, und das minimiert unsere Überlegenheit.

Taktisch ist Geduld von Vorteil. Normalerweise warteten wir und entwickelten ein Ziel, dann schlugen wir zu, wenn die Umstände für uns günstig waren. Wir kämpften nicht gegen Anfänger. Die Taliban waren gute Kämpfer, und wir wussten bereits, dass die Operation womöglich turbulent werden könnte.

»Hey Jungs«, sagte der Commander, »wir werden hier wegen der gesuchten Person gezwungen sein, etwas mehr Risiko in Kauf zu nehmen als üblich.«

Eine Staubwolke senkte sich auf mich, als ich von der Rampe des CH-47-Chinook-Hubschraubers sprang. Wir landeten auf offenem Feld, und mein Team sollte sich westlich vom Ziel bewegen, Steve und sein Team bewegten sich nach Süden. Wir bildeten in etwa eine »L«-Form, während wir uns auf eine Ansammlung von Zielen zubewegten, wo unserer Vermutung nach Bergdahl festgehalten wurde.

Das Ziel lag eineinhalb Hubschrauber-Flugstunden entfernt von unserem Stützpunkt in Dschalalabad. Am Rande der Landezone stand ein Haus. Steves Team umzingelte es, bevor die Kämpfer herausdrängten. Einer der Talibankämpfer hatte ein PKM-Maschinengewehr. Ich hörte das Feuern der automatischen Waffen über dem Lärm der Rotoren, als ich losrannte.

Ich sah über die Schulter zu den Hubschraubern zurück. Leuchtspurgeschosse sausten wie Laser in die Staubwolke hinein und am Hubschrauber vorbei. Ich sah gerade noch, wie Steves Team schnell in Deckung sprang und sich sofort auf den Feind zubewegte.

Unter heftigen Maschinengewehrsalven zog einer von Steves Teamkameraden sein Pirate Gun heraus, das ist ein kleiner Granatwerfer für nur einen Schuss. Steves Teamkamerad erhob sich mitten im Maschinengewehrfeuer und traf mit einem legendären Schuss mit der Granate genau die Haustür. Ich hörte eine dumpfe Explosion und sah Rauch aus der Tür dringen. Die Granate unterdrückte das feindliche Feuer sofort und verschaffte Steve und seinem Team wertvolle Sekunden, um ohne Verluste zum Haus vorzurücken. Sie postierten sich am Eingang, säuberten dann das Haus und töteten die übrigen Kämpfer.

»Es gibt Bewegungen nach Norden und Osten«, sagte Phil über Funk.

Im hellen Mondlicht konnte ich sehen wie am Tag. Wenn sie uns mit bloßem Auge aus hundert Metern Entfernung sehen konnten, sahen wir sie mit unseren Nachtsichtbrillen aus dreihundert Metern.

Das Feld vor uns war topfeben, und ich sah Kämpfer mit Waffen auf dem Rücken, die vor den Hubschraubern flüchteten. Eine Straße führte von Norden nach Süden über das Feld, an den Gebieten vorbei und aus dem Tal hinaus. Ich sah gerade noch zwei Typen auf zwei Mopeds davonrasen. Phil entdeckte eine Gruppe von vier Kämpfern, die nach Westen liefen, weg von der Straße und auf ein kleines Haus zu.

»Ich habe noch zwei Leute dabei«, sagte Phil. »Wir nehmen die Jungs im Westen. Ihr nehmt euch die auf den Mopeds vor.«

Steves Team sicherte das Zielgebiet. Keine Spur von Bergdahl, aber wir nahmen an, er müsse irgendwo in der Nähe sein. Es waren zu viele Kämpfer da, und sie waren gut bewaffnet.

Bei mir waren zwei Scharfschützen von unserer Aufklärungseinheit, der sogenannten RECCE, und der Sprengstoffexperte. Phil nahm das Hundeteam und einen Assaulter.

Als wir über das Feld liefen, traten wir praktisch auf einen Kämpfer, der sich im Gras versteckte. Zuerst sah ich ihn nicht; einer der Scharfschützen machte ihn aus und eröffnete das Feuer. Als wir weiterzogen, bemerkte ich, dass er schwarze Cheetahs trug. Schuldig.

Wir rückten weiter vor, und ich sah die Mopeds der Kämpfer an der Straße geparkt. Ich erspähte zwei Köpfe über einem Heuballen, der wohl eineinhalb Meter hoch und über vier Meter breit gewesen sein muss.

»Ich habe Sicht auf zwei Pax, rund dreihundert Meter auf zwölf Uhr«, sagte ich.

Im amerikanischen Militärjargon bedeutet »Pax« Menschen. Die Scharfschützen sahen sie auch, und wir blieben im Feld stehen und berieten uns. Wir brauchten schnell einen Plan.

»Ich positioniere mich an der Straße und sehe, ob ich schießen kann«, sagte einer der Scharfschützen.

Er gehörte zu den erfahrensten Schützen der Einheit. Bei einem früheren Einsatz im Irak hatte er einen irakischen Scharfschützen aufgespürt, der auf die Marines schoss. Er hatte Wochen gebraucht, aber schließlich fand er den irakischen Scharfschützen in einem Haus versteckt. Er erschoss ihn durch ein Loch in der Mauer, wo ein Ziegel fehlte.

Die Straße lag links vom Heuballen und stieg leicht an, so hatte er einen passablen Überblick.

»Ich nehme die rechte Flanke«, sagte der Sprengstoffexperte.

»Okay«, sagte ich, »ich übernehme die Mitte und versuche eine Handgranate über den Heuballen zu werfen.«

Mir gefiel dieser Plan nicht, aber wir hatten keine Wahl. Da unsere Schussfelder und Phil auf unserer rechten Flanke waren, blieb unsere Aktionsfähigkeit eingeschränkt, wenn wir hinter dem Heuballen aufräumen wollten.

Ich verließ mich darauf, dass die Scharfschützen mir Deckung gaben, während ich näher rückte. Es war ein Schuss über etwa zweihundert Meter – nicht einfach –, aber mit ihren Nachtsichtgeräten und den Nachsichtbrillen war er auch nicht schwierig.

Wir nahmen schnell unsere Positionen ein.

»Aufklärung in Position.«

Ich trug eine kleine, ausziehbare Leiter auf dem Rücken. Ich ließ sie ins Gras fallen und markierte sie mit einem Infrarot- oder »IR«, einer chemischen Lichtquelle.

»Sprengstoffexperte in Position.«

Ich nahm die Waffe in die linke Hand, kniete nieder und nahm eine Handgranate aus der Tasche. Ich zog den Splint heraus und hielt sie in der rechten Hand. Ich atmete tief ein und lief schnell auf den Heuballen zu. Ich hörte nur meinen Atem und den Wind pfeifen, als ich versuchte, die Distanz zu überwinden, ehe die Kämpfer wieder über den Ballen sahen. Etwa auf halbem Weg zu dem Heuballen hörte ich eine Kalaschnikow das Feuer auf meiner rechten Flanke eröffnen. Phil und seine Mannschaft mussten die feindlichen Kämpfer aufgespürt haben.

Der Sprint dauerte nur wenige Sekunden, doch in meinen Gedanken verlangsamte sich alles wie in Zeitlupe. Als ich weniger als dreißig Meter vom Heuballen entfernt war, tauchte ein Kopf dahinter auf.

Ich war im offenen Gelände ohne Deckung. Ich konnte nicht stehenbleiben. Ich musste zu dem Heuballen. Da ich nicht besonders gut warf, konnte ich den Heuballen auch nicht mit einem Wurf aus dieser Distanz säubern. Ich musste näher kommen. Einen Sekundenbruchteil später trafen mehrere Geschosse der Scharfschützen den Kämpfer in die Brust, und er fiel um wie eine Stoffpuppe.

Eines der Geschosse traf die Abschussvorrichtung einer Panzerfaust, die ein Kämpfer auf dem Rücken trug. Als er hinter den Heuhaufen fiel, sah ich Funken und Feuer von seinem Rucksack aufsteigen. Er sah aus wie eine riesige Wunderkerze.

Vor dem Heuballen kam ich zum Stehen, warf die Granate darüber und rollte mich zur Seite weg. Ich hörte die Explosion, wandte mich um und rannte los.

Mit Deckung der Scharfschützen traf ich auf den Sprengstoffexperten und den anderen Scharfschützen im Feld. Wir bewegten uns zum Heuhaufen zurück, während uns der zweite Scharfschütze Deckung gab. Der andere Kämpfer war nirgends zu sehen.

Als wir mit der Suche nach dem fehlenden Kämpfer begannen, hörten wir eine Nachricht über Funk. »Verwundeter Adler, verwundeter Adler, sofort Ambulanz anfordern.«

Einer der Scharfschützen bei mir war auch Sanitäter und bewegte sich sofort in Richtung von Phils Team. Den fehlenden feindlichen Kämpfer hatten wir immer noch nicht gefunden, daher verdrängte ich den Gedanken daran, wer wohl verwundet sein mochte, und wir drei setzten unsere Suche fort.

Ich half den Sprengstoffexperten, die Waffen und die Mopeds der Kämpfer einzusammeln. Die Kämpfer hatten Morphium und Granaten dabei. Das waren Professionelle, und nicht einfache Bauern, die zur Kalaschnikow griffen, wenn gerade keine Erntezeit war.

Wir fanden Bergdahl bei diesem Einsatz nicht, und im Sommer 2012 war er immer noch gefangen. Doch in meinem Innersten glaube ich, dass er dort zu einem bestimmten Zeitpunkt einmal war. Vielleicht verpassten wir ihn nur um wenige Stunden, oder die Kämpfer konnten bei dem Gefecht mit ihrem Gefangenen fliehen.

Nachdem sich die Lage beruhigt hatte, brachten die Sprengstoffexperten Ladungen an, um die feindliche Ausrüstung zu sprengen.

»Bereit«, sagte der Experte.

Wir zogen uns in sichere Entfernung zurück, und er löste die Sprengung aus, die die Ausrüstung und die Leichen der Kämpfer in Stücke riss. Die Ladung riss ein Loch in den Heuhaufen und setzte einen Teil davon in Brand, der Rest war ein schwarzer, versengter Fleck.

Die Leiche des anderen Kämpfers fanden wir nicht. Als wir aber zurückgingen, um sicher zu sein, dass die Ausrüstung zerstört war, fanden wir drei Hände. Wir nahmen an, der Kämpfer sei in den Heuhaufen gekrochen und bei der Sprengung getötet worden.

Kurz darauf hörte ich das vertraute Geräusch eines herannahenden CH-47-Chinook-Hubschraubers. Er blieb gerade lange genug am Boden, dass der Verwundete an Bord gebracht werden konnte, ehe er wieder aufstieg und schnell in Richtung Unfallkrankenhaus in Bagram nordöstlich von Kabul verschwand, wo es ein riesiges Flugfeld gibt.

»Alpha 2, hier Alpha 1«, sagte Phil über Funk. Ich war Alpha 2. Phil war Alpha 1. Das war das erste, was ich von Phil hörte, seit wir uns getrennt hatten, um die Wichte zu jagen.

»Hey, übernimm jetzt du die Jungs«, sagte Phil.

Phil war der verwundete Adler. Er saß an Bord des Hubschraubers, sein Hosenbein war aufgeschnitten. Blut lief auf den Boden und tränkte seine Uniform. Dank einer starken Dosis Morphium spürte er keinen Schmerz.

Später erfuhr ich, dass sein Team nahe an zwei schwer bewaffnete Kämpfer herangekommen war. Sie schickten den Diensthund vor. Die Kämpfer sahen den Hund und eröffneten das Feuer. Phil wurde getroffen, und der Hund wurde getötet. Die Kugel riss eine Wunde in Phils Unterschenkel. Er wäre fast verblutet, doch unsere beiden Sanitäter retteten nicht nur sein Bein, sondern auch sein Leben.

»Hey, du hast was abgekriegt, Bruder«, sagte ich. »Pass auf dich auf.«

Als ich zum Landeplatz zur Truppe zurückging, wurden bereits Witze gerissen.

»Das hast du aber fein gemacht. Du hast Phil ausgeschaltet, damit du das Kommando übernehmen kannst«, sagte einer aus meinem Team. »Wir haben gesehen, dass du ihn ins Bein geschossen hast, dann zu ihm hingerannt bist und das Abzeichen des Commanders geschnappt hast.«

Phil war noch nicht einmal im Krankenhaus, und die Frotzeleien hatten schon begonnen.

KAPITEL 8

Ziegenpfade

Ich musste pinkeln.

Seit ich vor dreißig Minuten in Dschalalabad in den Hubschrauber gestiegen war, um zu einem Stützpunkt in der afghanischen Gebirgsprovinz Kunar zu fliegen, verspürte ich Harndrang. Es war üblich, dass man vor Abflug noch mal pinkeln ging. Aber da es sich um einen so kurzen Flug handelte, hatte ich beschlossen zu warten, bis wir dort waren.

Das war zwei Monate, nachdem Phil verwundet worden war. Er war zu Hause auf Erholungsurlaub. Unser Einsatz würde noch etwa drei Wochen dauern. Ich war Teamführer, seit Phil ins Krankenhaus geflogen worden war. Wir flogen zu einem abgelegenen vorgeschobenen Militärstützpunkt oder FOB in einer der unruhigsten Gegenden in Ostafghanistan. Der FOB sollte die Durchgangsstation für eine Operation hoch in den Bergen sein.

Ich spürte, wie der CH-47-Chinook-Hubschrauber zuerst schwebte und dann zu sinken begann. Einige Sekunden, nachdem er den Boden berührte, wurde die Rampe heruntergelassen, und ich schoss heraus und ging unter dem riesigen Hecktriebwerk auf einen Graben zu, der etwa zwanzig Meter vom Landeplatz entfernt war. Wir waren etwa fünfzig Meter außerhalb der Eingrenzung eines kleinen Stützpunktes, deshalb fühlte ich mich auch im Freien recht sicher.

Einige Teamkameraden, die ebenfalls Erleichterung suchten, schlossen sich mir an. Es war pechschwarze Nacht, und es gab keinerlei Beleuchtung. Die Berge, die sich vor mir erhoben, ließen keine Hoffnung auf einen Lichtstrahl. Hinter mir wirbelten die Hubschrauberrotoren eine Staubwolke auf. Das Röhren der CH-47-Triebwerke war ohrenbetäubend.

Während ich am Rand des Grabens stand, bewunderte ich die Schönheit der steilen Berge. Durch das grüne Leuchten der Nachtsichtbrille erschien alles sehr friedlich. Dann sah ich etwas Glühendes über den Himmel streifen. Für den Bruchteil einer Sekunde dachte ich, es sei eine Sternschnuppe, bis ich erkannte, dass es genau auf mich zukam.

Wumm!

Eine Panzerabwehrrakete schlug drei Meter neben dem Heck des Hubschraubers ein, und Granatsplitter regneten auf meine Teamkameraden. Ehe ich reagieren konnte, sah ich Leuchtspurgeschosse und weitere Raketen neben uns einschlagen. Ich bewegte mich auf einen Graben auf der anderen Seite des Landeplatzes zu. Alle waren überrascht. Wir wollten diesen Stützpunkt nur als Ausgangspunkt für unsere Mission nutzen. Feindkontakt hatten wir frühestens einige Stunden später im Zielgebiet erwartet.

Ich hörte das veränderte Geräusch der Hubschraubertriebwerke, als sie starteten und aus dem Tal flogen. Als der zweite Hubschrauber eilig startete, setzte der Abwind der Rotoren eines der Leuchtfeuer in Brand, die die Eingrenzung des kleinen Stützpunktes umgaben, der unser Ausgangspunkt sein sollte. Theoretisch sollten die Leuchtfeuer bei einem Angriff auf den Stützpunkt warnen. Aber jetzt waren wir durch sie exponiert, beleuchtet und ohne Deckung. Wir zogen uns in kleinen Gruppen aus dem Licht zurück, während die Kämpfer auf die Basis vorrückten.

Ich versuchte im schnellen Sprint meine Hose zuzuknöpfen. Da hörte ich den dumpfen Abschussknall der ersten Granatwerfer und das wilde Hämmern eines amerikanischen 50er-MGs, als die Soldaten im Stützpunkt den Angriff erwiderten. Wir glitten in einen Graben und sahen, wie die schweren amerikanischen Waffen den Bergrücken aufwühlten. Auf allen Seiten der Basis, die mit Hesco-Barrieren gesichert war, das sind große, mit Sand gefüllte Stahlmatten-Säcke, ragten Gewehrläufe heraus.

Als das Leuchtfeuer niederbrannte, bewegten wir uns im Schutz der Dunkelheit wieder zum Haupteingang und in den Umkreis der Schutzmauer des Stützpunktes.

Drinnen kümmerten sich die Sanitäter um die Verwundeten. Niemand war schwer verletzt, doch hatten Granatsplitter einen unserer Übersetzer getroffen, einen Army Ranger, der mit uns zusammenarbeitete. Auch unser Diensthund war verletzt. Die Hubschrauber warteten in der Nähe, und als das Feuer eingestellt wurde, flogen sie schnell ins Tal zurück.

Nachdem alle Verwundeten in die Hubschrauber verladen und auf dem Weg ins Krankenhaus waren, trafen der DEVGRU-Troop Chief und die Teamleiter sich mit dem Army Company Commander des Stützpunks und dem First Sergeant im Kommandobunker.

Charlie und der Rest der Truppe warteten im Kraftraum des Stützpunkts. Charlie hatte sich freiwillig für die letzten Monate gemeldet und war mit meinem Team im Einsatz. Seit Phil verwundet worden war und ich das Kommando übernommen hatte, fehlte uns ein Mann, und wir brauchten einen weiteren Schützen. Charlie hatte gerade seine Zeit als Instructor eines Green Teams beendet.

»Ich habe gehört, du hast Phil angeschossen, um an diesen Job zu kommen«, sagte Charlie, als er ins Land kam. »Kommt man so heutzutage zu einem Team? Pass bloß auf.«

Ich hatte den riesigen Rabauken vermisst und freute mich, dass er wieder da war.

Nachdem Phil weg war, hatten die Streiche im Camp ein Ende. Ich konnte darauf vertrauen, dass mein Zimmer frei von Flitterbomben war, aber die Stimmung war nicht mehr so unbeschwert, wie sie mit Phil gewesen war. Vor allem fehlte uns seine Erfahrung. Wie in einer Footballmannschaft hatten wir die Einstellung: »Dann kommt eben der Nächste.« Wir alle wussten, so ist das eben, aber Erfahrung ist durch nichts zu ersetzen. Phil hatte jede Menge davon. Die zahlreichen Einsätze erlaubten es uns nicht, viel über die Vergangenheit zu brüten. Aber wir vermissten Phil.

Doch Charlies Anwesenheit war immerhin ein Trostpflaster. Unmittelbar nach seiner Instructor-Aufgabe beim Green Team war er jetzt scharf, und das war für diese Operation sehr wichtig. Seine Erfahrung und seine Ruhe unter Beschuss waren einzigartig.

Die Einsatzzentrale war klein, und an der Wand über den Sperrholzmöbeln hingen Karten des Einsatzgebiets. An der Ecke des besetzten Gebäudes ragten Antennen auf. Sandsäcke schützten Wände und Dach vor RPGs und Granaten.

In einer Ecke stand ein Funkgerät, und zwei junge Army-Experten oder Rekruten saßen daneben und beobachteten es.

Ich stellte mich neben Steve und sah auf die Karte.

»Entschuldigt die Willkommensparty«, sagte der Army Captain, der den Stützpunkt befehligte. »Das haben wir etwa einmal die Woche. Ihr wart einfach zur richtigen Zeit am richtigen Ort.«

In Kunar zu operieren war schwierig. Ich bin der Meinung, es war einer der schwierigsten Einsatzorte im ganzen Land, um gegen den Feind wirkungsvoll vorzugehen. Nur selten machten wir die

Reise nach Norden in die Provinz, ohne in ein Gefecht verwickelt zu werden. Das Gebiet lag in den Ausläufern des Hindukusch, und die Berge mit den engen, tief eingeschnittenen Tälern boten ein wunderbares natürliches Hindernis. Die Provinz war seit Jahrzehnten ein bevorzugter Ort für Aufständische. Das unwegsame Gelände, die Höhlensysteme und die Grenze zur semi-autonomen pakistanischen Nordwestlichen Grenzprovinz bieten entscheidende Vorteile für militante Gruppen.

Über fünfundsechzig Prozent aller Zwischenfälle mit Aufständischen im Land ereigneten sich zwischen Januar 2006 und März 2010 in Kunar, im sogenannten »Indian Country« (Indianerland) oder »Enemy Central« (Feindeszentrale). Einheimische afghanische Taliban vermischen sich mit ausländischen al-Qaida-Kämpfern, während gleichzeitig noch Mudschaheddin-Milizen in der Region operieren.

Auf einem Tisch in der Mitte des Raumes war eine Karte der Region. Wir drängten uns alle darum. Geplant war, tief in ein Tal südlich des Stützpunktes zu marschieren und eine Kill-or-Capture-Operation gegen eine Gruppe hochrangiger Taliban durchzuführen, die sich dort sammelte.

Unser Einsatz neigte sich dem Ende zu, und dies könnte unsere letzte Chance sein, ein so lohnendes Ziel zu treffen. Der Einsatz war trotz Phils Verwundung und obwohl einer der Hunde getötet wurde, bislang gut gelaufen. Wenn wir unsere Karten richtig ausspielten, würden wir eine kleine Belohnung erhalten.

Mit unseren Drohnen, die das verdächtige Gebiet überflogen, beobachteten wir Patrouillen in Bewegung. Im Lauf der Jahre waren Steve und ich sehr gut darin geworden, »schändliche Aktivitäten«, wie wir es nannten, auszumachen.

Die Drohnenbilder selbst wirken unscheinbar. Auf dem Bildschirm sehen die Menschen aus wie kleine Ameisen in Bewegung.

Für mich und Steve setzte sich aus allem, was wir sahen, ein Bild zusammen. In den meisten Gebieten gibt es keine Wachpatrouillen. Kombiniert man diese Tatsache mit dem Ort in Kunar und mit den Berichten der Aufklärung über das Treffen, dann waren schändliche Aktivitäten überaus wahrscheinlich.

Wir wussten, dass es zu einem Gefecht kommen würde.

Der Plan sah vor, dass mein Acht-Mann-Team zum Kamm hinaufsteigen und parallel zum Tal bis zum Zielgebiet marschieren sollte. Wir wollten auf dem Berg Stellung beziehen und die Kämpfer im Tal zurückhalten, wenn sie fliehen wollten. Sie würden uns nicht auf dem Kamm erwarten, weil ihre Rückzugsgebiete fast ganz am Ende des Tals lagen. Die anderen beiden Teams sollten die Hauptstraße ins Tal hinaufgehen und versuchen, die Talibankämpfer dort hinauszutreiben, wo mein Team ihnen auflauern würde. Wenn es beiden Teams gelingen sollte, den ganzen Weg bis zum Ziel unentdeckt zurückzulegen, würden wir einfach selbst zum Zielgebiet hinunterstoßen und sie dabei unterstützen, das Ziel von allen Seiten zu säubern.

In den meisten Fällen stellten sich die Kämpfer nicht, wenn sie uns sahen, sondern sie rannten weg und versteckten sich hinter Bäumen oder flohen in benachbarte Täler. Um sie aufzuhalten, hatten wir ein Team im höher gelegenen Gelände postiert, damit sie in unsere Todeszone marschieren mussten. Wir wollten sie niedermähen, bevor sie entfliehen konnten.

Die Infiltrationsroute war etwa sieben Kilometer lang, das war eigentlich nicht weit, aber die Höhenunterschiede waren beträchtlich. Mein Team würde den größten Teil der schweren Steigungen in dieser Nacht zurücklegen müssen, weil die Route uns direkt zum Kamm führte. Angesichts des anstrengenden Aufstiegs hatte ich beschlossen, meine kugelsicheren Einlagen aus der Kampfweste herauszunehmen, und ich nahm nur drei zusätzliche Magazine, eine Handgranate, meine Funkgeräte und Verbandszeug mit. Wir alle nahmen so wenig wie möglich mit. »Leicht ist gut«, sagten wir immer.

Aber wenn man seine kugelsicheren Einlagen herausnimmt, muss man mit Konsequenzen rechnen. Nach unserer Überraschung am Landeplatz bekam ich schon Zweifel, ob die Entscheidung richtig war.

Als wir den Plan mit dem Army Captain besprachen, spürte ich, wie die Soldaten uns beäugten. Auf die adretten Soldaten wirkten wir sicher wie Motorradrocker oder Wikinger.

Die meisten von uns hatten – für Militär-Standards – lange Haare. Keiner von uns trug dieselbe Uniform, wir trugen nicht zusammenpassende Hosen und Hemden. Wir hatten auch tolle Nachtsichtbrillen mit vier Röhren, Nachtsichtgeräte und Schalldämpfer an unseren Gewehren. Unsere taktische Ausrüstung war vom Feinsten. Jeder von uns war ein Profi, der genau wusste, was er für die Aufgabe benötigte, und es war dem einzelnen Operator überlassen, das mitzunehmen, was er für richtig hielt.

»Einige von denen tragen ihre Einlagen nicht«, sagte ein Soldat.

Der RECCE-Teamleader der Truppe zeigte dem Captain den Ziegenpfad auf der Karte. Er sollte mein Team durch das Gebiet führen.

»Wart ihr schon auf dem Pfad?«, fragte er.

»Ich habe ihn schon gesehen«, sagte ich. »Es geht steil bergauf. Wie sieht eure Zeitplanung aus?«

»Wir wollen zuschlagen und wieder zurück sein, bevor es hell wird«, sagte der RECCE (Führer des Aufklärungsteams).

»Das schafft ihr auf keinen Fall«, sagte der Army Captain. »Das Gelände ist extrem, das könnt ihr nicht einer Nacht schaffen.«

Da seine Einheit in dem Tal lebte, konnten wir kaum etwas dagegen einwenden. Sie kannten das Gelände bei Tageslicht.

»Wart ihr mal da oben?«, fragte der Troop Chief und zeigte auf die Zielgebiete.

»Wir sind einmal bis hier gekommen«, sagte er und wies auf einen Ort, der vor der Hälfte unseres geplanten Weges lag. »Wir brauchten sechs Stunden, wir hatten Feindkontakt und wurden in ein langes Gefecht verwickelt. Wir mussten uns aus dem Tal zurückziehen.«

Wir sprachen noch einige Minuten über den Plan.

Der Troop Chief schaute mich, Steve und die anderen Teamführer an.

»Was denkt ihr?«

Das Ziel war zu gut, um es aufzugeben. Auch mit drei Assaultern weniger und ohne Hund hatten wir immer noch genug Leute, um das Ziel zu säubern. Die Drohnen, die das Ziel beobachteten, meldeten keine größeren Bewegungen, also hatten wir obendrein das Überraschungsmoment auf unserer Seite. Wir ließen den Plan fallen, dass mein Team den Ziegenpfad hinaufsteigen sollte. Wir würden alle in einem einzigen Zug einen Teil des Tales die Straße hinaufgehen, uns dann aufteilen, in einem Bogen in höher gelegenes Gelände aufsteigen und das Ziel von oben angreifen.

»Machen wir's«, sagte ich, als der Troop Chief mich anschaute. Auch Steve nickte.

»Seid ihr noch dabei?«, fragte der Captain.

»Ja«, sagte der Troop Chief schließlich.

»Der Angriff auf den Stützpunkt heute Nacht könnte ein guter Vorwand für Aktivitäten unsrerseits sein«, sagte der Army Captain. »Wir könnten eine Patrouille losschicken, und ihr geht mit?«

Er wollte zwanzig Soldaten in ein Dorf in der Nähe aussenden, das nicht allzu weit südlich im Tal lag. Wir würden am Ende mitziehen und uns dann abspalten und heimlich ins Zielgebiet vorstoßen. Wenn man uns beobachtete, und das war höchstwahrscheinlich, würden sie hoffentlich darauf hereinfallen und dem Hauptteil der Patrouille folgen.

»Können wir noch Munition bekommen, bevor wir starten?«, fragte der Troop Chief.

»Sicher, ich hole euch welche.«

Der Captain organisierte eine Patrouille, während wir zurückgingen und mit den Männern, die im Kraftraum des Stützpunktes warteten, den Einsatz besprachen. Da lagen einige Hanteln, eine Hantelbank oder zwei und ein Langhantelständer in einem Raum herum, der nicht größer war als ein Arbeitszimmer zu Hause. Sandsäcke schützten den Raum vor Granaten.

Ich füllte mein Magazin auf und sorgte dafür, dass mein Team bereit war. Ich sah Walt und Charlie ebenfalls ihre Magazine befüllen. Walt war in Steves Team, und seit er aus dem Green Team gekommen war, war er eng mit Steve und mir befreundet.

Ich hatte von Walt schon gehört, als er im Green Team war. Alle East Coast SEALs schienen ihn zu kennen und hatten ein Auge auf ihn, als er sich zum Second Deck hocharbeitete.

Er reichte mir nur bis zu den Achselhöhlen, hatte zottiges Haar, und ein dichter brauner Bart bedeckte sein Gesicht. Er war klein, machte das aber mit übermütiger Großtuerei wieder wett. Ihn prägte eine gehörige Dosis des Kleiner-Mann-Syndroms, und seine Körperbehaarung war ungewöhnlich stark. Man hatte den Eindruck, der Typ könnte sich in wenigen Tagen einen Vollbart wachsen lassen.

Walt hatte eigentlich ein Jahr früher ins Green Team kommen sollen, doch er geriet irgendwie in Schwierigkeiten und musste seine Pläne um ein Jahr verschieben.

Walt und ich kamen sofort gut miteinander aus. Er schoss gerne und begeisterte sich wie ich für Waffen. Eines Tages lud ich ihn am Schießstand zur SHOT-Messe in Las Vegas ein, auf der es um Schießen, Jagd und Outdoorsport geht. Wenn es der Zeitplan zuließ, reisten wir jedes Jahr dorthin, trafen uns mit Händlern und sahen uns an, was es Neues an Waffen und Zubehör auf dem Markt gab.

Am ersten Tag der Reise stellte ich ihn allen Händlern vor. Am zweiten Tag fragten meine Kontakte, was Walt machte. Am dritten Abend fand ich Walt nach der Messe in einer Bar, wie er Hof hielt mit den Führungskräften der National Rifle Association. Er hatte eine Zigarre im Mund, klopfte andere freundschaftlich auf den Rücken und schüttelte Hände, als ob er sich für ein Amt bewerben wollte.

Alle liebten ihn.

Walt war der kleine Mann mit der großen Persönlichkeit.

Das Team drängte sich kurz zusammen, dann sagte ich ihnen, der Plan mit dem Ziegenpfad sei passé. Wir würden gemeinsam vorrücken.

»Wir gehen nun den Hauptpfad hinaus und stimmen uns dann weiter ab, während wir uns dem Ziel nähern«, sagte ich. »Noch Fragen?«

Alle schüttelten den Kopf.

»Nö«, sagte Charlie. »Das ist OK für uns.«

Es war wie Basketballspielen. Wir wussten, wie es ablaufen musste, und wir brauchten nur den grundlegenden Plan. Wenn man »schießen, sich bewegen und kommunizieren« kann, kommt der Rest von selbst. Wenn Operationen zu kompliziert werden, wird alles tendenziell langsam. Jeder Mann in diesem Kraftraum an jenem Abend hatte jahrelange Erfahrung. Außerdem änderte sich der Plan immer, also war es am besten, alles einfach zu halten. Wir hatten das zuvor auch schon so gemacht und vertrauten auf das Team.

Die Patrouille schlängelte sich durch das Tor und die gepflasterte Straße hinunter in Richtung Dorf. Es war eine gute Straße, wahrscheinlich mit amerikanischen Steuerdollars gebaut. Weniger als einen Kilometer vom Tor ließen wir uns allmählich hinter die Hauptgruppe zurückfallen, bogen dann rechts ab und gingen das Tal nach Westen hinauf.

Zwei Stunden lang folgten wir der Straße. Die Serpentinen wurden mit jeder Kehre steiler. Bald erreichten wir ein paar Autos. Ich sah einen Hilux-Pickup auf einer Seite und zwei Kombis mit Dachträgern. Im Vorbeigehen schaute ich durch die Windschutzscheiben. Alle Autos waren verlassen.

Bis hierher konnten sie fahren.

Es war das Ende der Straße. Der Weg wurde schmaler und steiler, je weiter wir in das Tal vordrangen. Mit jedem Schritt fühlte ich, wie die Höhe und das Gewicht meiner Ausrüstung mich bremsten. Ich wurde müde, und wir hatten noch nicht einmal die Hälfte der Strecke hinter uns gebracht. Ich hoffte, diese Schinderei würde sich auch lohnen.

Nach einer weiteren Stunde auf dem Pfad sah ich die Zielgebiete und mindestens zwei schwache Lichter in einem der Gebäude. Größtenteils versperrten Bäume die Sicht. Die Gebäude waren aus Stein und Lehm und schienen aus den Talwänden hervorzutreten.

Es wäre zwar leichter gewesen, weiter auf dem Hauptweg zu bleiben, aber wir wussten, dass es Wachposten für die Straße gab. Wir konnten nicht riskieren, entdeckt zu werden. Die Drohnen verzeichneten weiter Patrouillen, die sich zwischen den Bäumen um den Hauptweg und dem Zielgebiet bewegten.

Das Überraschungsmoment war von zentraler Bedeutung für uns. In den meisten Fällen war die schnellste Verbindung zwischen zwei Punkten in Kunar ein Ziegenpfad. Ich kannte das schon aus Alaska. Wir hatten keine andere Wahl, wir mussten einen anderen

Weg finden. Niemand wollte in diesem Tal sein, wenn die Sonne aufging.

»Wir werden direkt zum Kamm hinaufgehen und darum herumgehen«, hörte ich den RECCE-Teamführer über Funk sagen.

Ich konnte meine Beine förmlich schreien hören, aber ich wusste, es war die richtige Entscheidung. Der RECCE-Führer ging davon aus, dass wir den Ziegenpfad finden müssten, den mein Team ursprünglich nehmen sollte, wenn wir zum Bergkamm aufstiegen.

Vom Weg aus kletterten wir geradezu den Berg hinauf und suchten den Ziegenpfad. Mehrmals musste ich den Gurt meiner Waffe fester ziehen, damit ich die Felsblöcke vor mir beim Aufstieg besser umfassen konnte. Ich zog mich an der Bergflanke hinauf oder machte meine eigenen kleinen Spitzkehren beim Klettern. Keiner sprach, doch ich konnte meine Teamkameraden beim Anstieg ächzen hören.

Wir alle hielten das Ziel für sehr verlockend, und wir quälten uns ab, um unsere Feinde zu überraschen. Doch bei jedem Schritt peinigte mich der Gedanke, das Ziel könnte diese Schinderei nicht wert sein.

Nach ein paar Stunden Kletterei fanden wir endlich den Ziegenpfad. Meine Beine waren inzwischen jenseits jeder Schmerzempfindung, und mein Atem ging stoßweise, weil ich so erschöpft war. Aber nachdem wir den Pfad gefunden hatten, schöpften wir neue Hoffnung. Zweifellos waren unsere Jungs von der Aufklärung die Besten ihres Fachs, und ohne ihre sorgfältige Planung vor dem Einsatz hätten wir niemals Erfolg haben können.

Der Ziegenpfad war extrem schmal und führte über den Kamm. Auf einer Seite ragte die Felswand auf, auf der anderen ging es fast senkrecht ins Tal. Wir hatten keine Zeit, darüber nachzudenken, dass wir mit einem falschen Schritt eine fast senkrechte Wand hinunterstürzen könnten. Wir suchten nur eine Stunde lang den Weg, und bald würde die Dämmerung hereinbrechen, also drängte die Zeit.

Wir mussten uns beeilen.

Schließlich hatten wir Glück, und der Weg führte uns zu einer perfekten Position, die unweit über dem Zielgebiet lag. Es gab drei zentrale Gebäude mit einem Hof in der Mitte und mehrere kleinere Gebäude im Umkreis.

Am Fuße des Pfades lagen einige Felder, die wie Treppen in die Felswand geschlagen waren. Es war gerade nichts angebaut, und die Erde war trocken. Manchmal waren die Felder geflutet, und wir mussten uns durch den Schlamm kämpfen.

Wir bezogen Stellung auf den Stufen, mein Team auf der Stufe, die mit dem Haupt-Zielgebäude auf einer Ebene lag.

»Alpha in Position«, sagte ich über Funk.

Steves Team stieg eine Stufe höher über mein Team und ging zur rechten Flanke.

»Charlie in Position«, sagte Steve über Funk.

Das Bravo-Team stieg eine Stufe hinunter und konzentrierte sich auf die im Süden gelegenen Ziele, die weiter bergab lagen.

»Bravo in Position.«

Ich spürte, wie das Adrenalin meinen Körper flutete. Ich war nicht mehr müde, und mir tat nichts mehr weh. Alle meine Sinne waren geschärft, und wir waren alle in Alarmbereitschaft. Wenn unser Plan glückte, würden wir den Feind überraschen. Wenn etwas schief lief, steckten wir in einem Feuergefecht auf engem Raum.

»Zugriff«, sagte der Troop Chief über Funk. »Schön langsam.«

Wir schlichen nach vorn. Alles war ruhig und jeder Schritt genau überlegt. Nichts war aufregender, als auf feindliches Zielgebiet zu schleichen, manchmal direkt in die Häuser der feindlichen Kämpfer, während sie schliefen. Das war nicht wie bei anderen

Einheiten, die auf Beschuss an der Straße oder auf einen Hinterhalt reagieren mussten. Unsere Taktik war nicht festgelegt. Wir unterschieden uns durch unsere Erfahrung und wussten, wann wir gewaltsam und entschlossen handeln mussten und wann wir geduldig und ruhig bleiben mussten.

Ich spürte mein Herz in meiner Brust pochen. Jeder Ton erschien überlaut. Wir machten vier oder fünf Schritte und hielten dann an. Ich setzte meine Waffe ab, sah durch meinen Laser vom Fenster zur Tür zur Gasse, ob irgendwo eine Bewegung auszumachen war. Ich sah, dass meine Teamkameraden dasselbe taten.

»Geht langsam«, dachte ich. »Langsam ist leise.«

Als ich das erste Gebäude erreichte, drehte ich am rostigen Türknauf der dicken Holztür.

Verschlossen.

Charlie probierte es an einer ebensolchen Tür am Gebäude daneben. Sie war ebenfalls verschlossen.

Niemand sprach. Wir benutzten keine tollen Hand- und Armsignale der Navy SEALs. Ich nickte Charlie nur zu, und wir gingen um das Gebäude herum auf die andere Seite, die zum Hof ging.

Ein kleines Tor führte in den Hof. Walt griff nach oben und durchschnitt die Schnur mit einem Laken, das den Weg versperrte.

Steve, Walt und ihre Männer gingen hinein und postierten sich vor zahlreichen Türen auf dem Hof. Ich sah einen Scharfschützen der Aufklärung mit einem Nachtsichtgerät auf dem Dach. Er suchte ein ausgetrocknetes Bachbett nach Wachen ab, das am äußeren Bereich des Zielgebiets in Nord-Süd-Richtung verlief.

Der Point Man in meinem Team führte uns durch dasselbe Tor, und wir näherten uns der Eingangstür unseres Gebäudes.

Walt probierte die Tür dieses Gebäudes, und sie war unverschlossen.

Er öffnete sie langsam und sah einen Mann mit einer Taschen-lampe herummachen. Als Walt in den Raum trat, um den Mann zu überwältigen, setzte sich ein anderer Mann auf, der unter De-cken gelegen hatte. Er trug eine Kampfmittelweste und hatte eine Kalaschnikow neben sich. Walt und ein weiterer SEAL, der hin-ter ihm hereinkam, eröffneten das Feuer, und sie töteten beide Männer. Auf der anderen Seite von Walts Zimmer öffnete Steve die Tür zu einem Raum und fand eine Gruppe Frauen und Kinder. Steve ließ ein Mitglied seines Teams in dem Raum zurück und führte den Rest seiner Männer zu einer weiteren Tür in dieser Wand.

Auf der Rückseite des Gebäudes, das Steves Team säuberte, suchte ein Scharfschütze der Aufklärung nach herumstreifenden Wachen. Als er den Weg absuchte, der durch das Tal führte, er-spähte er durch ein Fenster ein halbes Dutzend Talibankämpfer, die zu ihren Gewehren griffen. Er eröffnete sofort das Feuer, ge-rade als Steve und sein Team die Tür des Raumes erreichten.

Steve stieß die Tür auf und sah die Kämpfer hastig Deckung su-chen.

»Handgranate!«

Ein Teamkamerad stieß die Tür gerade weit genug auf, um die Granate zu den überraschten feindlichen Kämpfern hineinzusto-ßen. Ich hörte den gedämpften Knall, als die Splitter der Handgra-nate die Kämpfer töteten.

Wir erreichten gerade die Tür unseres Gebäudes, da hörte ich, dass ein zweiter Scharfschütze mit seiner schallgedämpften Waffe das Feuer eröffnete. Ein Wächter saß auf einem Felsblock mit Blick auf den Hauptweg. Er hatte eine Kalaschnikow auf dem Rücken und eine RPG neben sich.

Mein Point Man stieß die Haustür auf und trat in den ersten Raum. Das Haus hatte einen Lehmboden, und im Raum waren

Tüten mit Essen, Kleidern und Öldosen verstreut. Aus dem Augenwinkel sah ich, wie der Point Man das Feuer eröffnete. Ein Kämpfer wollte mit dem Gewehr in der Hand aus dem Fenster springen. Die Kugeln durchlöcherten seinen Rücken und sein Hinterteil, als er aus dem Fenster stürzte.

Draußen hörte ich, wie einer der Schützen mit der Squad Automatic Weapon oder SAW heiß lief.

WAAAAAAMMMM!

Das Echo der Feuerstöße war im ganzen Tal zu hören. Das erschreckte mich, denn wir hatten alle Schalldämpfer auf den Waffen.

»Bewegung von Norden«, hörte ich über Funk von der Einsatzleitung.

Wir bekamen die Nachricht, dass Kämpfer sich von weiter oben im Tal auf unsere Position zubewegten. Jetzt entwickelten sich rasch drei separate Gefechte, und wir wurden über zusätzliche Kämpfer informiert, die unsere Position ansteuerten.

Der SAW-Schütze und das Team Bravo agierten weiter direkt unter uns im Tal. Das Bravo-Team tötete fünf weitere Kämpfer, die mit RPGs und schweren Maschinengewehren in Stellung gehen wollten. Der SAW-Schütze gab einen weiteren Feuerstoß von dreißig Sekunden ab und durchsiebte den letzten Wachposten, der sich zwischen Felsblöcken im ausgetrockneten Flussbett versteckt hatte.

Minuten später hörte ich das Brummen einer AC-130. Über Funk hörte ich den Troop Commander sagen, die AC-130 würde denen, die sich vom Norden aus bewegten, einheizen.

»Du hast das gehört«, sagte ich zu meinem Teamkameraden.

Ich ließ ihn mit einem weiteren SEAL im Gebäude zurück und säuberte mit Charlie einen Durchgang zwischen diesem Gebäude und dem darunter gelegenen. Die Gebäude lagen auf denselben abgestuften Ebenen wie die Felder, die wir zuvor passiert hatten.

Der Durchgang war schmal, und das Ende war nicht zu sehen, weil die Wände mit allerlei Müll zugestellt waren. Ich verhedderte mich immer wieder in Kleidern, die zwischen beiden Gebäuden auf Leinen hingen.

Da dieser Durchgang so schmal war, stellten Charlie und ich uns an gegenüberliegenden Wänden auf. Ich deckte seine Seite mit meinem Laser, und ich sah seinen Laser vor mir über den Durchgang zur Wand schwenken. Jeder Winkel musste gesichert werden.

Wir schlichen so leise wie möglich den Durchgang hinunter. Schnellste Sicherung war hier wichtig. Wir gingen schnell, wenn es nötig war, wurden dann aber wieder langsam und leise. Wir hatten etwa die Hälfte des Weges zurückgelegt, als Charlie das Feuer eröffnete.

POP, POP, POP.

Ich bewegte mich nicht. Was vor mir war, konnte ich nicht sehen. Charlie gab einen kurzen Feuerstoß ab und bewegte sich dann wieder vorwärts. Ich blickte für einen Sekundenbruchteil nach vorn und sah einen Kämpfer drei Schritte vor mir an der Wand nach unten gleiten. Als er zu Boden fiel, ließ er eine Schrotflinte fallen.

Normalerweise trugen wir etwa dreißig Kilogramm schwere Ausrüstung bei uns, einschließlich der schusssicheren Einlagen. Charlie hatte seine auch herausgenommen.

Als wir den ganzen Weg bis zum Ende gesäubert hatten, machten wir kurz halt, um uns zu orientieren.

»Wenn ich heute Nacht erschossen werde, sollte meiner Mama lieber niemand sagen, dass ich meine Einlagen nicht getragen habe«, flüsterte ich Charlie zu.

»Abgemacht«, sagte Charlie. »Dasselbe gilt für mich.«

Kurze Zeit später hörten wir die Entwarnung über Funk. Das Ziel war gesichert, nun kam noch die SSE (sensitive site exploitation = sensible Zielortauswertung; A.d.Ü.). Wir machten Fotos von den Leichen, sammelten alle Waffen und Sprengkörper ein sowie USB-Sticks, Computer und Papiere.

SSE hatte sich im Laufe der Jahre entwickelt. Mit ihrer Hilfe wurden die Vorwürfe widerlegt, wir hätten unschuldige Bauern getötet anstelle von Kämpfern. Wir wussten, wenige Tage nach dem Angriff würden die Dorfältesten beim NATO-Stützpunkt vor Ort klagen, wir hätten unschuldige Zivilisten getötet. Die Art unschuldiger Zivilisten, die wir kannten, hatten Kalaschnikows und RPGs, und das konnten wir nun beweisen. Je mehr unsere SSE erbrachte, desto mehr Beweise hatten wir, dass wir nur Kämpfer erschossen hatten.

»Die Zeit drängt, Freunde, also beeilt euch«, sagte der Troop Chief. »Wir haben immer noch die Bewegungen im Norden. «

Seine Stimme ging unter im Donner der 120-mm-Granaten der AC-130, die weiter oben im Tal niedergingen. Ich sah auf die Uhr. Es war schon deutlich nach vier Uhr früh. Der Morgen nahte bedrohlich, und seit das Feuergefecht begonnen hatte, meldeten die Drohnen, dass immer mehr Kämpfer auf dem Weg in unsere Richtung waren.

Nachdem die Fotos gemacht waren, stapelten wir alle Waffen und Munition im Hof und brachten Sprengladungen mit einer Verzögerung von fünf Minuten an.

Angeführt von den RECCE-Jungs schlichen wir uns schnell und leise auf demselben Weg davon, den wir gekommen waren. Als wir vom Zielgebäude wegrannten, hörte ich die Explosion und sah einen kleinen Feuerball, der den Hof erleuchtete. Die Sprengladungen zerstörten Waffen und Munition der Kämpfer.

Der Marsch zurück war leichter als der Weg hinauf. Wir waren high vom Adrenalin nach diesem Feuergefecht. Auf dem Rückmarsch den Berg hinunter mussten wir einige Male anhalten und die zusätzliche Luftunterstützung zu diversen Gruppen von Kämpfern dirigieren, die nach uns suchten. Wir wollten das Tal möglichst schnell verlassen, auf alle Fälle vor Tagesanbruch.

Drei Stunden, nachdem wir das Zielgebiet gesäubert hatten, erreichten wir wieder den Stützpunkt. Die Jungs sackten erschöpft an der Wand zu Boden. Alle waren total erledigt. Wir zogen Wasser in uns rein, Power Gel und was wir sonst noch in die Finger bekamen.

Im Operations Center gaben wir dem Captain alles von der SSE, damit er den Dorfältesten Beweise zeigen konnte, wenn sie zu ihm kamen und sich beschwerten.

»Wir hatten siebzehn EKIA«, berichtete der Troop Chief dem Captain, das bedeutet, wir töteten siebzehn Kämpfer. »Wir vermuten, durch die AC-130 wurden sieben oder acht weitere getötet. «

Der Army Captain war erstaunt, als er die Bilder auf dem Computer sah. Er und seine Männer bekamen kaum einmal die Chance, offensiv gegen den Feind vorzugehen. Sie mussten die Dörfer und Straßen schützen, die in das Tal hinein und aus dem Tal hinaus führten. Es war wirklich gut zu wissen, dass wir Talibankämpfer eliminiert hatten, die den Außenposten beharrlich angegriffen hatten.

Im Hubschrauber auf dem Rückweg nach Dschalalabad hatte ich schließlich Zeit, über die Mission nachzudenken. Ich saß im Dunkeln in der Nähe der Rampe und war erstaunt, dass wir eine so dynamische Operation ohne Verluste hatten durchziehen können.

Vom Marsch in die Berge bis zum Angriff war es ein Überfall gewesen, wie er im Buche stand, einschließlich aller Lektionen, die wir bei früheren Missionen gelernt hatten.

Anstatt einzufliegen und uns abzuseilen, schlichen wir uns leise an.

Anstatt alle Türen aufzureißen, gingen wir leise hinein und überraschten die Kämpfer.

Anstatt zu laut schreien und in die Häuser einzubrechen, benutzten wir Schalldämpfer und waren so leise wie möglich.

Wir nahmen ihre Pfade, waren mit wenig Gepäck unterwegs und hatten sie mit ihren eigenen Waffen geschlagen. Insgesamt hatten wir ein Ziel mit über einem Dutzend gut bewaffneten Kämpfern gesäubert, ohne Verluste zu erleiden. Der Überfall war der Beweis, dass gute Planung und verdeckte Aktion tödliche Waffen waren.

KAPITEL 9

Da ist was im Busch

Ich stand in meinem Garten, krümmte die nackten Zehen im Gras und schaute hinauf in den blauen Himmel.

In Amerika war der Frühling angekommen. Noch vor drei Wochen war ich über den groben Schotter in einem amerikanischen Feldlager gestolpert und hatte versucht, mich im kalten afghanischen Winter irgendwie warm zu halten. Monatelang nur Eis, Schnee oder eisiger Schlamm. Da ich seit dem 11. September 2001 ständig in einem Wüstenstaat im Einsatz war, wusste ich mittlerweile einfache Freuden wie einen schönen grünen Rasen zu schätzen.

Ich war froh, wieder daheim zu sein.

Mein letzter Einsatz war überwiegend ruhig verlaufen. Das ist im Winter oft so; die Aufständischen ziehen sich nach Pakistan zurück und warten, bis es wieder wärmer wird. Meine drei Wochen Urlaub neigten sich dem Ende zu, mein Team sollte bald nach Mississippi zum Schießtraining. Ich freute mich schon darauf, nach dem Urlaub wieder loszulegen. Bei solchen Übungen konnten wir es locker angehen lassen.

Zum ersten Mal seit Langem war Steve nicht mit dabei. Seine Zeit als Teamführer war abgelaufen. Nach unserem letzten Einsatz wechselte er als Ausbilder zum Green Team. Es gab keine großen Abschiedsreden. Wir kamen zurück und verstauten unsere Ausrüstung. Und nach dem Urlaub fing Steve gleich als Ausbilder bei der nächsten Trainingsklasse an.

Ich war an jenem Morgen schon früh da, weil ich noch ein bisschen im Kraftraum trainieren und meinen Kram für die Übung packen wollte. Prompt traf ich auf Steve.

»Ich brauche eine Pause«, sagte Steve. »Es läuft gut mit dem Green Team, und unser alter Job hat mit all diesen neuen Regeln keinen Spaß mehr gemacht.«

»Das verstehe ich ja«, sagte ich. »Aber versuch's doch noch einmal als Teamführer, dann sehen wir weiter.«

Alle im Team waren erfahrene Kämpfer. Im Schnitt hatte jeder mindestens ein Dutzend Einsätze hinter sich. Doch obwohl die Einsätze dicht aufeinander folgten und die Trennung von der Familie hart war, wollten die meisten immer wieder los.

»Das wird nur eine kurze Unterbrechung«, sagte ich zu Steve. »Du bist bald wieder bei uns.«

»Damit wir beide noch ein bisschen an unseren PowerPoint-Präsentationen feilen können«, scherzte Steve.

In Afghanistan wurde alles immer schwieriger. Mit jedem neuen Einsatz gab es neue Vorschriften und Einschränkungen. Bevor ein Einsatz genehmigt wurde, waren stundenlange PowerPoint-Präsentationen nötig. Anwälte und Offiziere brüteten über dem letzten Detail, um zu gewährleisten, dass die afghanische Regierung keine Einwände gegen unsere Pläne erheben würde.

Uns fiel auf, dass bei den Einsätzen immer weniger Spezialkräfte und dafür mehr Leute aus anderen Einheiten dabei waren. Bei Operationen begleiteten uns Soldaten der afghanischen Streitkräfte, die als Zeugen gegen eventuelle Vorwürfe und falsche Anschuldigungen dienen sollten.

Die Politiker verlangten von uns, für ihre politischen Lösungen alles zu ignorieren, was wir gelernt hatten, vor allem die Lektionen, die wir mit unserem Blut bezahlt hatten. Jahrelang hatten wir uns in Häuser geschlichen und die Kämpfer überrascht.

Jetzt nicht mehr.

Bei unserem letzten Einsatz gab es eine neue Vorschrift, die verlangte, dass wir die Bewohner herausrufen mussten, bevor wir ein Haus stürmten. Wenn wir ein Gebäude umstellt hatten, musste ein Dolmetscher zum Megafon greifen und die Kämpfer auffordern, mit erhobenen Händen herauszukommen, ganz wie es die Polizei in den USA machte. Wenn alle draußen waren, durchsuchten wir das Haus. Wenn wir Waffen fanden, verhafteten wir die Leute, aber selbst dann sahen wir sie bald wieder auf freiem Fuß. Oft genug nahmen wir in der Zeit, in der wir im Land waren, immer wieder denselben Mann gefangen.

Wir hatten das Gefühl, dass wir mit der einen Hand Krieg führten, während die andere damit beschäftigt war, endlose Formulare auszufüllen – Papierkrieg. Wenn wir Gefangene machten, brauchten wir zwei bis drei Stunden, um den Papierkram zu erledigen. Die erste Frage an einen Gefangenen auf dem Stützpunkt lautete immer: »Wurden Sie misshandelt?« Wenn er Ja sagte, gab es eine Untersuchung – und noch mehr Formulare und Schreibarbeit.

Und der Feind hatte die Vorschriften natürlich schnell durchschaut.

Die Taktik unserer Gegner entwickelte sich so schnell weiter wie unsere. Bei meinen ersten Stationierungen blieben die Aufständischen noch stehen und kämpften. Doch in letzter Zeit versteckten sie einfach all ihre Waffen, weil sie wussten, dass wir nicht auf sie schießen durften, wenn sie unbewaffnet waren. Unsere Gegner kannten die Einsatzregeln für unsere Streitkräfte und wussten, dass sie bei einer Gefangennahme einfach unser System durchliefen und schon ein paar Tage später wieder zurück in ihren Dörfern waren.

Es war frustrierend. Unser Job verlangte uns einige Opfer ab, aber wir waren bereit, daheim alles aufzugeben, um hier unsere Arbeit zu machen, allerdings nach unseren Bedingungen. Je mehr Vorschriften uns auferlegt wurden, desto schwieriger wurde es, das Risiko zu rechtfertigen, das wir auf uns nahmen. Es ging immer mehr um die Vorbereitung des Truppenabzugs als darum, die richtigen taktischen Entscheidungen zu treffen.

»Viel Glück«, wünschte mir Steve. »Wer weiß, was nächstes Jahr kommt?«

Ich lachte.

»Luftpistolen vielleicht«, sagte ich. »Taser-Waffen und Gummigeschosse?«

Das Kommando war so klein, dass ich Steve noch oft begegnen sollte, doch bei unserem nächsten Einsatz in Afghanistan würde er uns fehlen.

Ich brachte schnell meine Ausrüstung in Ordnung und machte mich wieder auf den Heimweg. Mit dem Frühling wurde es warm in Virginia Beach. Noch nicht so warm, dass man im Meer schwimmen konnte, aber immerhin T-Shirt-Wetter. Ich legte mich ins Zeug, weil ich daheim möglichst viel erledigen wollte, bevor ich wieder weg musste.

Ganz oben auf der Liste stand Rindenmulch für den Garten.

Als ich heimkam, stand schon ein alter, zerbeulter Ford-Pickup in der Einfahrt. Der Lieferant hatte eine Plane ausgelegt und darauf einen großen Haufen Mulch abgeladen. Er schippte den Mulch mit einer Mistgabel auf seine Schubkarre, brachte die Ladung zum Blumenbeet und kam dann wieder zurück. Ein Ein-Mann-Unternehmen.

Ich schlenderte zu ihm und plauderte ein bisschen, während er die Schubkarre belud. Ich kannte ihn nicht, aber Kameraden hatten ihn mir empfohlen. Eigentlich könnte ich selbst Mulch auf den Beeten ausbringen, aber da ich so wenig Zeit hatte, stellte ich lieber jemanden dafür an.

»Du bist bei den Teams, stimmt's?«, fragte der Mann.

»Ja.«

Nach seinem Aussehen zu schließen, hätte er auch ein SEAL sein können, nur die lange Surfer-Frisur störte. Er war groß und drahtig, beide Arme waren mit Tattoos bedeckt. Er trug ein zerschlissenes Surf-T-Shirt und abgetragene Arbeitshosen.

»Hab ich mir gedacht, du siehst so aus«, meinte er und stellte die Schubkarre ab. »Ich komme gerade von Jay. Kennst du ihn?«

»Er ist mein Chef«, sagte ich. »Nächste Woche gehen wir zusammen zum Schießtraining.«

Jay war der Commander unserer Squadron, ich kannte ihn aber nicht gut. Er hatte den Posten vor unserer letzten Stationierung übernommen. Bei unseren Einsätzen war er selten dabei, daher hatte ich noch nie richtig mit ihm zusammengearbeitet. In seiner Position leitete er normalerweise das Joint Operations Center (JOC) und half uns bei der Suche nach Schlupflöchern im Dickicht der Vorschriften, damit unsere Einsätze genehmigt wurden.

Wir bezeichneten unsere Offiziere manchmal als »Aushilfen«, weil sie nur ein paar Jahre dabei blieben, bis sie die nächste Sprosse auf der Karriereleiter erklommen. Sie wechselten von einer Stelle zur nächsten und waren nie lange genug dabei, um richtig Wurzeln zu schlagen wie unsereins. Wir blieben viel länger bei einem Team. Jay war mein vierter Commander, seit ich bei der Squadron war.

»Er hat wohl gerade ziemlich viel zu tun«, meinte der Mulchmann.

Ich war überrascht, schließlich hatten wir seit drei Wochen Urlaub. Nach einem Einsatz wollen die meisten einfach nur ihre Ruhe. Es war normal, dass jemand in Jays Position viel Arbeit mit der Koordination und Planung hatte. Aber es war doch seltsam, dass Jay gerade jetzt so beschäftigt war, obwohl wir alle noch Urlaub hatten.

»Wovon sprichst du?«

»Ich habe gestern seinen Garten gerichtet«, meinte er und schippte fleißig weiter. »Da ist irgendwas im Busch, er war deshalb in D.C.«

»Was?«, fragte ich verwirrt. »Aber er geht doch in zwei Tagen mit uns nach Mississippi.«

Der Arabische Frühling war damals in vollem Gang. Ägypten hatte eine neue Regierung, und überall im arabischen Raum und in Nordafrika gab es Proteste. In Libyen tobte der Bürgerkrieg, und die Rebellen forderten die Unterstützung der NATO. Angesichts der angespannten Situation in Syrien, ganz zu schweigen vom Horn von Afrika und Afghanistan, konnte man unmöglich vorhersagen, was sich da entwickeln würde.

Wir wurden wöchentlich über weltweit bestehende oder zu erwartende Bedrohungen informiert. Unsere Abteilung für Aufklärung ging jede Region durch, Brennpunkte wie Libyen erhielten natürlich besondere Aufmerksamkeit. Am Ende der Ausführungen standen normalerweise immer die neuesten Informationen aus Afghanistan und dem Irak und die dortigen Einsätze. Je besser informiert wir waren, desto besser waren wir vorbereitet.

Es war nicht ungewöhnlich, dass wir uns auf einen Einsatz vorbereiteten und Übungen durchführten, obwohl wir noch keine Genehmigung aus Washington hatten. Manchmal, wie im Fall von Captain Phillips, durften wir los. Aber meistens warteten wir vergeblich, weil der Einsatz wieder abgeblasen wurde. Im Lauf der

Jahre hatten wir gelernt, uns auf die Aufgabe zu konzentrieren, die vor uns lag, und die Spekulationen anderen zu überlassen. So schonten wir wenigstens unsere Kräfte, auch wenn sonst nichts dabei herauskam.

Ich machte mir keine weiteren Gedanken mehr über das, was der Mulchlieferant gesagt hatte, und war dankbar, dass ich Teamführer und kein Offizier war. Offiziere werden zehnmal mehr hin- und hergeschoben als unsereins. Wie auch immer, in Mississippi würden wir erst einmal unseren Spaß haben.

Das Training in Mississippi verlief ganz anders als damals beim Green Team. Ich musste mir keine Gedanken mehr darüber machen, wen ich bei den fünf Schlechtesten des Teams nennen würde oder dass ich womöglich nach Hause geschickt werden könnte, weil ich das CQB-Training nicht bestand. Wir verbrachten den halben Tag auf der Schießanlage und die andere Hälfte rannten wir durchs Kill House und arbeiteten daran, unser Fähigkeiten zu verbessern und darauf zu achten, dass wir alles absolut synchron ausführten. Wir hatten ein paar Neue in der Truppe und mussten dafür sorgen, dass sie mit unserem Tempo mithalten konnten.

Niemand erwähnte das Fehlen von Jay und Mike, dem Master Chief und damit ranghöchsten SEAL der Einheit. Aber die Worte des Mulchlieferanten gingen mir nicht mehr aus dem Kopf. Ich fragte mich, was da in Washington vorging.

Am Donnertag war das Training zu Ende. Auf dem Weg zum Flughafen bekam ich eine SMS von Mike.

»Treffen 0800.«

Mike war ähnlich kräftig gebaut wie Charlie, mit dicken Oberarmen und breiter Brust. Er war bei der DEVGRU, seit ich bei der Navy war. Wie Jay nahm er eher selten an Einsätzen teil.

Auf dem Heimweg stellte ich fest, dass die Nachricht auch noch an ein paar andere aus der Squadron gegangen war. Charlie rief mich noch am selben Abend an.

»Hast du die SMS bekommen?«, fragte er.

»Ja. Hast du eine Ahnung? Irgendwas gehört?«, sagte ich.

»Nein. Ich weiß nur, dass Walt auch eine SMS bekommen hat. Da gibt es wohl eine Liste.«

Charlie zählte noch ein paar weitere Namen auf. Das ergab kein komplettes Team, aufgeführt waren immer nur die Ranghöheren aus den einzelnen Teams.

»Ich wüsste zu gern, worum es geht«, sagte ich. »Klingt suspekt.«

Früh am nächsten Morgen war ich zur Stelle, zog meine »Arbeitsuniform« an – Wüstentarn von Crye Precision und Laufschuhe von Salomon – und legte mein Handy in meinen Käfig.

Die Besprechung fand in unserem abhörsicheren Konferenzzimmer statt, in dem keine Handys zugelassen waren. Der Raum befand sich in einer Etage, die als »Sensitive Compartmented Information Facility«, abgekürzt SCIF, ausgesprochen »Skiff«, ausgewiesen war, als zugangsbeschränkter Bereich für sicherheitssensible Informationen. Hier wurden vertrauliche und geheime Informationen bearbeitet. Wir hatten spezielle Ausweise, mit denen wir die Sicherheitsschleusen passierten. Die Wände der Abteilung waren mit Blei verkleidet und damit abhörsicher.

Die vier Flachbildschirme im Konferenzzimmer waren dunkel. An der Wand hingen weder Bilder noch Landkarten. Wir hatten keine Ahnung, was uns erwartete. Ich nahm mir einen Stuhl und setzte mich an den runden Konferenztisch in der Mitte des Raums. Ich sah Walt, Charlie und Tom, meinen ehemaligen Ausbilder vom Green Team. Er nickte mir zu.

Tom war Steves früherer Chef. Es war komisch, dass Steve nicht dabei war. Seit acht Jahren war ich bei Einsätzen immer mit ihm zusammen gewesen. Selbst wenn das jetzt wieder einmal eine Mission war, die im Sande verlief, und wir nur sinnlos hin- und hergeschoben wurden, war es komisch, sich auf einen Einsatz vorzubereiten, bei dem Steve nicht mit von der Partie war. Doch ich konnte mir vorstellen, dass uns Steve, wenn wieder nichts aus dem Einsatz wurde, eine lange Nase drehen würde.

Mittlerweile hatten sich fast dreißig Leute im Raum versammelt, darunter SEALs, ein Sprengstoffexperte und zwei Jungs vom Support. Als alle da waren, setzte sich Mike an den Tisch und begann mit dem Briefing. Jay fehlte schon wieder, obwohl er unser Commander war. Mike schien sich ein bisschen unbehaglich zu fühlen und nannte nicht viele Einzelheiten.

»Wir werden eine gemeinsame Bereitschaftsübung durchführen und in North Carolina trainieren«, sagte Mike und teilte eine Packliste für die erforderlichen Ausrüstung aus. »Ich habe nur spärliche Informationen. Packt einfach die Standardausrüstung, am Montag erfahrt ihr mehr.«

Ich überflog die Liste. Nichts – weder die Waffen noch die Werkzeuge oder Sprengstoffe – war irgendwie speziell oder gab einen Hinweis auf unseren Einsatz.

»Wie lange werden wir weg sein?«, fragte einer.

»Das steht nicht fest«, antwortete Mike. »Wir brechen am Montag auf.«

»Haben wir Schlafplätze oder brauchen wir Zelte?«, fragte Charlie.

»Unterkunft und Verpflegung sind vorhanden«, sagte Mike.

Ein paar Jungs hatten noch ähnliche Fragen, aber Mike wiegelte alle ab. Ich hob die Hand und wollte ebenfalls eine Frage stellen, weil ich neugierig war, wie unsere Organisationsstruktur aussehen würde. Immerhin waren lauter erfahrene Leute dabei, die aus verschiedenen Teams zusammengewürfelt worden waren. In den meisten Teams schleppt der Neue die Leiter und den Vorschlaghammer. Aber wenn ich mich hier so umsah, waren nur die altgedienten Recken dabei. Im Grunde war hier eine Art Dream-Team zusammengestellt worden.

Doch bevor ich mich zu Wort melden konnte, sah Tom mich an und schüttelte den Kopf. Tom war stets ruhig und gelassen. Ich war eher ein bisschen vorlaut. Mir schwirrten tausend Fragen durch den Kopf, die ich alle beantwortet haben wollte. Dass ich nicht wusste, was wir vorhatten, fuchste mich, vor allem, weil ich das Gefühl hatte, dass wir wieder einmal sinnlos herumgeschubst wurden.

»Konzentrieren wir uns aufs Packen«, sagte Tom beim Gehen. »Am Montag wissen wir mehr.«

Wir alle wussten, was wir zu tun hatten und was wir packen mussten. Ich ging zu den Käfigen und traf auf einen meiner Jungs.

»Hi Kumpel«, sagte ich. »Du musst mir deinen Vorschlaghammer leihen.«

Ranghöhere, die sich Ausrüstungsgegenstände wie etwa einen Vorschlaghammer leihen, hat man nicht alle Tage. Das warf natürlich Fragen bei meinem Kameraden auf.

»Kannst du haben«, sagte er. »Aber warum muss ich schon wieder meinen Vorschlaghammer rausrücken?«

Darauf wusste ich keine rechte Antwort.

»Eine Übung«, sagte ich. »Heute wurden wir zusammengerufen und haben erfahren, dass wir nach North Carolina gehen. Das nennt sich gemeinsame Bereitschaftsübung.«

Ich klang genauso wenig überzeugend wie Mike. Mein Kamerad sah mich nur an, das »Was zum Teufel?« stand ihm ins Gesicht geschrieben.

Im Lagerraum unserer Einheit beluden wir zwei ISUs – kleine, rechteckige Transportcontainer – mit unserer Ausrüstung. Das dauerte fast den ganzen Tag, doch am Ende waren Werkzeuge, Waffen und Sprengstoffe verstaut.

Beim Packen wurde eifrig spekuliert. Ein paar Jungs glaubten, dass wir in einigen Wochen in Libyen eingesetzt werden würden. Andere vermuteten Syrien oder sogar Iran. Charlie dachte offensichtlich über alle Fragen und fehlenden Antworten lange nach und wagte dann den wildesten Tipp.

»Wir sollen uns OBL schnappen«, sagte er.

Er meinte Osama bin Laden. Da es im Englischen keine verbindliche Transkription fürs Arabische gibt, verwendeten wir die Schreibweise von FBI und CIA.

»Wie kommst du denn darauf?«, fragte ich.

»Also, als wir nach Schlafplätzen fragten, hieß es, dass es dort einen Stützpunkt mit der entsprechenden Infrastruktur gibt«, erklärte Charlie. »Wenn wir dafür keine Ausrüstung brauchen, gehen wir entweder in den Irak oder nach Afghanistan. Irgendwohin, wo es einen amerikanischen Stützpunkt gibt. Ich sage, wir gehen nach Pakistan, operieren aber von einem Stützpunkt in Afghanistan aus.«

»Niemals«, sagte Walt. »Aber wenn doch – ich war in Islamabad. Das ist ein Drecksloch.«

Walt und ich waren schon einmal auf einer aussichtslosen Jagd auf Bin Laden und seine wallenden weißen Gewänder gewesen.

Das war 2007 bei meiner sechsten Stationierung. Ich arbeitete damals für die CIA auf dem Stützpunkt Chapman in der Provinz Chost. Dort hatten auch die Flugzeugentführer der Anschläge vom 11. September 2001 trainiert. Al-Qaida- und Taliban-Kämpfer hielten sich ständig in Chost auf, sie gelangten problemlos über die Grenze aus dem benachbarten Pakistan ins Land und wieder zurück.

Etwa zur Halbzeit unserer Stationierung wurde die ganze Squadron von verschiedenen Stützpunkten im ganzen Land nach Dschalalabad beordert. Einer der wichtigsten Informanten der CIA zu Bin Laden hatte gemeldet, er habe den Anführer von al-Qaida in der Nähe von Tora Bora gesehen – genau dort, wo ihn amerikanische Truppen 2001 beinahe gefasst hätten.

Die Schlacht um Tora Bora begann am 12. Dezember 2001 und dauerte fünf Tage. Man nahm an, dass sich Bin Laden in einem Höhlensystem in den Weißen Bergen in der Nähe des Chaiber-Passes versteckte. Das Höhlensystem hatte schon vielen afghanischen Kämpfern als Zufluchtsort gedient, die CIA hatte in den Achtzigerjahren sogar einen Teil des Ausbaus finanziert, um die Mudscheddin im Kampf gegen die sowjetischen Besatzer zu unterstützen.

Bei der Schlacht um Tora Bora stürmten die amerikanischen und afghanischen Truppen die Stellungen der Taliban- und al-Qaida-Kämpfer, konnten Bin Laden jedoch weder töten noch gefangen nehmen. Und jetzt berichtete der CIA-Informant, Bin Laden sei wieder dort aufgetaucht!

»In Tora Bora wurde ein großgewachsener Mann mit wallenden weißen Gewändern gesehen«, erklärte der Commander. »Wahrscheinlich ist er zurück, um letzten Widerstand zu leisten.« Das war 2007, also sechs Jahre nach den Anschlägen vom 11. September. Seitdem hatte es keine fundierten Informationen über Bin Ladens Aufenthaltsort gegeben. Wir wollten nur zu gern glauben, dass er dort war, aber irgendwie passten die Details nicht so recht zusammen.

Dennoch sollten wir nach Tora Bora fliegen, das an der afghanisch-pakistanischen Grenze liegt, zwischen Chost und Dschalalabad, und Bin Ladens mutmaßlichen Aufenthaltsort stürmen. In der Theorie klang das wunderbar, doch die ganze Operation basierte auf der Aussage eines einzigen Informanten. Eine einzelne Aussage erwies sich selten als fundiert. Niemand konnte den Bericht bestätigen, obwohl Dutzende Drohnen Tag und Nacht über Tora Bora kreisten. Die Operation sollte eigentlich nur wenige Tage nach unserer Ankunft stattfinden, wurde aber immer wieder verschoben.

Jeden Tag gab es andere Ausflüchte.

»Wir warten auf die B-Bomber.«

»Die Rangers sind noch nicht vor Ort.«

»Die Special Forces mit ihren afghanischen Partnereinheiten sind noch unterwegs.«

Wir hatten allmählich den Eindruck, dass alle Generäle in Afghanistan an der Operation beteiligt sein wollten. Einheiten aus allen Truppenteilen wurden hinzugezogen. Am Abend vor dem Einsatz wurden Walt und ich ins Lagezentrum beordert.

»Da hat sich was getan, deshalb wollen wir, dass ihr beide mit dem pakistanischen Militär zusammenarbeitet«, sagte der Commander. »Falls es Ausfälle Richtung Grenze gibt, brauchen wir euch auf der Seite des pakistanischen Militärs, um die Sperren zu koordinieren.«

»Bringen wir unsere eigene Ausrüstung mit?«, fragte ich.

»Ja. Bringt alles, was wir haben. Ihr werdet vielleicht mit den Pakistanis kooperieren.«

Vor Ort wurde uns mitgeteilt, dass Walt in Islamabad bleiben musste, weil die Pakistanis nur einem von uns den Aufenthalt im Grenzgebiet erlaubten. Da ich der Ranghöhere war, fiel die Aufgabe an mich. Ein Geheimdienstmitarbeiter und ein Kommunikationstechniker begleiteten mich.

Den Großteil der Woche verbrachte ich in einer kleinen Kommandozentrale in einem U-förmigen Betongebäude. Ich betrachtete die Aufnahmen von den Drohnen, die über Tora Bora kreisten, und überwachte den Funkverkehr.

In der Nacht, in der ich nach Pakistan einreiste, hatte die Air Force mit der Bombardierung des Gebiets begonnen und so den Angriff unseres Teams aus der Luft vorbereitet. Meine Kameraden landeten in den Bergen hoch über Tora Bora und suchten das Gebiet nach Bin Laden und seinen Gefolgsleuten ab.

Ich rief immer wieder einen Vertreter des pakistanischen Militärs in die Kommandozentrale und betrachtete mit ihm die von den Drohnen übermittelten Bilder. Einmal sah man eine Art Lager in der Nähe der Grenze. Ich erkannte Zelte und mehrere bewaffnete Männer, die um das Lager patrouillierten. So wie ich das sah, trugen sie keine Uniformen, aber die pakistanischen Soldaten behaupteten, das sei ein Grenzkontrollpunkt.

Eine unangenehme Zwickmühle, weil ich nicht wusste, ob ich ihnen vertrauen konnte. Jeder erzählte mir etwas anderes, und ich saß zwischen allen Stühlen und versuchte, mir einen Reim auf die widersprüchlichen Aussagen zu machen. Der Geheimdienstarbeiter war auch keine Hilfe, und während ich mich mühte, meine Gastgeber und meine Vorgesetzten jenseits der Grenze zufriedenzustellen, kam ich mir vor wie ein Politiker, der es allen recht machen soll.

Nach tagelangem Hickhack schloss das pakistanische Militär schließlich meinen Posten, da sich die Operation als Schuss in den Ofen erwiesen hatte. Es gab keine Ausfälle Richtung Grenze. Am nächsten Tag machten wir uns auf den Heimweg. In Islamabad traf ich mich mit Walt. Er konnte es kaum erwarten, wieder nach Afghanistan zurückzukehren.

Die Operation hatte viel Zeit und Mühe gekostet, doch am Ende kam nur dabei heraus, dass wir eine verlassene Gebirgsregion bombardiert hatten und meine Kameraden eine Woche lang zelten gewesen waren. Ein Mann in wallenden weißen Gewändern war weit und breit nicht zu sehen. Als wir eine Woche später endlich wieder alle in Afghanistan waren, wurde »wallende weiße Gewänder« für uns zum Insiderbegriff für eine gescheiterte Mission.

Die Übung in North Carolina klang wie eine weitere zum Scheitern verurteilte Operation.

Aber vor Montag würde ich ohnehin nichts erfahren. Leider benötigte ich noch einen weiteren Tag in Virginia Beach, was bedeutete, dass unser ganzes Team schon einmal ohne mich abreiste. Ich hoffte, dass mich die Verzögerung nicht meinen Platz im Team kosten würde, vielleicht war es ja doch eine wichtige Mission. Gegenüber Mike betonte ich, dass ich meine Pläne auch absagen und gleich mit dem Team fahren könne.

»Kein Stress«, sagte Mike. »Komm einfach am Dienstagmorgen nach.«

Am Montagnachmittag schrieb ich eine SMS an Walt und Charlie, weil ich wenigstens auf einen kleinen Hinweis hoffte. Aber beide antworteten nur:

»Beeil dich und mach, dass du herkommst.«

Wenn es nur eine lahme Übung wäre, hätten sie mir das gesagt. Ihre Geheimniskrämerei bedeutete, dass mehr dahinter steckte. Montagnacht tat ich kein Auge zu.

Am nächsten Morgen war ich noch vor Tagesanbruch auf den Beinen. Ich fuhr schnell, womöglich zu schnell, obwohl es heftig regnete, und ich musste mich zwingen, auf den schmalen Landstraßen langsamer zu fahren. Ich wusste, dass da etwas im Busch war, wollte aber auch nicht von der nassen Straße abkommen und mit meinem Wagen an einem Baum enden.

Die zweistündige Fahrt schien sich auf mindestens acht Stunden zu dehnen. Endlich rollte ich gegen sieben Uhr vors Tor des Stützpunkts. Von außen sah alles ganz harmlos aus, abgesehen von den Sichtschutzmatten, die verhinderten, dass man aufs Gelände schauen konnte.

Ich nannte an der Pforte meinen Namen, der auf einer Liste stand, bekam laminierte Sicherheitsausweise und machte mich auf den Weg zu dem Gebäude, wo unser Team untergebracht war. Nach dem Gespräch mit den Wachen ließ ich die Scheibe unten. Der Stützpunkt lag mitten in einem Kiefernwald. Durch den Morgenregen drang der Duft der Bäume zu mir.

Ich war drei Stunden zu früh da, aber das war mir egal. Ich hatte bereits einen ganzen Tag verpasst. Dass ich nicht dabei gewesen war, störte mich fast mehr, als immer noch nicht zu wissen, worum es eigentlich ging. Ich hinkte im Vergleich zu den anderen hinterher.

Ein schmaler Zementweg führte zu einem Tor. Große, rund drei Meter fünfzig hohe hölzerne Sicherheitszäune säumten den Weg und versperrten die Sicht auf das Gelände. Ich fuhr durchs Tor und steuerte einen Parkplatz vor zwei einstöckigen Betongebäuden aus den Siebzigerjahren an.

In dem Moment sah ich zwei meiner Kameraden, die gerade hineingehen wollten. Ich hupte und stellte schnell mein Auto ab, während die beiden auf mich warteten. Durch den Nieselregen eilte ich zu ihnen.

»Du bist früh dran«, sagten sie. »Wir haben gerade erst gefrühstückt. Wann bist du denn losgefahren?«

»Zeitig«, meinte ich nur und kam gleich zur Sache: »Also, worum geht's?«

Ich konnte einfach nicht mehr länger warten.

»Bist du bereit?«, fragte der eine mit breitem Grinsen. »OBL.«

»Ach du Scheiße, nie im Leben!«

Charlie hatte also recht gehabt. Ich konnte es nicht glauben.

Jetzt ergaben auch die Mutmaßungen des Mulchlieferanten einen Sinn. Jay war in D.C. und half bei der Planung des Einsatzes.

»Ja, OBL«, bestätigte der andere. »Sie haben ihn gefunden.«

»Wo?«, fragte ich.

»In Pakistan.«

KAPITEL 10

Der »Pacer«

Ich wurde in ein Konferenzzimmer geführt, das als Lagezentrum diente.

Laptops und Drucker standen auf Klapptischen. An einer Wand hingen Karten von Pakistan, darunter auch ein Stadtplan von Abbottabad. Es gab Sessel aus Kunstleder, mit zu dünnen Polstern und Armlehnen aus Metall. Die Jungs hatten die Lounge-Möbel samt Plastikpflanzen zur Seite geschoben, um Platz für die Ausrüstung zu schaffen.

Ein paar Zivilisten von der CIA arbeiteten still vor sich hin, sonst war noch niemand da. Ich versuchte, mir die Landkarten und Fotos einzuprägen, war aber viel zu überwältigt. Ich konnte immer noch nicht glauben, dass Osama bin Laden endlich aufgespürt worden war.

Wir hatten nie eine heiße Spur gefunden. Er war wie ein Schreckgespenst, das über dem ganzen Krieg hing. Wir alle träumten davon, bei einem Einsatz dabei zu sein, bei dem er getötet oder gefasst wurde, aber niemand dachte ernsthaft darüber nach. Dazu gehörte einfach eine gehörige Portion Glück. Uns allen war klar, dass es im Grunde darum ging, zur rechten Zeit am rechten Ort zu sein. Doch als ich an jenem Dienstagmorgen ins Lagezentrum kam, konnte man meinen, dass wir alle am rechten Ort waren. Anstatt auf ein vorhandenes Team zurückzugreifen, waren aus jedem Trupp einfach die erfahrensten Soldaten ausgewählt worden.

Mike kam herein und fand mich vor dem Einsatzplan. Auf der Liste standen etwa zwanzig Namen, darunter auch ein Sprengstoffexperte. Ein Dolmetscher und ein Diensthund namens Cairo vervollständigten das Team.

»Ali ist ein *terp* von der CIA«, sagte Mike. Im Militärjargon nennt man einen Dolmetscher »terp«, die Kurzform für »Interpreter«. Außerdem gab es noch vier Ersatzleute, falls sich jemand beim Training verletzte. »Wir haben die Jungs auf vier Teams verteilt, du bist einer der vier Teamführer.«

Auch Tom war als Teamführer aufgelistet.

»Dein Team ist das Infiltrationsteam in Chalk One«, sagte Mike. »Ihr seid für das südlich gelegene Gästehaus C1 zuständig.«

Das Gästehaus war ein separates Gebäude auf dem Anwesen, getrennt vom Haupthaus, wo vermutlich Bin Laden lebte. Mit Chalk One und Chalk Two wurden die Hubschrauber bezeichnet, die uns zu unserem Einsatzort fliegen sollten.

Ich sah, dass Charlie und Walt auch mit Chalk One flogen, aber einem anderen Team angehörten. Der Einsatz war so organisiert, dass beide Helikopterbesatzungen über dieselben Kapazitäten verfügten. Chalk One war ein Spiegelbild von Chalk Two. In meinem Team war ein Offizier, der einspringen würde, wenn Jays Hubschrauber abstürzte. Mike, unser Master Chief, gehörte zu meinem Team, aber sobald wir auf dem Boden waren, würde er den Funkverkehr leiten und darauf achten, dass wir im Zeitplan blieben.

Der Grundriss des Zielobjekts war mir noch nicht vertraut. Ich sah an einer Wand einen Plan des Anwesens mit seinen hohen

Mauern. Mir war klar, dass das Gästehaus nur ein Nebenschauplatz war; ich würde lügen, wenn ich jemals behaupten würde, ich hätte mir nicht gewünscht, zu dem Team zu gehören, das auf dem Dach des Hauptgebäudes A1 landen sollte. Wenn alles so lief wie geplant, würde sich dieses Team Zugang zum zweiten Stock verschaffen, wo Bin Laden vermutlich lebte. Doch mein Wunsch rückte schnell in den Hintergrund, und ich konzentrierte mich auf meine Aufgabe. Es gab einiges zu tun, und ich war einfach glücklich, dass ich beim Einsatz dabei war.

»Alles klar«, sagte ich und studierte weiter den Plan. »Kommt Will auch noch dazu?«

Will vervollständigte mein Team. Er war an unsere Schwester-Einheit ausgeliehen, die bereits in Dschalalabad in Afghanistan war. Will hatte im Selbststudium Arabisch gelernt und wäre in der Lage, mit Bin Ladens Familie zu kommunizieren.

»Ihr trefft Will in J-bad«, sagte Mike, womit Dschalalabad gemeint war. »Ich muss jetzt zu einer Besprechung, aber schau dir ruhig noch das Modell an. Hat richtig Geld gekostet. Die übrigen Jungs dürften in ein paar Minuten mit dem Frühstück fertig sein.«

Ich verließ das Lagezentrum, holte mir einen Kaffee und sah mich ein bisschen um. In einem Raum, der direkt vom Foyer abging, lag unsere Ausrüstung wild verstreut auf dem Boden. In einer Ecke standen offene Pelican-Transportboxen mit Waffen. An der Wand lagen Funkgeräte zum Aufladen, daneben Taschen mit Werkzeug. In eine Ecke war ein Drucker gezwängt. In einer anderen Ecke standen mehrere weiße Tafeln und Staffeleien mit Schreibblöcken für Notizen.

Das Modell von Bin Ladens Anwesen stand direkt bei der Tür zum großen Besprechungszimmer. Es war auf einer eineinhalb auf eineinhalb Meter großen Sperrholzplatte befestigt und bestand aus Schaum; in einer Ecke stand eine massive Holzkiste, die mit mehreren Vorhängeschlössern gesichert war. Mit ihr wurde das Modell abgedeckt, wenn es nicht gebraucht wurde.

Das Modell zeigte Bin Ladens Anwesen mit erstaunlicher Detailgenauigkeit, sogar die kleinen Bäume im Hof waren nachgebildet, ebenso die Autos in der Auffahrt und auf der Straße, die an der Nordseite des Grundstücks verlief. Man sah die Tore zum Anwesen und die Türen zum Haus, Wassertanks auf den Dächern und den Stacheldraht, der die Grundstücksmauern krönte. Im Hof wuchs Gras. Selbst die Häuser der Nachbarn und umliegende Felder waren detailgetreu wiedergegeben.

Ich nippte an meinem Kaffee und studierte eingehend das zweistöckige Gebäude.

Das viertausend Quadratmeter große Anwesen lag an der Kakul Road in einem ruhigen Wohnviertel von Abbottabad. Die Stadt, die nördlich von der Hauptstadt Islamabad liegt, wurde in der Kolonialzeit gegründet und nach dem britischen Major James Abbott benannt. Eine Akademie des pakistanischen Militärs befindet sich in Abbottabad.

Meine Kameraden waren immer noch beim Frühstück, daher konnte ich das Modell in aller Ruhe betrachten. Ich wollte unbedingt loslegen, musste mich aber immer noch an den Gedanken gewöhnen, wem unsere Operation galt. Endlich würden wir Bin Laden aufs Korn nehmen.

Osama bin Laden wurde am 10. März 1957 in Riad geboren, als siebzehntes von fünfzig Kindern. Sein Vater Mohammed Awad bin Laden war ein Bauunternehmer und Multimillionär, seine syrische Mutter Alia Ghanem war die zehnte Ehefrau seines Vaters. Bin Laden kannte seinen Vater kaum. Seine Eltern ließen sich scheiden, als er noch ein kleiner Junge war. Seine Mutter heiratete erneut, und er wuchs mit seinen vier Stiefgeschwistern auf. In der Schule in Dschidda schloss sich Bin Laden als Teenager einem islami-schen Arbeitskreis an, dessen Mitglieder den gesamten Koran aus-wendig lernten. In der Zeit kam er auch in Kontakt mit dem fun-damentalistischen Islam und ließ sich einen langen Bart wie der Prophet Mohammed wachsen.

Mit achtzehn heiratete er eine Cousine. 1976 wurde ihnen ein Sohn geboren, im selben Jahr, in dem er seinen Schulabschluss machte. Er ging auf die König-Abdul-Aziz-Universität in Dschidda und studierte öffentliches Verwaltungswesen.

Als die Sowjetunion 1979 in Afghanistan einmarschierte, zog Bin Laden nach Peschawar in Pakistan und später nach Afghanis-tan. Als Muslim sei es seine Pflicht, gegen die Sowjets zu kämpfen, erklärte er. Er richtete Lager ein und bildete Mudschaheddin aus, manchmal auch mit Hilfe der USA. Nach dem Ende des Kriegs kehrte Bin Laden 1989 nach Saudi-Arabien zurück, war jedoch entsetzt über die in seinen Augen korrupte Monarchie. Nach eska-lierenden Konflikten mit der saudischen Regierung ging er 1992 in den Sudan.

Er gründete al-Qaida (das genaue Datum ist nicht bekannt), was auf Arabisch »die Grundlage« oder »die Basis« bedeutet. Sein Ziel war es, einen Krieg gegen die USA zu führen, bei dem sich alle Muslime zusammenfinden und einen gemeinsamen arabischen Staat gründen sollten.

Sein Krieg gegen die USA begann 1996, als al-Qaida einen Sprengstoffanschlag auf einen Lastwagen in Saudi-Arabien verübte und mehrere dort stationierte amerikanische Soldaten ums Leben kamen. Auf Druck der internationalen Gemeinschaft drängte ihn die sudanesische Regierung zur Ausreise. Bin Laden floh nach Af-ghanistan und unterstellte sich dem Schutz der Taliban.

International bekannt wurde der Name al-Qaida 1998, als die Organisation Anschläge auf die amerikanischen Botschaften in

Kenia und Tansania verübte. Fast dreihundert Personen kamen dabei ums Leben. Im Jahr 2000 folgte ein Selbstmordattentat auf das US-Kriegsschiff *USS Cole* im Hafen von Aden. Die verheerendsten Anschläge waren jedoch die vier Attentate vom 11. September 2001, bei denen fast dreitausend Zivilisten in New York, Washington und Pennsylvania starben. Nach einer militärischen Intervention der USA und ihrer Verbündeten wurden die Taliban 2001 gestürzt. Bin Laden entging nur knapp der Gefangennahme bei Tora Bora und tauchte unter.

In den vergangenen zehn Jahren hatten die Koalitionstruppen, darunter auch die USA, intensiv nach ihm entlang der afghanisch-pakistanischen Grenze gesucht. Abgesehen von der Sichtung eines hochgewachsenen Mannes in wallenden weißen Gewändern 2007 gingen sämtliche Geheimdienstinformationen davon aus, dass er sich irgendwo in Pakistan versteckte.

Endlich hatten meine Teamkameraden ihr Frühstück beendet. Ich betrachtete immer noch das Modell, als Tom zu mir trat. Er war einer der Teamführer in Chalk One, sein Team war dafür zuständig, das Erdgeschoss des Hauptgebäudes A1 zu durchkämmen.

»Sie nennen ihn den Pacer, weil er stundenlang auf- und abgeht. Man sieht ihn immer wieder hier«, sagte Tom und zeigte auf einen ummauerten Garten an der Ostseite der Anlage. »Nach dem, was die Geheimdienstleute sagen, geht er im Garten spazieren, um sich gelegentlich Bewegung zu verschaffen. Sie halten den Pacer für Bin Laden.«

Dann kamen Walt und Charlie. Beide hatten ein breites Grinsen im Gesicht.

»Du hast es dir ja gleich gedacht«, sagte ich zu Charlie. »Wie haben sie ihn gefunden?«

»Über einen seiner Kuriere«, sagte Charlie. »Er hat zwei Kuriere, die für ihn arbeiten.«

Am Vortag hatte die CIA meine Teamkameraden »auf dem Weg nach Abbottabad« informiert, wie Bin Laden gefunden worden war. Im Lagezentrum lagen mehrere Ordner voll mit Geheimdienstinformationen über die Region und Bin Laden. Während wir noch auf die anderen warteten, las ich mich ein. Ich hatte einen Tag versäumt und wollte möglichst viel aufholen, bevor es richtig an die Planung ging.

Aus öffentlich zugänglichen Unterlagen ging später hervor, dass das Anwesen, das einen Wert von fast einer Million Dollar hatte, 2005 gebaut worden war. Das Gebäude lag in der Nähe der pakistanischen Militärakademie und war deutlich größer als die anderen Häuser im Viertel, hatte jedoch weder Telefon- noch Internetanschluss. An der Südseite waren die Mauern höher, damit man den Garten nicht einsehen konnte. Die Mauern blockierten auch die Sicht auf den ersten und zweiten Stock. Die Fenster im ersten und zweiten Stock waren verdunkelt, niemand konnte hinein- oder hinaussehen.

Es gab keine Hinweise darauf, dass der Pacer Kontakt zur Außenwelt hatte. Die Bewohner des Anwesens verbrannten ihren Müll und hielten zu den Nachbarn Distanz.

Man wusste jedoch, dass Abu Ahmed al-Kuwaiti auf dem Grundstück lebte.

Die CIA erfuhr im Verhör mit Mohammed al-Qahtani von Abu Ahmed al-Kuwaiti. Qahtani war saudischer Staatsbürger und sollte vermutlich der zwanzigste Flugzeugentführer bei den Anschlägen vom 11. September 2001 werden. Mitarbeiter der Einwanderungsbehörde ließen ihn im August 2001 nicht in die USA einreisen, weil sie dachten, er wolle illegal einwandern. Später fand man heraus, dass Mohammed Atta, der Kopf der Entführer, an jenem Tag am Flughafen von Orlando auf ihn gewartet hatte.

Qahtani wurde nach Dubai zurückgeschickt und im Dezember 2001 bei der Schlacht um Tora Bora gefangen genommen und nach Guantánamo gebracht. Als ein Vergleich der Fingerabdrücke ergab, dass er mit dem Mann identisch war, der von der Einwanderungsbehörde abgewiesen worden war, wurde er 2002 und 2003 mehrere.Monate lang verschärften Verhörmethoden unterzogen.

Schließlich packte Qahtani aus und berichtete, Chalid Scheich Mohammed, der die Anschläge vom 11. September geplant hatte, habe ihn in die USA geschickt. Er gab auch zu, dass er Bin Laden getroffen hatte und in einem Ausbildungslager von al-Qaida gewesen war. Er identifizierte einen Mann namens Abu Ahmed al-Kuwaiti als Kurier und rechte Hand Bin Ladens. Auch Chalid Scheich Mohammed, der sich zu der Zeit ebenfalls in amerikanischem Gewahrsam befand, gab zu, dass er al-Kuwaiti kannte, betonte jedoch, dass dieser nicht zu al-Qaida gehöre.

Dann wurde 2004 Hassan Ghul verhaftet. Ghul war Mitglied bei al-Qaida und arbeitete als Kurier für die Organisation. Er sagte den Geheimdienstmitarbeitern, dass al-Kuwaiti engen Kontakt zu Bin Laden habe. Als die Verhörspezialisten Chalid Scheich Mohammed erneut dazu befragten, spielte er die Rolle al-Kuwaitis herunter. Mohammeds Nachfolger Abu Faraj al-Libi wurde 2005 von den pakistanischen Behörden gefasst und gab im Verhör an, er habe al-Kuwaiti seit Längerem nicht mehr gesehen. Da Mohammed und al-Libi beide so bestrebt waren, al-Kuwaitis Rolle kleinzureden, wuchs bei den Geheimdienstanalytikern der Verdacht, er könne sich in Bin Ladens Nähe aufhalten.

Die CIA wusste, dass al-Kuwaiti und sein Bruder, der 33-jährige Abrar, in der Vergangenheit für Bin Laden gearbeitet hatten. Die

Geheimdienstleute spürten Abu Ahmed in Pakistan auf in der Hoffnung, er werde sie zu seinem Bruder und damit zu Bin Laden führen.

In einem abgehörten Gespräch mit seiner Familie fragte 2010 ein Angehöriger, was Abu Ahmed denn arbeite. Al-Kuwaiti war immer sehr vorsichtig und hielt seinen Auftraggeber geheim. Daher antwortete er nur: »Dasselbe wie früher.«

Diese ausweichende Antwort war aufschlussreicher als beabsichtigt und lieferte einen guten Ansatz für weitere Ermittlungen und schließlich für unsere Operation. Alles beruhte auf indirekten Hinweisen, aber mehr hatten wir eben nicht.

Die CIA heftete sich an al-Kuwaitis Fersen und observierte seinen Tagesablauf. Er fuhr einen kleinen weißen Geländewagen mit einem Nashorn auf der Abdeckung des Ersatzrads. Die CIA verfolgte den Wagen bis zum Anwesen in Abbottabad. Und jetzt sah ich den Wagen als Spielzeugauto im Modell vor mir.

Nach Einschätzung der CIA bewohnte Bin Laden den zweiten Stock des Hauptgebäudes A1. Sein Sohn Khalid lebte im ersten Stock. Die CIA rechnete mit mindestens einer oder zwei Frauen und einem Dutzend Kinder. Bei den meisten Objekten, die wir stürmten, stießen wir auf Kinder, daher waren wir mit dieser Situation vertraut.

Jay und Mike hatten den Einsatz schon vor Wochen in Washington in groben Zügen geplant, doch jetzt waren wir an der Reihe, die Einzelheiten festzulegen und den Plan zu prüfen. Wir konnten unsere Fähigkeiten selbst am besten einschätzen, und da wir mit der Durchführung des Einsatzes betraut waren, kam uns auch eine entscheidende Rolle bei der Planung zu.

Wir versammelten uns um das Modell und ließen uns von Jay und Mike über den aktuellen Stand der Planung informieren. Da meine Kameraden schon seit 24 Stunden daran arbeiteten, fügten sich die einzelnen Teile bereits zusammen.

»Wir fliegen zum Punkt X«, erklärte Jay. »Die Besatzung von Chalk One seilt sich in den Hof ab.«

Jay ging um das Modell herum und zeigte auf das Gästehaus C1 auf der Südseite des Anwesens.

»Mark, du und deine Crew seid verantwortlich für C1«, sagte Jay. »Dein Team geht direkt ins Gästehaus. Der Scharfschütze kontrolliert den Carport und positioniert sich dann auf dem Dach. Ihr durchsucht und sichert C1. Ahmed al-Kuwaiti lebt mit seiner Frau und den Kindern in dem Haus. Wenn ihr fertig seid, ergänzt ihr Toms Team in A1.«

Die verbleibende Hubschrauberbesatzung von Chalk One unter Toms Führung sollte zu A1 vorrücken und sich dort aufteilen.

»Charlie und Walt gehen zur Nordtür von A1 und warten dort«, sagte Jay. »Die Analytiker sagen, dass der Pacer üblicherweise diese Tür benutzt. Nach Einschätzung der CIA führt wahrscheinlich eine Treppe zu seiner Wohnung im zweiten Stock.«

Tom und sein Team sollten zur Südtür vorrücken, sich Zugang verschaffen und das Erdgeschoss sichern. Abrar, der Bruder des Kuriers, bewohnte mit seiner Familie vermutlich das Erdgeschoss. Je nachdem, wie Tom die Situation im Innern beurteilte, würde sein Team entweder bis zur Nordtür vordringen und Charlie und Walt hereinlassen oder, wenn sie verschlossen war, wieder rausgehen, einen Bogen ums Haus machen und von außen zur Nordtür gelangen.

»Wir wissen nicht, wie es im Innern des Hauses aussieht, wir vermuten nur, dass es in zwei Wohnbereiche unterteilt ist«, sagte Jay. »Daher werden Charlie und Walt auf ihrer Position bleiben, bis Tom ihnen die Freigabe gibt, sich Zugang zu verschaffen.«

Der zweite Helikopter – Chalk Two – sollte ein fünfköpfiges Team nördlich des Anwesens absetzen, das für unsere Sicherung von außen verantwortlich war. Zwei SEALs und der CAD (Combat Assault Dog – Diensthund) sollten entlang der Grundstücksmauern patrouillieren. Der Hund konnte flüchtige Personen stellen. Die verbleibenden beiden SEALs und der Dolmetscher würden an der Nordostecke des Anwesens in Stellung gehen und sich um zu erwartende Gaffer und die örtliche Polizei kümmern.

Die Sicherung des Anwesens von außen zählte zu den schwierigsten und gefährlichsten Aufgaben der Aktion. Wenn wir am Zielobjekt lange brauchten, mussten sich die Männer draußen um diejenigen kümmern, die als erste am Ort des Geschehens eintrafen, aller Wahrscheinlichkeit nach die Polizei. Vielleicht kam aber auch gleich das pakistanische Militär. Die Positionierung außerhalb des Anwesens war vielleicht nicht sonderlich attraktiv, aber sie war absolut notwendig und konnte sich als besonders aufregend erweisen.

»Sobald die Leute für die Sicherung von außen abgesetzt worden sind, steigt der Hubschrauber wieder auf und kreist über A1. Die verbleibende Besatzung seilt sich aufs Dach ab, dringt von dort zum Balkon im zweiten Stock vor und sichert das zweite Stockwerk.«

Wenn die Geheimdienstinformationen korrekt waren und alles nach Plan lief, würde dieses Team aller Wahrscheinlichkeit nach zuerst auf Bin Laden treffen.

Anschließend gingen Jay und Mike den Ausrüstungsplan durch und kamen dann auf die Codewörter für die Operation zu sprechen. Dabei handelt es sich um Ein-Wort-Botschaften, die effizient Informationen übermitteln. So konnte der Funkverkehr auf ein Minimum reduziert werden, außerdem wurden Informationen zuverlässig weitergegeben. Für diese Mission wählten wir Codewörter zum Thema Indianer.

»Bin Laden ist Geronimo«, sagte Jay.

Die Einsatzbesprechung dauerte etwa eine Stunde, danach verabschiedeten sich Mike und Jay.

»Ihr prüft den Plan jetzt auf Herz und Nieren«, sagte Mike abschließend. »Jay und ich sitzen schon seit mehreren Wochen dran. Ihr habt ihn erst gestern bekommen. Nehmt euch Zeit und geht richtig ins Detail.«

Wir bemühen uns immer, einen Plan nicht unkritisch zu übernehmen, weil man sonst schnell selbstzufrieden wird.

Deshalb versuchten wir nun, eine Alternative zu finden, wie wir zum Zielobjekt gelangen könnten. Niemand wollte direkt hinfliegen. Eigentlich hatten wir das schon vor Jahren aufgegeben. Uns war es lieber, wenn wir in der Nähe abgesetzt wurden und dann zu Fuß zum Ziel vordrangen. Im Lauf der Jahre hatten wir die Taktik entwickelt, so unauffällig wie möglich aufzutreten, damit wir den Überraschungseffekt bis zum allerletzten Moment nutzen konnten.

Die Aufklärungs- und Scharfschützenteams studierten die Satellitenbilder und suchten Landeplätze in einem Umkreis von vier bis sechs Kilometern, doch ohne Erfolg. Das Anwesen lag in einem Wohnviertel. Alle Landeplätze waren entweder zu nah an besiedeltem Gebiet oder so, dass wir bewohnte Straßen hätten zu Fuß passieren müssen. Das Risiko, schon auf dem Weg zum Gebäude entdeckt zu werden, war zu hoch. Am Ende war der direkte Anflug das geringere Übel. Das war zwar laut, aber schnell. Wir konnten nicht riskieren, schon im Anmarsch erkannt zu werden.

Die Teams zogen sich in verschiedene Ecken des Lagezentrums zurück und planten jeweils ihren Teil der Operation. Neben der persönlichen Ausrüstung mussten die gemeinsamen Ausrüstungsgegenstände festgelegt und auf die einzelnen Leute verteilt werden – eine Leiter, ein Vorschlaghammer und die Sprengstoffe.

»Ich brauche eine Leiter, um auf den Carport zu kommen«, erklärte der Scharfschütze. Die Klappleiter war schwer und sperrig.

»Mike meinte, er könnte sie beim Abseilen auf den Rücken nehmen, damit ich euch besser Deckung geben kann.«

Wir positionierten in den beiden Türen von Chalk One jeweils
einen Scharfschützen, die uns Deckung geben sollten, während
wir uns abseilten. Auf einen Hausbewohner, der vom Garten aus
mit seiner AK-47 auf uns zielte, während wir am Seil hingen,
konnten wir gern verzichten.

»Da Will nicht da ist und nicht widersprechen kann, bekommt er
den Vorschlaghammer«, sagte ich feixend. »Ich trage zwei Sprengladungen und einen Bolzenschneider.«

Eine Sprengladung bestand aus einer fünf Zentimeter dicken Packung Sprengstoff. Sie war etwa dreißig Zentimeter lang und hatte
einen Klebestreifen, mit dem man sie an einer Tür anbringen
konnte. Wenn sie scharf gemacht war, explodierte sie innerhalb von
drei Sekunden und zerstörte den Schließmechanismus der Tür.

Jedes Team sollte unabhängig agieren. Wir wollten auf keinen
Fall ein anderes Team um Hilfe rufen müssen, weil wir nicht die
richtige Ausrüstung dabei hatten.

Eine Frau von der National Geospatial-Intelligence Agency
(Agentur für Geografische Aufklärung), eine Blondine Anfang
dreißig, kümmerte sich um die Auswertung der Karten und Satellitenbilder. Sie lieferte uns alle Details – so geringfügig sie auch
sein mochten.

Ich kniete mich vors Modell und betrachtete eingehend die Tür
zum Gästehaus.

»Hey, öffnet sich die Tür von C1 nach innen oder nach außen?«,
fragte ich sie.

Sie hatte schon nach ein paar Minuten die Antwort.

»Eine doppelte Metalltür«, sagte sie. »Öffnet nach außen.«

Und so ging es die ganze Woche. Wenn wir eine Frage hatten,
erhielten wir prompt eine Antwort, etwa wie sich der Pacer im

Garten bewegte, wer noch auf dem Grundstück lebte, welche Tore abgeschlossen oder offen waren und sogar, wo die Bewohner ihre Autos parkten. Die Mitarbeiter der geografischen Aufklärung hatten unzählige Drohnen- und Satellitenbilder und wussten fast alles über das Anwesen und dessen Umgebung.

In Washington diskutierten Präsident Obama und seine Berater immer noch verschiedene Optionen. Der Präsident hatte dem Angriff vom Boden aus noch nicht zugestimmt. Bisher hatten wir nur die Genehmigung, mit der Planung zu beginnen und Übungen durchzuführen. Das Weiße Haus erwog immer noch, die Air Force einzusetzen und das Haus bei einem Luftangriff mit B-2-Spirit-Bombern dem Erdboden gleichzumachen.

Verteidigungsminister Robert Gates sprach sich für einen Luftschlag aus, um den Einsatz amerikanischer Bodentruppen in Pakistan zu vermeiden. Mit Rücksicht auf nationale Befindlichkeiten sollte der Eindruck einer amerikanischen Invasion unbedingt vermieden werden.

Außerdem hatten sich die USA mit Einsatzkommandos wie unserem bisher nicht gerade mit Ruhm bekleckert. Seit der Operation Eagle Claw, die Präsident Jimmy Carter zur Befreiung der zweiundfünfzig Geiseln in der amerikanischen Botschaft in Teheran angeordnet hatte, gab es stets Bedenken, amerikanische Soldaten in einem souveränen Staat großen Gefahren auszusetzen.

Bei der Operation Eagle Claw geriet einer der sechs Helikopter beim Auftanken im Schwebeflug in eine Sandwolke und kollidierte mit einem Transportflugzeug. Bei der Explosion wurden beide Fluggeräte zerstört und acht Soldaten getötet. Der Einsatz, einer der ersten der Delta Force, wurde abgebrochen. Die Operation Eagle Claw war ein Desaster und trug dazu bei, dass Carter nicht wiedergewählt wurde.

Ein Luftschlag hätte zweiunddreißig Smart Bombs mit einem Gesamtgewicht von knapp zwei Tonnen erfordert. Die Bombardierung hätte eineinhalb Minuten gedauert und einen mindestens neun Meter tiefen Krater hinterlassen, um auch ein eventuell vorhandenes Bunkersystem zu zerstören. Das Risiko möglicher Kollateralschäden wäre sehr hoch gewesen. Dass man nach einer so massiven Zerstörung noch identifizierbare Überreste fand, war denkbar unwahrscheinlich.

Doch unabhängig davon, ob wir die Operation nun aus der Luft oder vom Boden ausführten, wir brauchten auf jeden Fall den Beweis, dass wir Osama Bin Laden erwischt hatten. Unsere Mission war zwar riskant, aber ein Luftschlag barg definitiv die größeren Komplikationen.

Einige Tage nach unserer Ankunft in North Carolina sahen wir zum ersten Mal den Pacer.

Wir standen um einen Computerbildschirm und sahen uns Drohnenaufnahmen des Anwesens an. Die Bilder waren schwarzweiß, und wir konnten nur wenige Details erkennen. Ich identifizierte das Hauptgebäude und den Garten auf der Nordostseite des Grundstücks.

Nach ein paar Sekunden kam der Pacer ins Bild. Auf dem Video war er nicht größer als eine Ameise. Wir konnten weder sein Gesicht ausmachen noch seine Körpergröße abschätzen. Doch wir sahen, wie er das Gebäude durch die Nordtür verließ und anfing, im Uhrzeigersinn ovale Runden zu drehen. Eine Plane, die über ein Gerüst gespannt war, sollte die Sicht auf ihn verdecken, reichte aber nicht über den gesamten Garten.

»Das macht er stundenlang«, sagte ein CIA-Analytiker. »Ich habe schon gesehen, wie andere im Garten arbeiteten, aber er läuft nur vorbei und tut nie etwas. Er geht nur spazieren.«

Manchmal wurde er von einer Frau oder einem Kind begleitet. Auch sie arbeiteten nie im Garten. Wenn ein Tierarzt kam und die Kuh behandelte, die dort gehalten wurde, wurde sie in einen anderen Teil des Anwesens gebracht.

»Wir glauben, dass die Kuh woanders hingebracht wird, damit niemand diesen Teil des Anwesens sieht«, erklärte der Analytiker. »Das ist eigentlich nur eine Kleinigkeit, aber für uns ein Hinweis, dass dort jemand versteckt wird. Hey, seht euch das mal an.«

Er klickte auf die Aufnahmen eines anderen Tages. Wieder sahen wir das Anwesen, aber dann kam von der rechten Seite ein pakistanischer Hubschrauber ins Bild und überflog das Gebäude.

»Wo kommt der denn her?«, fragte ich.

»Ein Hubschrauber des pakistanischen Militärs«, sagte der Analytiker. »Wir wissen nicht, wo er herkommt, aber wahrscheinlich von der Militärakademie.«

Wir alle starrten auf den Bildschirm und warteten, wie die Bewohner reagierten. Aber nein, da rannte niemand zum Auto und ergriff die Flucht. Sofort dachten wir alle dasselbe. Das bedeutete, dass der Pacer an Hubschrauberlärm gewöhnt war.

»Womöglich schaffen wir es sogar, aufs Dach zu kommen, bevor sie richtig begreifen, was vor sich geht«, sagte Charlie.

Nachdem der Einsatz geplant war, begannen wir mit dem Training.

Der Black Hawk kam über den Kiefernwald herangeschossen und schwebte über dem Gebäude. Von meinem Platz an der linken Tür des Hubschraubers konnte ich zwischen meinen baumelnden Beinen den maßstabsgetreuen Nachbau von Bin Ladens Anwesen sehen. In einem abgelegenen Teil des Übungsgeländes war das Anwesen aus Sperrholz, Maschendraht und Schiffscontainern errichtet worden.

Ich seilte mich ab, landete im Garten und rannte zur doppelten Metalltür von C1. Um mich herum eilten meine Teamkameraden zu ihren Zielen. Das Dröhnen der Motoren über uns machte eine Verständigung schwierig, doch nach drei Tagen Training mussten wir uns nicht mehr absprechen. Der komplette Einsatz war im motorischen Gedächtnis abgespeichert. Abgesehen von einigen Zeitdurchsagen, die per Funk weitergegeben wurden, herrschte Schweigen. Jeder kannte seine Aufgabe. Wir alle hatten jahrelange Erfahrung, daher lief alles reibungslos. Das Ziel war nicht komplizierter als Hunderte andere, die wir im Lauf der Jahre gestürmt hatten.

Beim Training ging es weniger um die Übung als darum, das Weiße Haus von unseren Fähigkeiten zu überzeugen.

Die Detailgenauigkeit des nachgebauten Anwesens war beeindruckend. Das Konstruktionsteam des Stützpunkts hatte Bäume gepflanzt, einen Graben ums Anwesen ausgehoben und sogar die Erde in Reihen angehäufelt, um die Kartoffeläcker zu simulieren, die das Grundstück in Pakistan umgaben.

Nach ein paar Durchgängen baten wir darum, im zweiten Stock einen Balkon anzubauen und ein paar Tore zu verlegen, um das tatsächliche Gebäude noch besser nachzubilden.

Beim nächsten Training waren die Änderungen schon ausgeführt.

Das Konstruktionsteam fragte nie nach einer Begründung und sagte auch nie Nein. Die Teammitglieder waren einfach zur Stelle, wenn wir sie brauchten, und bauten alles für uns um. So fürstlich waren wir noch nie behandelt worden. Sämtliche bürokratischen Hürden waren verschwunden. Wenn wir etwas brauchten, bekamen wir es. Da wurde nicht lange nachgefragt. Es war geradezu paradiesisch und überhaupt kein Vergleich mit den Bedingungen, die wir von unseren Einsätzen in Afghanistan gewohnt waren.

Die einzige Ungewissheit war das Gebäudeinnere. Es war für uns ein schwarzes Loch, wir hatten keine Ahnung, wie es im Haus aussah. Doch das bereitete uns kein großes Kopfzerbrechen. Wir hatten jahrelange Erfahrung, die wir auf dieses Problem anwenden konnten, und zweifelten nicht daran, dass wir es in den Griff bekommen würden; wir mussten einfach nur aufs Grundstück kommen.

Ich blieb vor der Tür des Containers stehen, der C1 darstellte, und spähte ins Innere. Auch beim richtigen Einsatz würde ich keine Ahnung haben, ob Ahmed al-Kuwaiti bewaffnet sein oder eine Sprengstoffweste tragen würde. Wir rechneten damit, dass sich alle Männer – Bin Laden, Khalid und die beiden Kuwaiti-Brüder – zur Wehr setzen würden.

Nachdem wir einen reibungslosen Ablauf geprobt hatten, gingen wir andere mögliche Entwicklungen durch. Anstatt uns direkt aufs Grundstück abzuseilen, landeten wir außerhalb der Mauern und stürmten das Anwesen von außen. Außerdem übten wir, Flüchtende zu verfolgen, falls jemand das Zielobjekt vor der Erstürmung verlassen sollte.

Jede Eventualität wurde bis zum Abwinken geübt. Noch nie in unserem Leben hatten wir eine Operation so intensiv trainiert, doch das war wichtig. Der Einsatz an sich war nicht kompliziert, doch die zusätzliche Vorbereitung sorgte dafür, dass wir aufeinander eingespielt waren, auch wenn wir aus verschiedenen Teams kamen.

Nach dem letzten Training trafen wir uns im Lagezentrum. Jay hatte aktuelle Informationen für uns.

»Wir fahren jetzt erst einmal alle nach Hause und am Montag geht es in den Westen, wo wir eine weitere Woche trainieren und ein komplettes Einsatzprofil erstellen«, verkündete er.

Ich hob die Hand.

»Gibt es inzwischen eine offizielle Aussage, ob die Sache genehmigt ist oder nicht?«, fragte ich.

»Nein«, sagte er knapp. »Wir warten noch auf Nachricht aus Washington.«

Ich schaute Walt an. Er verdrehte die Augen. Wie bei der Operation im Fall von Captain Phillips musste zuerst alles ganz schnell gehen, und dann folgte eine endlose Warterei.

»Ich habe so ein Gefühl, dass die ganze Sache abgeblasen wird«, sagte Walt beim Hinausgehen.

Früh am Montagmorgen flogen wir zum Übungsgelände. Am Dienstag, fast zwei Wochen, nachdem wir mit der Aufgabe betraut worden waren, hatten wir Generalprobe.

Das gesamte Team und alle, die an der Planung beteiligt gewesen waren, versammelten sich in einem massiven Hangar des Stützpunkts. Auf dem Boden lag eine Karte von Ost-Afghanistan. Eine Gruppe VIPs, darunter Generalstabschef Mike Mullen und Admiral Eric Olson, Befehlshaber des Special Operations Command in Tampa und ehemaliger DEVGRU-Commander, saßen zusammen mit Vizeadmiral Bill McRaven auf einer provisorischen Tribüne in der Nähe der Karte.

McRaven hatte auf allen Ebenen der Special Operation Forces einschließlich der DEVGRU schon einmal leitende Positionen innegehabt. Er beeindruckte mich sehr. Der Drei-Sterne-Admiral an der Spitze des Joint Special Operations Command (JSOC) war groß, schlank und fit. Die meisten Admiräle wirken alt oder ein bisschen außer Form, aber bei McRaven hatte man den Eindruck, als ob er immer noch jeden Einsatz meistern könnte. Er pflegte beste Beziehungen mit seinesgleichen und verfügte über die richtigen Kontakte in Washington.

Wir wollten eine sogenannte »Rock-Drill«-Übung (Reduced Force Rehearsal) durchführen, das heißt, dass wir die Operation am Modell des Anwesens und anhand der Karte samt Helikopterflugrouten durchspielten. Ein Erzähler las wie aus einem Drehbuch vor und führte so in das eineinhalbstündige Briefing zur Operation Neptune Spear ein.

Dann kamen die Piloten an die Reihe. Sie gingen mit allen Anwesenden die Flugroute von Dschalalabad bis zum Zielobjekt in Abbottabad durch. Sie sprachen über den Funkverkehr und über mögliche Zwischenfälle während des Flugs.

Danach stand jeder Teamführer auf und stellte seinen jeweiligen Aufgabenbereich vor.

»Mein Team seilt sich von Chalk One aufs Grundstück ab, wir durchkämmen und sichern C1 und ergänzen dann die anderen Teams in A1«, erklärte ich.

Die meisten Fragen der VIPs richteten sich an das Team, das die Umgebung sichern sollte. Es gab einige Bedenken, wie das Team für die externe Sicherung mit Schaulustigen umgehen würde.

»Wie reagieren Sie bei einer Konfrontation mit der örtlichen Polizei oder dem Militär?«, wurde der verantwortliche Teamführer gefragt.

»Sir, wir versuchen, möglichst deeskalierend zu wirken«, antwortete er. »Zunächst mithilfe des Dolmetschers, dann setzen wir den Hund ein, dann Laserpointer. Und als letztes Mittel Gewalt.«

Gegen Ende wurde die Frage angesprochen, ob Osama getötet werden sollte oder nicht. Ein Jurist aus dem Verteidigungsministerium oder dem Weißen Haus machte deutlich, dass dies keine Hinrichtung werden sollte.

»Wenn er nackt ist und sich mit erhobenen Händen ergibt, werden Sie ihn nicht töten«, sagte er uns. »Ich schreibe Ihnen nicht vor, wie Sie Ihre Arbeit machen sollen. Ich sage nur, wenn er keine Bedrohung darstellt, werden Sie ihn festnehmen.«

Nach unserem mündlichen Vortrag bestiegen wir die Helikopter und übten den Einsatz ein letztes Mal. Wir sollten einen Nachbau des Anwesens angreifen, während uns die VIPs dabei zusahen. Das war die letzte Hürde. Ich wusste, dass die Vorführung notwendig war, fand es aber trotzdem seltsam, vor Publikum zu trainieren. Ich kam mir vor wie ein Fisch in einem Aquarium. Aber wir waren uns einig, wenn wir die Genehmigung für die Operation dadurch erwirkten, dass wir wie dressierte Zirkustiere durch einen Reifen sprangen, dann taten wir das eben.

Eine Minute vor dem Zielort öffnete der Einsatzleiter die Tür, und ich schwang die Beine nach draußen.

Ich griff das Seil und sah dabei die VIPs, die in der Nähe des Ziels standen und mit Nachtsichtgeräten zu uns hochstarrten. Als der Hubschrauber im Schwebflug verharrte, wirbelten die Rotorblätter jede Menge Steinchen und Staub in Richtung der VIPs, die eilig die Flucht ergriffen. Ich kicherte, als ich sah, wie die Frauen auf ihren hohen Absätzen davonstolperten.

Von unserer Seite aus verlief die Übung dagegen völlig problemlos.

»Und was meinst du, kriegen wir die Genehmigung?«, fragte mich Charlie danach.

»Ich habe keine Ahnung«, sagte ich. »Ich sage erst mal gar nichts.«

Der Rückflug am nächsten Tag verlief ruhig. Wir waren bereit. Jetzt blieb uns nichts anderes übrig, als zu warten.

KAPITEL 11

Zeit totschlagen

Die Sonne ging schon unter, als ich für den Wachmann unseres Hauptquartiers in Virginia Beach meine Zugangsberechtigung aus der Tasche zog. Beim Näherkommen erkannte er meinen Aufkleber und winkte mich durch. Mir kam eine lange Schlange von Autos entgegen, die das Gelände für den Abend verließen.

Für unseren Flug war ich ein paar Stunden zu früh dran, aber ich hatte die Nase voll vom Warten. Die Woche zu Hause hatte sich gezogen. Wenn wir zu lange zu Hause sind, werden wir zapplig. Es war Ostern, und ich meldete mich bei meinen Eltern. Wir tauschten Neuigkeiten aus, aber ich konnte ihnen nicht sagen, was ich wirklich tat. Während der Rest von Amerika Ostereier färbte, bebrüteten wir das größte Geheimnis unseres Lebens.

Nach der melodramatischen Generalprobe hing die Entscheidung allein von den Politikern in Washington ab. Wir reisten noch einmal nach North Carolina für einen letzten Durchgang durch die Anlage, und bei unserer Rückkehr wartete endlich der nächste Befehl auf uns – die Verlegung nach Dschalalabad in Afghanistan.

Wir alle waren immer noch sehr skeptisch. Niemand machte Luftsprünge vor Begeisterung; jeder verdaute die Nachricht auf seine Weise und tat seine Arbeit. Zumindest waren wir dem Abseilen in die Anlage jetzt einen Schritt näher gekommen.

Ich parkte den Lastwagen und griff nach meinem Rucksack. Ein paar Kameraden unseres Teams steuerten aufs Hauptquartier zu. Bestimmt gingen uns allen ähnliche Gedanken durch den Kopf.

»Heilige Scheiße, ich kann einfach nicht glauben, dass sie grünes Licht gegeben haben.«

Ich schätze, die meisten von uns waren fest davon überzeugt, dass dies niemals passieren würde. Das ist gewissermaßen ein Schutzmechanismus. Falls die Aktion in letzter Minute abgeblasen würde, wären wir nicht allzu enttäuscht.

»Na, was soll's. Ich glaub's erst, wenn wir in der Luft sind«, sagte Walt, als wir die Lobby des Gebäudes betraten.

»Die Chancen stehen gut, wenn sie uns wirklich rüberschicken«, meinte ich.

Durch die Verlegung riskierten sie immer mehr Lecks. Der Rest unseres Kommandos wusste sehr wohl, dass da etwas im Busch war. Selbst eine so relativ kleine Truppenbewegung konnte Aufsehen erregen, wenn ein Haufen Elitesoldaten als ungeplante Ablösung über Bagram einflog.

Im Mannschaftszimmer aßen die Jungs noch schnell einen Bissen vor dem langen Flug. Manche standen auch nur herum und unterhielten sich. Wir trugen alle Jeans und Hemden, unsere normale Reisekleidung, und sahen aus, als würden wir in den Urlaub fliegen. Mit Golfschlägern statt der Gewehre und Nachtsichtgeräte hätte man uns für Profisportler halten können.

Abgesehen von meiner Ausrüstung für die Erstürmung reiste ich mit leichtem Gepäck. Nur ein paar Klamotten zum Wechseln, mein Duschzeug und Flipflops. Wir würden nicht lange bleiben. Geplant war, rüberzufliegen, dann zwei Tage zur Akklimatisierung und schließlich der Einsatz in der dritten Nacht.

Busse brachten uns vom Hauptquartier zu einem nahe gelegenen Flughafen. Auf der Piste stand eine wuchtige graue C-17 Globemaster. Die Motoren liefen im Leerlauf, während die Air Force-Besatzung die Checks vor dem Flug durchführte. Die Hubschraubermechaniker waren schon an Bord. Ganz in der Nähe, aber für sich stand eine Gruppe Analysten von der National Security Agency und der CIA.

Wir richteten uns ein und waren zufrieden, alles war vertraut. So flogen wir immer zu unseren Einsätzen. Im Bauch des Flugzeugs wurden unsere Ausrüstung und die Werkzeuge der Hubschrauberbesatzungen festgezurrt. Entlang der Wände gab es genügend Sitze für uns, aber ich warf meinen Rucksack auf den Boden und fischte die grüne Dschungelhängematte aus Nylon heraus. Als ich mich im Frachtraum nach einer guten Stelle umschaute, um sie aufzuhängen, sah ich meine Kameraden auf der Suche nach einem bequemen Platz, um sich auszustrecken, wie Ameisen überall im Flugzeug herumwuseln. So reisten wir immer. Und wir waren Experten darin, uns den Flug so angenehm wie möglich zu machen.

Schließlich befestigte ich meine Hängematte zwischen zwei Containern mit Ausrüstung. Andere belegten Plätze auf den Containern oder im freien Raum zwischen den Sitzen und der Ladung. Manche bliesen Luftmatratzen auf, ich war einer der wenigen, die eine Hängematte benutzten. Sie war eigentlich für Missionen im Dschungel vorgesehen, aber mir war es lieber, wenn ich nicht auf dem kalten Boden liegen musste.

Wir hatten einen Neun-Stunden-Flug nach Deutschland vor uns und nach einer kurzen Zwischenlandung noch einmal acht Stunden bis nach Bagram. Da war es dringend nötig, auf dem Flug so viel wie möglich zu schlafen.

Die Air-Force-Besatzung scheuchte uns vor dem Start auf die Sitze zurück – wir sollten uns anschnallen. Der einzige freie Platz war der neben Jen, einer CIA-Analystin. Als ich die Schnalle meines Gurtes in die Schließe schob, spürte ich, wie das Flugzeug sich in Bewegung setzte und zur Startbahn rollte. Minuten später rasten wir die Piste entlang und stiegen schnell in den Himmel. Sobald wir nicht mehr stiegen, nahmen die ersten Schlaftabletten und machten es sich für den langen Flug gemütlich.

Ich war nicht müde, also unterhielt ich mich mit Jen. Ich hatte sie in North Carolina ab und zu gesehen, aber seit dem Beginn der Planungen für diese Operation hatten wir nicht mehr länger miteinander geredet. Jetzt wollte ich wissen, was sie von alledem hielt, denn sie gehörte zu den Top-Analysten, die an der Jagd nach Bin Laden beteiligt waren.

»Mal ganz ehrlich«, fragte ich Jen, »wie groß sind die Chancen, dass er dort ist?«

»Einhundert Prozent«, antwortete sie wie aus der Pistole geschossen, fast schon trotzig.

Die CIA hatte sie direkt vom College weg angeworben, und sie hatte die letzten fünf Jahre in der Sondereinheit Bin Laden gearbeitet. Die Analysten kamen und gingen in dieser Spezialeinheit, aber sie blieb hartnäckig bei der Suche nach seiner Fährte. Nach dem al-Kuwaiti-Anruf hatte sie alle Einzelteile zusammengesetzt. An der Einsatzbesprechung am ersten Tag, die Jen leitete und in der sie erklärte, wie sie ihn in Abbottabad aufgespürt hatten, konnte ich leider nicht teilnehmen. In den nächsten Wochen war sie unsere Ansprechpartnerin bei allen Aufklärungsfragen bezüglich unseres Ziels gewesen.

»Einhundert Prozent« hatten wir in der Vergangenheit schon öfter gehört, und jedes Mal krampfte sich mir der Magen zusammen.

»Dein Wort in Gottes Ohr«, sagte ich. »Wenn die Typen vom Geheimdienst von einhundert Prozent sprechen, sind es eher zehn. Wenn sie zehn Prozent sagen, sind es eher einhundert.«

Jen grinste unbeeindruckt.

»Nein, nein«, sagte sie. »Einhundert Prozent.«

»Einhundert Prozent wie 2007«, meinte ich.

Auch sie erinnerte sich an die Aktion von 2007, als wir alle Hebel in Bewegung gesetzt hatten, um einen großen Typen in fließenden weißen Gewändern zu jagen. Jen rollte die Augen und runzelte die Stirn.

»Das war kein guter Tipp«, sagte sie, obwohl er doch von einer Quelle der CIA gekommen war. »Das Ganze geriet ziemlich schnell außer Kontrolle.«

Es war schön zu hören, dass die CIA wenigstens einen Teil der Verantwortung übernahm, obwohl es ganz sicher mehr als einen Verantwortlichen für das Debakel von 2007 gab. Die Mission damals krankte an dem typischen Problem, dass alle irgendwie mitmischen wollten. Immerhin lagen die Unterschiede zwischen 2007 und jetzt auf der Hand. Wir hatten bei dieser Mission mehr Vertrauen zu den übergeordneten Stellen.

Jen vertrat ihre Meinung auch den höchsten Offizieren, sogar Vizeadmiral McRaven, gegenüber. Sie hatte von Anfang an klar gesagt, dass sie nicht unbedingt ein Fan der Option eines Bodenangriffs war.

»Manchmal macht das JSOC, was es will«, sagte sie. »Ich würde lieber einfach eine Bombe auf das Ding werfen.«

So etwas hörte man außerhalb des JSOC oft. Nicht nur bei den Spitzen des Militärs, sondern auch bei der CIA hatten wir viele Feinde. Nicht alle trauten uns, weil sie uns nicht kannten.

»Nur raus damit«, meinte ich. »Egal, ob du uns gut findest oder nicht, jetzt gehörst du zum inneren Kreis. Wir müssen das alle zusammen durchstehen.«

»Du meinst den Männerverein«, sagte Jen. »Ihr Typen rückt nur zur Großwildjagd aus.«

Sie hatte recht. Das hier war ihr Projekt. Jen und ihr Team hatten fünf Jahre damit verbracht, ihn aufzuspüren, und uns dahin gebracht, wo wir jetzt waren. Wir mussten die Sache nur noch zu Ende bringen.

»Ihr habt bis hierher die ganze harte Arbeit geleistet«, gab ich zu. »Wir haben gern unsere halbe Stunde Spaß, und damit ist die Sache erledigt.«

»Ich muss zugeben, dass ihr ganz anders seid, als ich dachte«, meinte sie.

»Siehst du, ich habe ja gesagt, du gehörst jetzt zum inneren Kreis.«

Es war dunkel, als wir in Bagram landeten. Wir rollten zu einer Position weit entfernt von den Hauptterminals an der Basis, die Heckklappe öffnete sich, und wir sahen eine C-130 mit heruntergelassener Rampe und laufenden Propellern vor uns. Bagram ist das NATO-Hauptquartier in Nordafghanistan. Der Luftwaffenstützpunkt nördlich von Kabul ist inzwischen auf die Größe einer Kleinstadt angewachsen und bietet Tausenden Soldaten und Zivilbediensteten Unterkunft. Rund um Bagram wurde kaum gekämpft. Es war sogar so sicher geworden, dass die größte Gefahr darin bestand, einen Strafzettel für zu schnelles Fahren auf den Straßen der Basis zu kassieren, oder weil man nachts keine lichtreflektierende Weste trug. Ein Aufenthalt in Bagram würde es uns schwer machen, unser Geheimnis zu bewahren.

Glücklicherweise waren wir nur auf der Durchreise nach Dschalalabad. Die Startbahn dort war zu klein für unsere C-17. Das JSOC hatte alle nötigen Vorkehrungen getroffen. Wir wollten nicht das Risiko eingehen, im Hauptterminal in Bagram oder in der Kantine gesehen zu werden. Ein ganzer Trupp, der dort außer der Reihe auftauchte, hätte doch Fragen provoziert.

Wir griffen nach unseren Taschen, schüttelten das Schlafmittel ab, verließen die C-17 leise und stiegen direkt um.

Während wir es uns in den orangefarbenen Nylonnotsitzen bequem machten, die im Vorderteil der Maschine angebracht waren, zurrte das Bodenpersonal der Air Force drei Container mit unserer Ausrüstung hinten im Flugzeug fest. Die Heckklappe schloss sich, und wir starteten zum einstündigen Flug zur Luftwaffenbasis Dschalalabad.

Die Sitze in der C-130 waren unbequem. Wenn man in der Mittelreihe landete, konnte man nur hoffen, dass der Mensch hinter einem gerade saß und so eine Stütze bot, sonst sackte man in sich zusammen und stauchte sich die Wirbelsäule. Wenn die Möglichkeit, in einer C-17 in der Hängematte zu liegen, militärisches Fliegen erster Klasse war, dann war eine C-130 der Mittelsitz in der Economy Class.

Die Landung in einer C-130 rüttelte selbst auf einer geteerten Piste alle Knochen durcheinander. Das Fahrwerk befand sich direkt unter dem Rumpf, es war also wie die Landung eines Rollschuhs. Und es klang, als würde die Maschine ganz ohne Fahrgestell auf der Piste aufsetzen. Ich hielt mich fest, als das Flugzeug herumschwenkte und am Hauptterminal stoppte. Die Besatzung ließ die Klappe herunter, und wir sahen Busse, die uns zum JSOC-Gelände bringen sollten.

»Jalalabad Airfield« liegt nur ein paar Kilometer von der pakistanischen Grenze entfernt. Dort sind einige amerikanische Einheiten stationiert, darunter auch eine Truppe des JSOC; die Basis ist der wichtigste Stützpunkt für Helikopter in Nordostafghanistan.

Dschalalabad ist größer als die kleinen Vorposten, die in den Tälern entlang der Grenze verteilt sind, und Teil des Regional Command East. Von hier aus werden die Grenzeinheiten mit Nachschub und Post versorgt. Es beherbergt etwa eintausendfünfhundert Soldaten und etliche Zivilbedienstete. Afghanische Sicherheitskräfte helfen, die Basis zu bewachen.

Die Landebahn teilt den Stützpunkt in zwei Hälften. Die Soldaten leben südlich des Flughafens. Der JSOC-Bereich hat eine eigene Kantine, Sporthalle, Einsatzzentrale und einige Sperrholzbaracken. Dort waren Army Rangers, DEVGRU und Hilfspersonal untergebracht. Wir hatten fast alle schon längere Stationierungen in Dschalalabad hinter uns. Ich ging durch das Tor und fühlte mich wie zu Hause.

»Was liegt an, Kumpel?«, fragte Will mich, als wir ankamen.

Er hatte schon gehört, dass er am Einsatz beteiligt sein würde, und er war ganz wild darauf, Genaueres über den Plan zu erfahren.

Wir räumten unsere Ausrüstung auf und trafen uns dann an der Feuergrube. Bei früheren Einsätzen hatten die Soldaten eine Grube aus Ziegeln und Mörtel gebaut, die zum Mittelpunkt der Anlage geworden war. Bei jeder Stationierung verschönerten wir sie, bis sie aussah wie der Innenhof des Hauses einer Studentenverbindung. Auf vergammelten Sofas, die wir in der Stadt gekauft hatten, lungerten gewöhnlich jede Menge Typen, tranken Kaffee, rauchten Zigarren oder redeten einfach nur Mist. Die Sofas wurden ebenso oft ausgewechselt wie wir. Sie kamen aus Pakistan, und die billigen Polsterfüllungen hielten unsere neunzig Kilo Körpergewicht nicht lange aus.

Die SEALs, die schon routinemäßig in Dschalalabad im Einsatz waren, wurden auf unserem Flug über die Planung informiert. Sie hatten Gerüchte gehört, dass etwas im Busch sei, aber bis zu dieser Einweisung kannte niemand Einzelheiten.

Weil Will Arabisch sprach, hatte man ihn als einziges Mitglied seiner Einheit ausgewählt, uns bei der Erstürmung zu begleiten. Seine Kameraden sollten die schnelle Eingreiftruppe (Quick Reaction Force oder QRF) bilden, die in zwei CH-47-Hubschraubern wartete, um Hilfe zu leisten, falls das Team in der Anlage in Schwie-

rigkeiten geraten sollte. Sie hatten zudem die Aufgabe, eine vorge-
schobene Tankstation (Forward Air Refueling Point oder FARP)
nördlich der Anlage aufzubauen. In den wuchtigen CH-47-Heli-
koptern, die im Grunde fliegende Schulbusse waren, transportierte die QRF aufblasbare Treibstoffballons, und die Black Hawks
mit den Sturmtruppen konnten dort landen, um vor dem Rückflug nach Dschalalabad aufzutanken. Ohne Nachtanken ging es
nicht.

»Hast du das Modell gesehen?«, fragte ich Will.

Wir gingen in ein Besprechungszimmer in der Nähe des Einsatz-
zentrums, und ich öffnete die Schlösser des Holzkastens. Will half
mir, den Deckel abzuheben.

»Wow. Das ist ja toll«, sagte er und beugte sich darüber, um sich
das Modell genauer anzuschauen.

Will sah aus, wie man sich einen SEAL vorstellt. Er war etwa einen Meter achtzig groß und schlank. Das Besondere an ihm war,
dass er im Selbststudium Arabisch gelernt hatte. Er war überaus
klug, professionell und kein Freund vieler Worte.

Die SEAL-Teams bildeten eine sehr enge Gemeinschaft. Es war
ein komisches Gefühl, hier zu dieser Mission aufzukreuzen, obwohl alle wussten, dass die schon stationierte Einheit die Sache
ebenso gut selbst hätte erledigen können. Wir hatten den Auftrag
für diese Mission nur bekommen, weil wir für die Probedurchläufe
verfügbar waren, die sie brauchte, um den Entscheidungsträgern
im Weißen Haus den Zugriff aus der Luft zu verkaufen. Jede Einheit des Kommandos war austauschbar. Wir waren nur zur richtigen Zeit am richtigen Ort gewesen.

»Also, erklär mir, wie es laufen soll«, bat Will.

»OK, wir sind in Chalk One«, sagte ich. »Unser Vogel wird als
erster vom Südosten her einfliegen und hier Stellung beziehen.«

Ich zeigte auf den Hof.

»Wir werden uns abseilen und dieses Gebäude säubern, das wir C1 nennen«, erklärte ich.

Das waren Dinge, die uns wohl vertraut waren, und Will hatte sie schnell kapiert. In den nächsten Stunden gingen wir den ganzen Plan und alle Eventualitäten durch. Ich beschrieb ihm die Übungen, die wir bisher absolviert hatten. Will hörte zum ersten Mal von den umfangreichen Planungen, mit denen wir anderen uns seit Wochen beschäftigten. Drei Wochen lang für eine Mission zu üben war schon sehr ungewöhnlich. In Afghanistan oder im Irak wurden wir normalerweise mit einer Mission beauftragt, planten sie und machen uns ein paar Stunden später auf den Weg.

Unser Stab im Hauptquartier arbeitete weiter an der Gesamtplanung und Koordination. Wir hielten nur unsere Ausrüstung bereit und warteten.

Die meisten von uns litten an einem Aufmerksamkeitsdefizit, oder zumindest machten wir Witze darüber. Wir konnten uns konzentrieren, aber nicht allzu lange, und warten war das Schlimmste. Die Warterei und die Untätigkeit gingen mir furchtbar auf die Nerven. Mir war sogar ein Kinofilm zu lang.

Jeder hatte seine ganz eigene Herangehensweise, wenn es um die Vorbereitung der Ausrüstung ging. Alles wurde wieder und wieder geprüft. Alle Batterien in meinem Nachtsichtgerät und den Laservisieren waren neu. Meine Funkgeräte steckten auf dem Ladegerät. Alles war sauber geordnet. Stiefel und Socken neben der gefalteten Uniform. Meine Ausrüstung, eine Weste mit zwei kugelsicheren Einlagen und Taschen für Munition und anderes, lag neben meiner H&K 416 am Fußende des Bettes.

Ich nahm mir Zeit für die Vorbereitung der Ausrüstung, aber um Mitternacht, oder Mittag für uns, hatten wir immer noch ein paar Stunden totzuschlagen. In solchen Pausenzeiten gingen wir ins Fitnessstudio. Ein paar Jungs kochten Kaffee, aber nicht das Instantzeug – sie machten es mit einer Cafetière. Einer schleppte einen gepolsterten Koffer mit Presse, Kaffeemühle und einer Auswahl von Kaffeesorten an, gegen die Starbuck's alt aussah. Ich schaute ihnen manchmal beim Kaffeekochen zu. Jede Tasse nahm eine Stunde Zeit in Anspruch. Sie mahlten die Bohnen und drückten das Pulver fest. Mit großer Umsicht brachten sie das Wasser zum Kochen, und dann saßen sie ums Feuer und nippten am Kaffee. Das gehörte alles zu ihrem Ritual, und die Zeit, in der sie sich hingebungsvoll der Zubereitung des Kaffees widmeten, mussten sie nicht sinnlos herumsitzen und warten. Wir alle hatten Methoden entwickelt, um die Zeit totzuschlagen. Die Mission war erst für den übernächsten Tag angesetzt, wenn sie denn abgesegnet wurde.

Am nächsten Tag ging ich mit Will und zwei seiner Kameraden hinüber in den Hangar, um den Piloten Hallo zu sagen. Schon bei den Übungen hatten wir mit den Flugzeugbesatzungen des 160th Special Operations Aviation Regiment zusammengearbeitet.

Wir arbeiteten fast nur mit dem 160th. In unseren Augen waren sie die besten Piloten der Welt.

Teddy, ein kleiner, fünfzig Jahre alter Mann mit Bürstenhaarschnitt, der Pilot von Chalk One, kam uns an der Tür des Hangars entgegen. Wir gingen um den Hubschrauber herum und erklärten Will den Landeplan. Bevor wir gingen, sprachen wir noch über ein paar Dinge, die schiefgehen konnten.

»Wenn es schlecht läuft und ich eine Notlandung machen muss, werde ich alles versuchen, um die Maschine auf dem offenen Hof im Westen runterzubringen«, sagte Teddy.

Wir nannten den Platz Echo courtyard, es war die größe freie Fläche in der Anlage. Als erfahrener Pilot wusste Teddy, dass dieser Hof seine beste Option war, wenn der Helikopter unter Beschuss geriet oder ausfiel.

»Darüber mach dir mal keine Sorgen«, meinte ich. »Wir haben schon genug Abstürze hinter uns. Wenn einer abstürzt, dann Chalk Two.«

Ich selbst hatte noch keinen Crash erlebt, doch sieben der zwölf SEALs in meiner Gruppe waren in der Vergangenheit schon einmal mit dem Helikopter oder Flugzeug abgestürzt. Das konnten nur zwei Männer in der Maschine von Chalk Two von sich behaupten. Wir witzelten darüber, dass das Gesetz des Durchschnitts unseren Vogel in der Luft halten werde.

Das Zeitfenster für die Mission war klein. In der nächsten Woche würde der Mond wieder zunehmen, und so optimale Bedingungen würden wir erst in einem Monat wieder bekommen. Und nachdem jetzt alles an Ort und Stelle war, wuchs das Risiko, dass etwas über die Mission durchsickerte, je länger wir warteten. In den drei Wochen seit Beginn der Planungsphase war die Zahl der Menschen, die von der Operation wussten, exponentiell gestiegen.

Das JSOC steigerte seine Aktivitäten. McRaven hielt sich in Afghanistan auf, was an sich nichts Ungewöhnliches war, doch dass er nach Dschalalabad kam, erregte einiges Aufsehen. Ein Oberst der Rangers leitete die täglichen Einsätze von unserer Kommandozentrale in Bagram aus. Irgendwann wurde er in den Plan eingeweiht, und so kamen immer mehr Leute dazu, die wussten, was wir vorhatten.

Drüben in Washington war offenbar das Vertrauen in die Aufklärung das Hauptproblem. Anders als Jen schätzen ihre Analystenkollegen die Wahrscheinlichkeit, dass wir Bin Laden aufgespürt hatten, nur auf sechzig Prozent.

In Afghanistan wussten wir nichts von dem Hin und Her in Washington. Wir trafen uns täglich zur Einsatzbesprechung. Drohnen überwachten die Anlage. Wir mussten außerdem die »Gute-Idee-

Fee« in Schach halten. Sie taucht bei allen unseren Missionen mehr oder weniger häufig auf, und sie ist nicht auf unserer Seite. Die Fee zeigt sich, wenn die Leute im Hauptquartier zu viel freie Zeit haben. Offiziere und Planer fangen dann an, sich unrealistische Szenarien auszudenken, mit denen wir es bei einer Mission zu tun bekommen könnten.

»Jetzt wollen sie, dass wir ein Megafon mitnehmen, um im Falle eines Falles Durchsagen an die Bewohner der Anlage machen zu können«, sagte der Gruppenleiter, der für die Außensicherung des Gebäudes verantwortlich war. »Jetzt fehlt nur noch ein Blaulicht.«

Tatsächlich hatte das Hauptquartier schon erwogen, ob die Männer außerhalb der Anlage eines von Bin Ladens Autos nehmen und ein Blaulicht darauf befestigen sollten, damit die Aktivität rund um das Ziel wie eine Polizeioperation aussah.

»Ich habe gefragt: ›Entschuldigung, Sir, sollen wir das Auto dann nach draußen schieben?‹ Wir werden ja wohl keine Schlüssel haben«, erklärte der Gruppenleiter. »Was, wenn das Lenkrad blockiert? Und außerdem, welches Team hat die Zeit, ein Auto aus der Auffahrt bis hinunter zur Straßenecke zu schieben? Und wir sollten nicht vergessen, dass wir dann ein Blaulicht haben, das unsere Position anzeigt.«

»Welche Farbe haben denn Polizeilichter in Pakistan?«, fragte ich.

»Keine Ahnung«, meinte er. »Das war meine nächste Frage. Und dann diskutierten wir eine halbe Stunde über Ali.« Ali war der CIA-Dolmetscher bei der Außensicherung. Er sprach Paschtunisch, die Sprache der Region. »Die Gute-Idee-Fee will, dass er Zivilkleidung trägt. Er wird zwischen einem MG-Schützen mit einer SAW und mir stehen. Wir tragen Uniform, wozu soll das gut sein?«

In beiden Schlachten trug die Logik den Sieg davon. Wir nahmen kein Blaulicht mit, und Ali trug Uniform.

So etwas passiert immer, wenn Planer zu sehr ins Detail gehen. Die CIA bat uns, eine siebenundzwanzig Kilo schwere Kiste mitzunehmen, die Handysignale blockierte. Wir hatten ohnehin schon Probleme mit dem Gewicht, also starb diese gute Idee einen schnellen Tod. Wenn wir die ganze Zeit zurückbekämen, die wir beim Kampf gegen die Fee verschwendet haben, würden wir alle bestimmt ein paar Jahre länger leben.

Am zweiten Abend saß ich in der Feuergrube und trank frisch aufgebrühten Kaffee mit Charlie und Walt. Es ging darum, auf welchen Körperteil Bin Ladens man schießen sollte.

»Versuch bloß nicht, diesem Scheißkerl ins Gesicht zu schießen«, sagte Walt. »Alle werden ein Foto sehen wollen.«

»Aber wenn es dunkel ist und ich nur seinen Kopf sehen kann, werde ich nicht warten, bis er den Sprengstoffgürtel zündet«, meinte Charlie.

»Diese Bilder werden alle immer und immer wieder zu sehen bekommen,« gab ich zu bedenken. »Wenn ich die Wahl hätte, würde ich nur sagen, zielt auf die Brust.«

»Leichter gesagt als getan«, brummte Walt.

»Denk daran, höher zu halten«, erinnerte ich Walt. »Du reichst ihm ja nur bis zu den Eiern.«

Wir waren schon übereingekommen, dass Elijah Wood im Film Walts Rolle spielen sollte, denn er war nicht größer als ein Hobbit.

Die Besetzung des Bin-Laden-Films war immer wieder Anlass für Witzeleien. Wer würde in der Hollywood-Fassung der Mission wohl wen spielen? Mit Brad Pitt oder George Clooney durfte niemand rechnen. Immerhin hatten wir einen Rothaarigen im Team, also stand Carrot Top schon einmal als Darsteller fest. Walt bekam Frodo und keinen zweitklassiken Komiker.

»Du weißt ja, wenn das hier klappt, holen wir Jay seinen Stern«, sagte ich.

Alle wussten, dass eine erfolgreiche Erstürmung Offizieren wie Jay den Weg nach ganz oben ebnen konnte. Ein Erfolg würde höchstwahrscheinlich bedeuten, dass Jay irgendwann einmal Admiral werden würde. Für die normalen Soldaten spielte das keine Rolle; für uns war es ein Auftrag wie jeder andere.

»Und wir werden Obamas Wiederwahl sichern«, meinte Walt. »Ich höre ihn schon damit prahlen, dass er Bin Laden zur Strecke gebracht hat.«

Ähnliches hatten wir schon erlebt, als er den Ruhm für die Rettung von Captain Phillips einheimste. Obwohl wir in diesem Fall mit der Entscheidung einverstanden waren, zweifelte niemand daran, dass er sich auch diesmal den politischen Erfolg als persönliches Verdienst anrechnen lassen würde.

Wir wussten alle, dass es um mehr ging als uns und um mehr als Politik. Vielleicht würden die Offiziere und Politiker davon profitieren, aber das minderte unseren Einsatzwillen nicht. So war es doch immer. Unsere Belohnung bestand darin, dass wir die Arbeit machten, und das war uns auch ganz recht so.

Kurz vor Morgengrauen leerte sich die Feuergrube, wir alle wollten noch ein paar Stunden Schlaf tanken. Da wir nachts arbeiteten, verschliefen die meisten Bewohner des JSOC den Tag.

Ich schluckte zwei Ambien. Niemand kam ohne Schlaftabletten zur Ruhe. Egal wie sehr wir uns auch bemühten, diese Mission wie jede andere zu behandeln – sie war etwas Besonderes. Wir waren jetzt zwei Tage hier, aber sie kamen uns vor wie zwei Monate.

Der dritte Tag sollte der »Go Day« sein, doch eine Wolkendecke verzögerte unseren Aufbruch. Keine große Sache für uns. Verzögerungen gab es immer wieder, wir hatten damit gerechnet. Aufgehalten zu werden war besser, als überhaupt nicht zum Zuge zu kommen. McRaven wollte sicherstellen, dass Drohnen die Anlage beobachteten, für den Fall, dass Bin Laden sich aus dem Staub machte, während wir unterwegs waren, und die Wolkendecke hatte das unmöglich gemacht.

Unsere täglichen Einsatzbesprechungen fanden in einem langen, schmalen Raum mit selbstgezimmerten Bänken in der Mitte wie in einer Kirche statt. An der Stirnseite standen Flachbildschirme für PowerPoint-Präsentationen, von den Drohnen aufgenommenes Filmmaterial oder Satellitenfotos.

Bei dieser Besprechung gab es nur noch Stehplätze, als ich kam. Ich drückte mich neben Charlie auf eine der Bänke ganz hinten. Mehrere SEALs der anderen Einheit drängten sich um das Modell, das noch immer große Aufmerksamkeit erregte. Sie studierten es gründlich. Es war faszinierend, wie es die Betrachter förmlich einsog und man sich plötzlich ganz darauf konzentrierte.

In der Besprechung ging es unter anderem um die Frage, was zu tun war, wenn die ganze Mission völlig aus dem Ruder lief und wir den pakistanischen Behörden in die Hände fielen.

Der Präsident hatte uns schon grünes Licht für unsere Selbstverteidigung gegeben, selbst wenn wir uns mit dem pakistanischen Militär auseinandersetzen mussten. Wir gingen tief nach Pakistan hinein, und wir brauchten einen Vorwand dafür, falls wir geschnappt wurden.

»OK, Jungs«, sagte der Offizier. »Sie haben sich Folgendes ausgedacht. Wir sind auf einer Bergungsmission für eine abgeschossene ISR-Plattform.«

Eine ISR-Plattform ist das, was die Militärs eine Drohne nennen. Es lief also darauf hinaus, dass wir den pakistanischen Vernehmungsoffizieren erzählen sollten, dass die United States Air Force eine Drohne verloren habe.

Wir brachen in lautes Gelächter aus.

»Etwas Besseres ist ihnen nicht eingefallen?«, fragte jemand ganz hinten im Raum. »Warum geben sie uns nicht ein Megafon und eine Polizeisirene, nur für alle Fälle?«

Die Geschichte klang völlig absurd. Auf dem Papier waren wir Verbündete Pakistans, und wenn wir eine Drohne verloren hätten, würde sich das Außenministerium direkt an die pakistanische Regierung wenden, um sie zurückzubekommen. Die Geschichte würde uns niemand abkaufen, und bei einer stundenlangen Befragung würden wir kaum daran festhalten können.

Zumindest konnten wir darüber lachen. Vielleicht dachten sie, dass Humor uns aufmuntern würde. In Wahrheit konnte, wenn es wirklich so weit kommen sollte, keine noch so gut erfundene Geschichte erklären, weshalb zweiundzwanzig SEALs mit mehr als fünfundzwanzig Kilo Hi-Tech-Ausrüstung auf dem Buckel, ein Sprengstoffexperte und ein Dolmetscher, insgesamt also vierundzwanzig Mann plus ein Hund ein Vorstadtviertel ein paar Meilen von der pakistanischen Militärakademie entfernt stürmten.

Gegen Ende der Einsatzbesprechung kam der Befehlshabende Offizier der DEVGRU herein. Dieser Captain mit silbergrauem Haar und Schnurbart hatte bei einem Fallschirmabsprung vor vielen Jahren ein Bein verloren, doch als er durch die Reihen nach vorn ging, fiel mir kaum auf, dass er die Beinprothese leicht nachzog.

Der Offizier, der die Besprechung geleitet hatte, trat einen Schritt zurück, als der Commander vorn ankam. Das Lachen und Murren über die Tarngeschichte verebbte, und der ganze Raum war still.

»OK, Jungs«, sagte der DEVGRU- Commander. »Ich hatte gerade McRaven am Telefon. Er hat mit dem Präsidenten gesprochen. Wir haben grünes Licht bekommen. Morgen Nacht legen wir los.«

Es gab keinen Jubel, kein Abklatschen. Ich schaute mich unter den Kameraden um, die in den Bänken um mich herum saßen. Leute, mit denen ich seit Jahren Seite an Seite gearbeitet hatte.

»Heiliger Bimbam«, dachte ich. »Ich habe nicht geglaubt, dass das wirklich passieren würde.«

Keine Einsatzbesprechungen mehr.

Keine Gute-Idee-Fee.

Und vor allem – kein Warten.

KAPITEL 12

Go Day

Ich konnte nicht schlafen.

Die letzten Stunden hatte ich mit dem vergeblichen Versuch vergeudet, mich zu entspannen. Aber ich fand keine Ruhe auf der harten Matratze, meine Gedanken drehten sich im Kreis. Es war Go Day, und ich konnte die Bedeutung dieser Mission nicht länger verdrängen.

Ich schob den Tarnponcho zur Seite, den ich über die Koje gehängt hatte, um das Licht abzuschirmen, schwang meine Beine heraus und rieb mir die Augen. Nachdem ich drei Tage lang versucht hatte, nicht über die Mission nachzugrübeln, konnte ich sie jetzt einfach nicht mehr aus meinen Gedanken verbannen. Wenn alles so lief wie geplant, würden wir uns in nicht einmal zwölf Stunden über Bin Ladens Anwesen in Pakistan abseilen.

Müde war ich nicht. Der einzige Hinweis darauf, dass ich wohl doch geschlafen haben musste, war die leere Packung, aus der ich zwei Ambien genommen hatte, und ein paar Flaschen, die jetzt mit Urin gefüllt waren. Da wir in eilig errichteten Notunterkünften hausten, waren es zweihundert Meter bis zur nächsten Toilette. Also hob ich meine leeren Wasser- oder Gatorade-Flaschen auf und pinkelte dort hinein. Das war Standard. Wir schalteten unsere Stirnleuchten an und erleichterten uns, ohne auch nur richtig aufzuwachen.

Körperlich fühlte ich mich frisch, aber ich war aufgeregt. Nicht nervös, sondern ruhelos. Der ständige Wechsel aus Eile und Warten zehrte an den Nerven. Wir waren alle nur zu froh, dass das Warten jetzt bald ein Ende hatte.

So leise wie möglich, weil einige meiner Teamkameraden noch fest schliefen, glitt ich aus der Koje und zog mich an. Aus den anderen Zimmern hörte man leises Schnarchen. Ich griff zur Sonnenbrille und trat aus der Hütte ins Tageslicht. Die Helligkeit traf mich wie ein Vorschlaghammer. Ich fühlte mich, als hätte ich in einem Casino in Vegas die Nacht durchgespielt.

Eine Sekunde brauchte ich, um mich an das Licht zu gewöhnen, aber bald spürte ich die Sonne des Spätnachmittags angenehm auf Gesicht und Armen, als ich Richtung Kantine ging. Ich schaute auf die Uhr. Für diejenigen in unserem Quartier, die nach den Vampirstunden lebten, war es Morgen.

Für den Rest der Basis hatte der Arbeitstag schon lange begonnen. Das ständige Brüllen der Helikopter lieferte die Hintergrundgeräusche. Ein Lastwagen mit Fäkalienpumpe fuhr an mir vorbei, der gerade eine Reihe Dixi-Klos im Lager gereinigt hatte. Der durchdringende chemische Geruch des Desinfektionsmittels hing noch in der Luft.

Ich trottete mit gesenktem Kopf über den Kies, der verhindern sollte, dass zu viel Staub aufwirbelte, zum ersten Tor. Jede Einheit änderte die Kombination des Tors bei der Ankunft. Ich fischte einen Zettel mit dem Code aus der Hosentasche. Vom Ambien noch ganz benebelt, tippte ich die Zahlen ein und versuchte den Türknauf zu drehen.

Die Tür ging nicht auf.

Ich brauchte drei Versuche, aber endlich war ich draußen.

»Erst mal ein ordentliches Frühstück«, dachte ich.

Es war wieder so wie damals, als ich das Green Team überleben wollte. Ich wusste, wenn man sich vorstellte, was noch vor einem lag, brach man zusammen. Der einzige Weg, durchzuhalten, bestand darin, sich mit einer Mahlzeit nach der anderen durch den Tag zu hangeln. Und jetzt, wenige Stunden vor der größten Mission meiner Dienstzeit, konzentrierte ich mich erst einmal darauf, zu frühstücken.

Jeder Schritt war ein kleiner Erfolg.

In der Kantine wusch ich mir die Hände mit kaltem Wasser. Der Geruch nach fettigem, gebratenem Kantinen-Essen war so durchdringend, dass er richtig an der Kleidung klebte. An den Betonwänden hingen alte Festdekorationen. Ein längst ausgeblichenes Poster aus den Siebzigerjahren mit den vier Hauptgruppen von Nahrungsmitteln nahm an der Anschlagtafel neben dem Tagesmenü den größten Platz ein.

Ich warf einen Blick auf die langen Edelstahltheken. Hinter jeder stand ein Zivilangestellter mit Schürze und Kochmütze, bereit, mir einen Schlag Maisbrei zu servieren oder mir Frühstücksspeck auf den Teller zu häufen.

Nichts sah gut aus. Der Speck war fetter als Fleisch, er triefte geradezu. Aber ich brauchte Energie. Also ging ich schnurstracks auf den Grill zu, wo sich schon eine kleine Schlange bildete. Ein Koch stand am Herd. Er nahm ein buttriges, zu einer fettigen Masse zusammengefaltetes Omelett auf den Heber und schob es dem Typen vor mir auf den Teller.

»Vier Eier«, sagte ich, als er mich fragend anschaute. »Rührei, bitte. Mit Schinken und Käse.«

Während der Koch die Eier briet, holte ich mir Toast und Obst. Die Auswahl war bei allen Einsätzen gleich, große Tabletts mit unreifen, dunkelorangen Cantaloupe- und fast chemisch grünen Honigmelonen. Bei meiner letzten Stationierung hatte ich in der Kantine eine Kiste gesehen, auf der »Nur zur Verwendung beim Militär oder im Gefängnis« stand. Genauso sah das Zeug auch aus.

Niemand wird wegen des Essens Soldat.

Ich griff mir zwei Scheiben Brot, steckte sie in den Toaster und stapelte ein paar Ananasscheiben auf den Teller. Bei Ananas kann man nichts falsch machen. Am Grill holte ich meine Eier und blieb noch einmal stehen, um Haferflocken und Rosinen in eine Schüssel zu schaufeln.

Dann musterte ich die Tische, die im Essbereich in langen Reihen aufgestellt waren. Die gemurmelten Unterhaltungen, verbunden mit dem großen Fernseher in der Ecke, der auf einen Kabelsender mit Nachrichten geschaltet war, erzeugten ein dumpfes Rauschen. Ich entdeckte ein paar meiner Teamkameraden an einem Tisch weit weg vom Fernseher und stellte auf dem Weg zum Kaffeeautomaten mein Tablett dort ab.

Die Kantine war dem JSOC-Personal vorbehalten, aber nicht alle wussten über unsere Mission Bescheid.

Während ich die Eier pfefferte, murmelte ich ein tonloses Hallo in Richtung meiner Kameraden, darunter Charlie und Tom. Sie erwiderten den Gruß, hatten aber wie ich auch keine Lust zum Reden. Wir fühlten uns allein mit unseren Gedanken wohler.

»Wie hast du geschlafen?«, fragte ich.

»Beschissen«, gab Charlie zurück.

»Hast du Ambien genommen?«

»Zwei«, antwortete er.

»Du musst die angenehme Seite sehen, wenigstens dürfen wir dieses wunderbare Frühstück genießen. Wie das Buffet im Hotel del Coronado.«

Das war eines der ältesten Ferienhotels an der Pazifikküste, nicht weit von dort, wo wir alle das BUD/S-Training absolviert hatten.

»Stimmt«, meinte Charlie. »Ist das alles, was dir einfällt?«

Ich versuchte nur, lustig zu sein, aber es war zu früh dafür. Charlie verhöhnte mich immer wegen meiner müden Witze. Ich wusste, dass sie nervten, aber das gehörte zum Spaß dazu.

Wir redeten nicht über die Heimat. Nicht über die Mission. Und andere Themen hatten wir auch nicht. Das Essen war mies, aber als wir fertig waren, waren unsere Teller leer.

Ich glaube nicht, dass auch nur einer von uns den Geschmack der Speisen wirklich wahrnahm. Es war nur Energie für später. Nach den Eiern und dem Obst verdrückte ich die Schüssel Haferflocken und spülte das Ganze mit einem Glas Orangensaft hinunter. Als ich wieder auf mein Zimmer ging, war ich bis oben hin voll. Aber ich wusste ja auch nicht, wann ich wieder etwas zu essen bekommen würde.

In den Zimmern war es noch immer ruhig. Einige meiner Kameraden versuchten bis zur letzten Minute zu schlafen, aber ich war zu aufgeregt. Ich holte meine Zahnbürste und eine Wasserflasche – wobei ich genau darauf achtete, dass ich nicht meine Pinkelflasche erwischte – und ging hinaus auf eine Fläche mit dicken Kieselsteinen, putzte mir dort die Zähne und spuckte das Wasser aus.

Frühstück, erledigt.

Zähneputzen, erledigt.

Im Zimmer steckte ich die Zahnbüste wieder in den Rucksack.

Meinen Crye Precision Desert Digital-Kampfanzug hatte ich schon bereitgelegt. Die Uniform, bestehend aus einem langärmeligen Hemd und Cargohosen, hatte zehn Taschen, die jeweils einem bestimmten Zweck dienten. Das Hemd war so geschnitten, dass man es unter der schusssicheren Weste tragen konnte. Die Ärmel und Schultern hatten Tarnflecken, der Leib war hellbraun und aus einem leichten Material gefertigt, das Schweiß abtransportierte. Ich trennte die Ärmel ab, weil es heiß war.

Auf meinem Bett sitzend begann ich mich anzuziehen. Nichts von dem Moment an, als ich anfing, meine Hose anzuziehen, geschah zufällig.

Jeder Schritt war sorgfältig geplant.

Jeder Check bot die Gelegenheit, sich zu konzentrieren und sicherzustellen, dass man nichts vergaß.

Vor jedem Einsatz ging ich alle diese Schritte durch.

Bevor ich die Hose anzog, prüfte ich noch einmal jede Tasche meiner Uniform.

In einer Cargo-Tasche hatte ich meine Einsatzhandschuhe und Lederfäustlinge für schnelles Abseilen. In der anderen Cargo-Tasche befanden sich ein Sortiment zusätzlicher Batterien, ein Kohlenhydrat-Gel und zwei Energieriegel. In meiner rechten Knöcheltasche hatte ich einen zusätzlichen Druckverband und in der linken Gummihandschuhe und mein SSE-Pack.

In einer Tasche auf der linken Schulter spürte ich die zweihundert Dollar in bar, die ich mitführte, falls wir in Schwierigkeiten gerieten und ich eine Fahrt bezahlen oder jemanden bestechen musste. Um freizukommen, braucht man Geld, und wenig wirkt besser als amerikanisches Bargeld. Meine digitale Olympus-Kompaktkamera steckte in der rechten Schultertasche. Und hinten am Gürtel hing ein Daniel-Winkler-Messer mit feststehender Klinge.

Ich steckte das Hemd in die Hose, holte meine Weste heraus und inspizierte sie noch einmal. Die Einlagen schützten die lebenswichtigen Organe von vorn und hinten. Ich hatte zwei Funkgeräte auf den beiden Seiten der Vorderplatte montiert. Zwischen ihnen

Operation Neptune Spear   1. Mai 2011

Nach dem Plan für die Mission sollten zwei Black Hawk-Hubschrauber zweiundzwanzig SEALs, einen EOD-Techniker und einen CIA-Dolmetscher von einer Basis in Dschalalabad, Afghanistan, zum Zielanwesen in Abbottabad, Pakistan, bringen. Zwei CH-47 mit Reservetreibstoff und einer Schnellen Eingreiftruppe, die ebenfalls aus SEALs bestand, sollten fünfzehn Flugminuten vom Ziel entfernt einen FARP (Forward Air Refueling Point) einrichten.

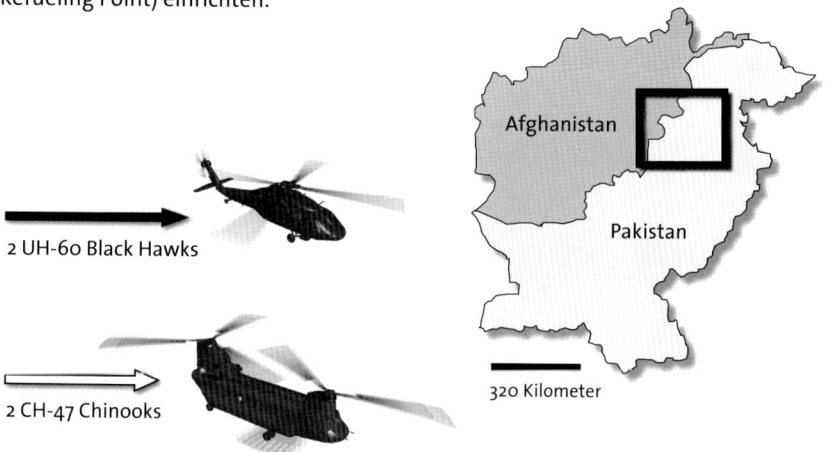

2 UH-60 Black Hawks

2 CH-47 Chinooks

Afghanistan

Pakistan

320 Kilometer

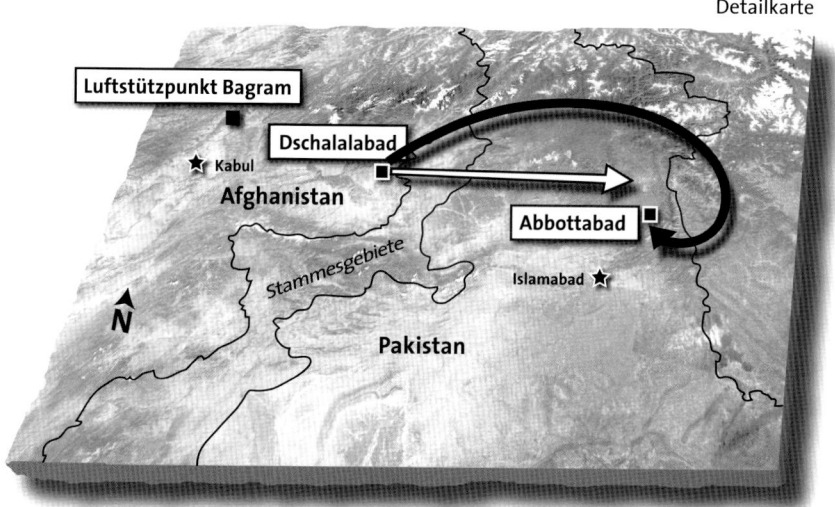

Detailkarte

Luftstützpunkt Bagram

Dschalalabad

Kabul

Afghanistan

Abbottabad

Stammesgebiete

Islamabad

N

Pakistan

80 Kilometer

Osama Bin Ladens Anwesen

Das über 4000 m² große Anwesen befand sich an der Kakul Road in Bilal, einem gutbürgerlichen Bezirk der Stadt Abbottabad. Die Stadt beherbergt auch eine pakistanische Militärakademie und ist ein populärer Ferienort. Bin Laden bewohnte den zweiten Stock im Haupthaus.

Auf den Außenmauern des Anwesens war Stacheldraht angebracht.

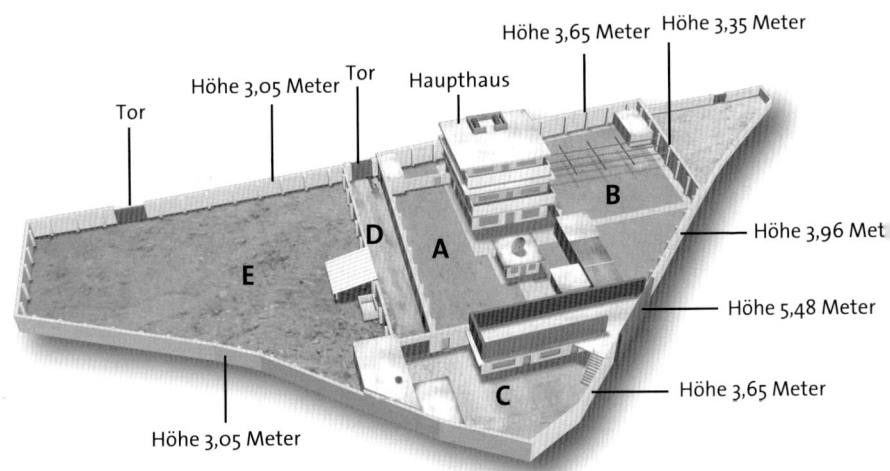

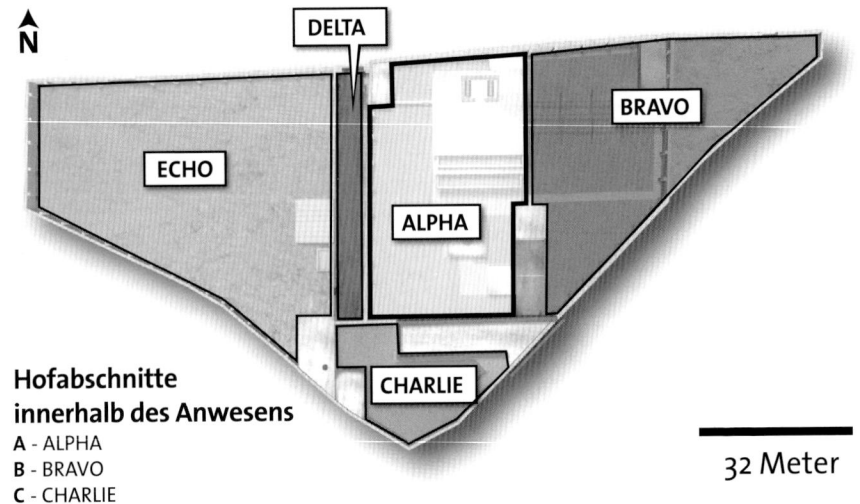

Hofabschnitte innerhalb des Anwesens

A - ALPHA
B - BRAVO
C - CHARLIE
D - DELTA
E - ECHO

32 Meter

Operation Neptune Spear: Infil

① Chalk One versucht, wie geplant auf Hof A einzuschweben, kann aber nicht stabilisiert werden.

② Chalk Two landet und setzt das äußere Sicherheitsteam aus vier SEALs, einem Dolmetscher und dem Diensthund ab.

③ Den Piloten von Chalk One gelingt es, den Hubschrauber in Hof E, westlich vom Haupthaus, bruchlanden zu lassen.

④ Die Piloten von Chalk Two beobachten die Bruchlandung von Chalk One und treffen aus Sicherheitsgründen sofort die Entscheidung, die geplante Abseil-aktion über dem Dach des Hauptgebäudes aufzugeben. Stattdessen landet Chalk Two außerhalb des Anwesens in der Nähe des Haupttors.

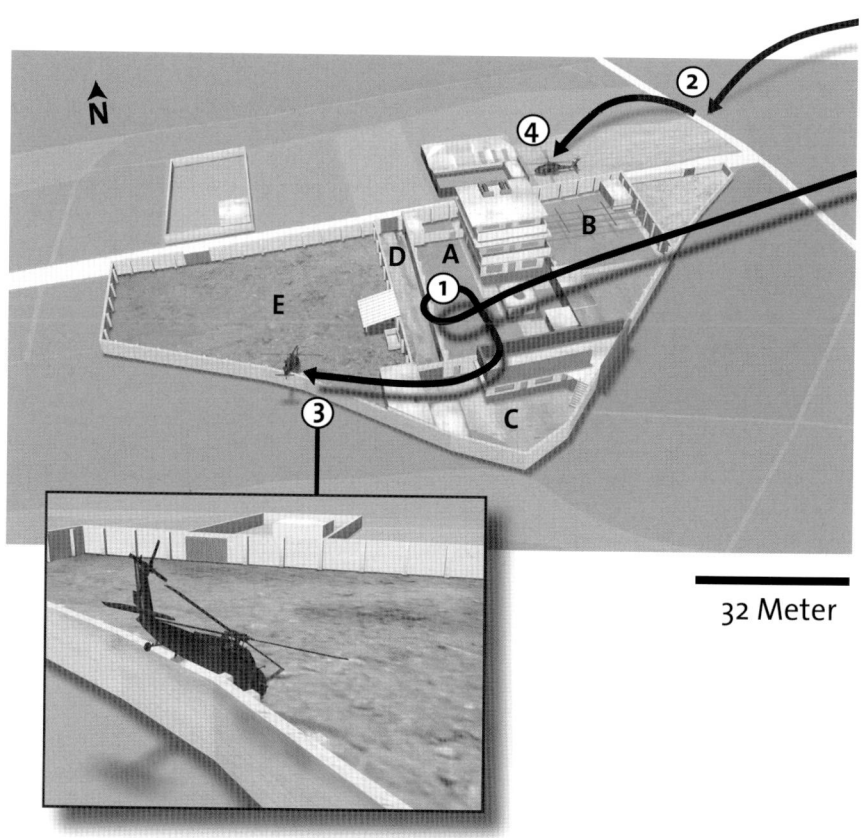

32 Meter

Operation Neptune Spear: Erstürmung

Die SEALs erholen sich schnell von dem Absturz von Chalk One und beginnen mit der Erstürmung des Anwesens.

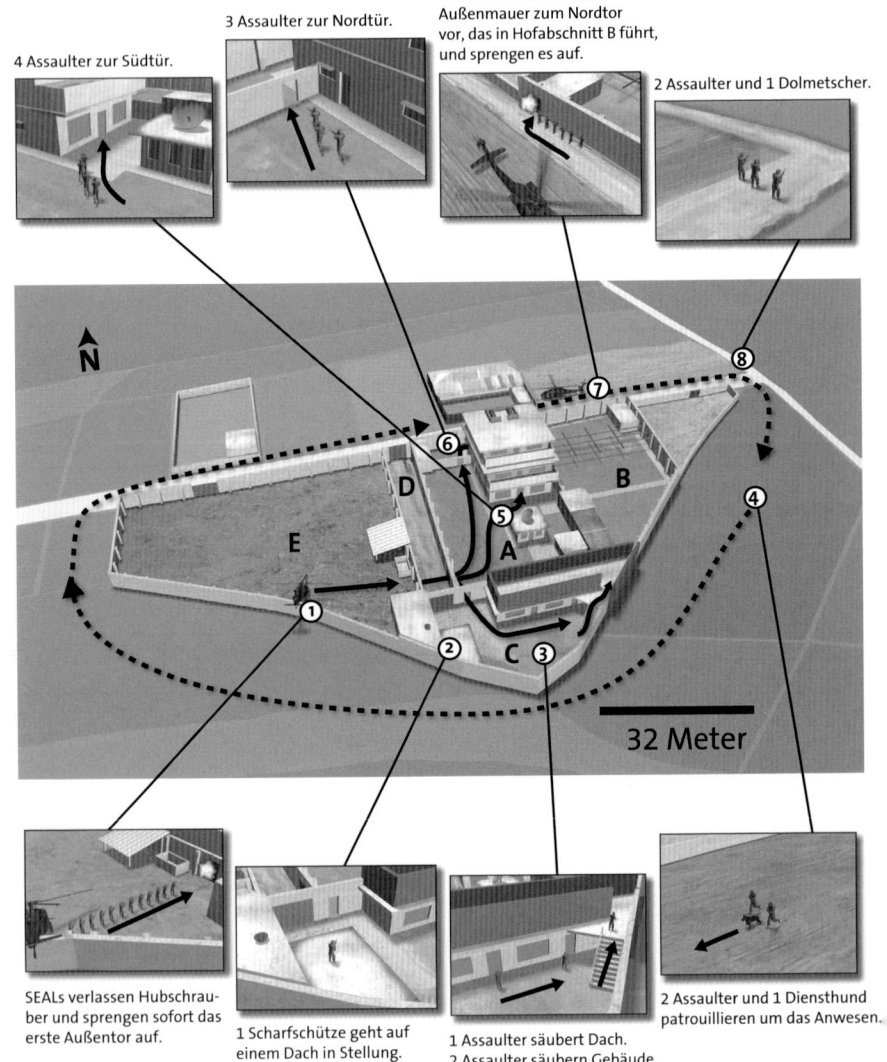

4 Assaulter zur Südtür.

3 Assaulter zur Nordtür.

Assaulter rücken an der Außenmauer zum Nordtor vor, das in Hofabschnitt B führt, und sprengen es auf.

2 Assaulter und 1 Dolmetscher.

N

D

E

B

A

C

32 Meter

SEALs verlassen Hubschrauber und verlassen sofort das erste Außentor auf.

1 Scharfschütze geht auf einem Dach in Stellung.

1 Assaulter säubert Dach.
2 Assaulter säubern Gebäude.

2 Assaulter und 1 Diensthund patrouillieren um das Anwesen.

Operation Neptune Spear: Das Haupthaus

① Chalk Two sprengt das Außentor auf, das jedoch von innen zugemauert ist. Chalk Two stürmt an der Außenmauer entlang zum Haupttor D.

② Der leitende SEAL der Mission öffnet Haupttor D des Anwesens und lässt Chalk Two ein.

③ Owens Team säubert Innenhof C und stürmt zum Haupthaus, um den Angriff zu unterstützen.

④ Tom und sein Team sehen ihren Weg durch eine Metalltür im Flur versperrt. Sie säubern zuerst den südlichen Teil des Erdgeschosses, verlassen das Gebäude und begeben sich zur Nordtür.

⑤ Charlie legt eine Aufsprengladung an die Nordtür und wartet auf Toms Funkruf, bevor er die Sprengung auslöst.

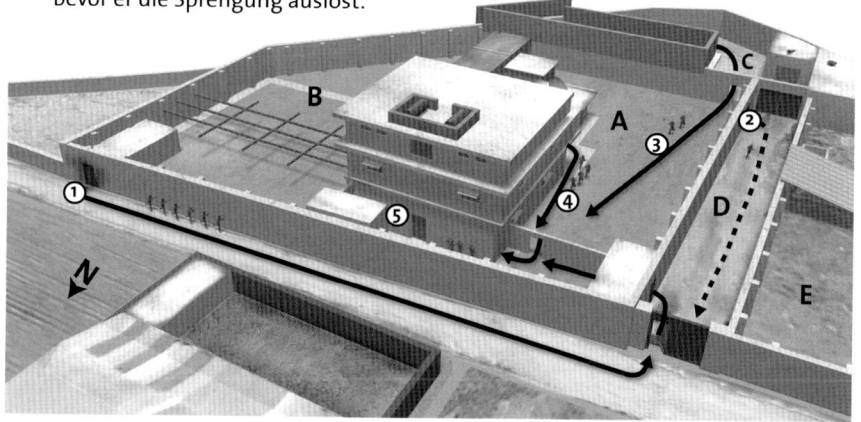

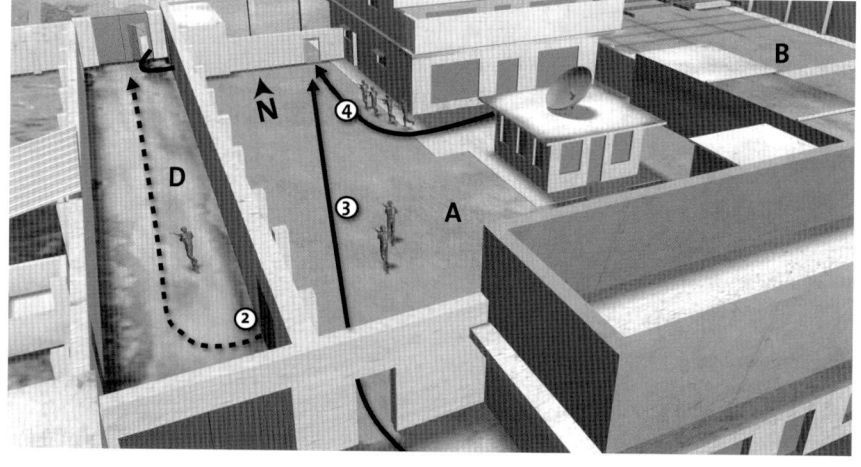

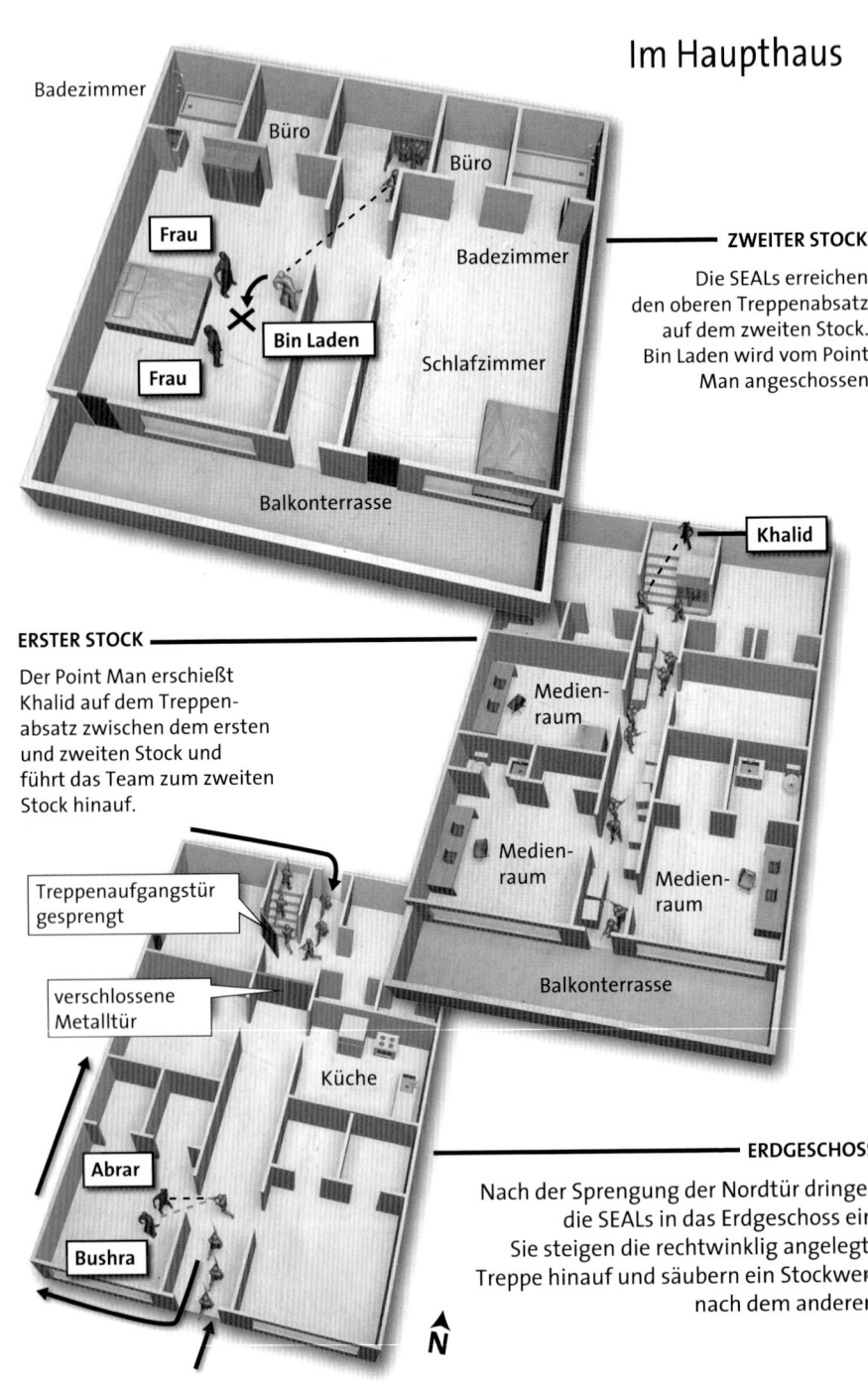

Im Haupthaus

Badezimmer

Büro

Büro

Frau

Badezimmer

Bin Laden

Schlafzimmer

Frau

Balkonterrasse

ZWEITER STOCK

Die SEALs erreichen
den oberen Treppenabsatz
auf dem zweiten Stock.
Bin Laden wird vom Point
Man angeschossen.

Khalid

ERSTER STOCK

Der Point Man erschießt
Khalid auf dem Treppen-
absatz zwischen dem ersten
und zweiten Stock und
führt das Team zum zweiten
Stock hinauf.

Medien-raum

Medien-raum

Medien-raum

Treppenaufgangstür
gesprengt

verschlossene
Metalltür

Balkonterrasse

Küche

ERDGESCHOSS

Nach der Sprengung der Nordtür dringen
die SEALs in das Erdgeschoss ein.
Sie steigen die rechtwinklig angelegte
Treppe hinauf und säubern ein Stockwerk
nach dem anderen.

Abrar

Bushra

N

Operation Neptune Spear: Exfil

① Die SEALs schaffen Bin Ladens Leiche aus dem Anwesen.

② Chalk One marschiert durch den Acker und besteigt den Black Hawk-Hubschrauber.

③ Nur wenige Sekunden vor der Sprengung des bruchgelandeten Black Hawk erhält die CH-47 den Befehl, sofort eine Schleife nach Süden zu fliegen, um eine Beschädigung durch Trümmerteile zu vermeiden.

④ Der Hubschrauber wird gesprengt.

⑤ Chalk Two und die Crew des bruchgelandeten Black Hawk besteigen die CH-47 mit der Schnellen Eingreiftruppe.

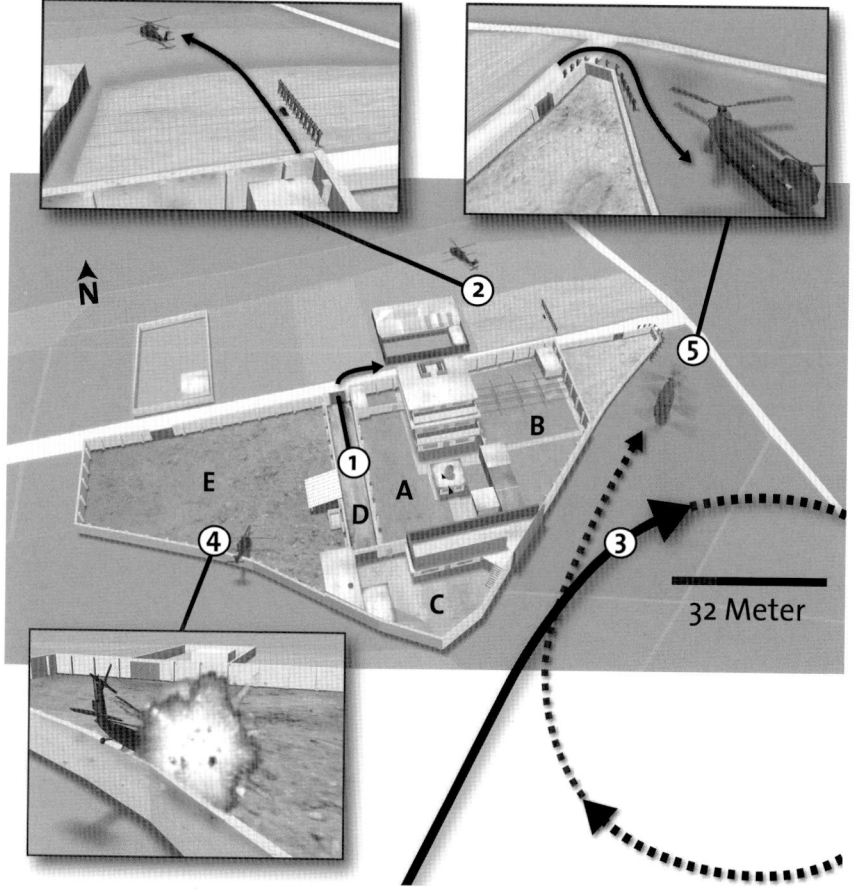

N

32 Meter

Operation Neptune Spear : Exfil

① Ein CH-47 nimmt die SEALs vor dem Anwesen auf und fliegt direkt zurück nach Dschalalabad.

② Der Black Hawk fliegt nach Norden und legt am FARP (Forward Air Refueling Point) einen Auftankstopp ein.

③ Der Black Hawk und der zweite CH-47 fliegen nach Dschalalabad zurück.

④ Die C-130 transportiert die Einheit von Dschalalabad nach Bagram.

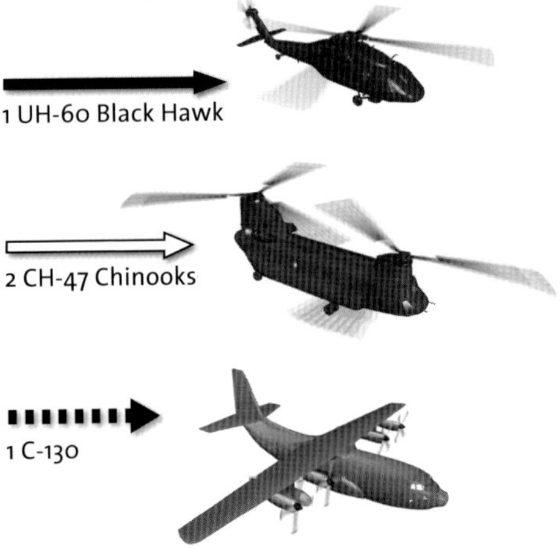

1 UH-60 Black Hawk

2 CH-47 Chinooks

1 C-130

Afghanistan

Pakistan

320 Kilometer

Detailkarte

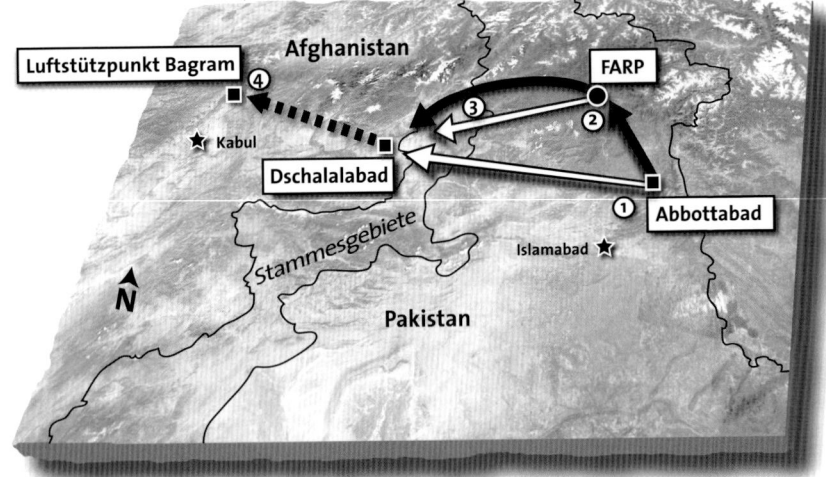

Luftstützpunkt Bagram

Afghanistan

FARP

④

③

②

★ Kabul

Dschalalabad

①

Abbottabad

Islamabad ★

Stammesgebiete

Pakistan

N

80 Kilometer

trug ich drei Magazine für mein HK 416-Sturmgewehr und eine baseballgroße Splittergranate. Außerdem hatte ich verschiedene chemische Leuchtstäbe vorne auf meiner Weste befestigt, darunter auch die Infrarot-Version, die man nur mit Nachtsichtgeräten sieht. Wir knickten solche Plastikleuchtstäbe und warfen sie vor gesäuberten Räumen und Flächen auf den Boden. Die Lichter waren für das bloße Auge unsichtbar, aber meine Teamkameraden sahen sie in ihre Nachtsichtgeräte leuchten und wussten so, welche Gebiete sauber waren.

Meinen Bolzenschneider hatte ich mir in einem Sack auf den Rücken gehängt, wobei die beiden Griffe ein Stück über meine Schulter herausstanden. An meiner Weste waren die beiden Antennen für die Funkgeräte befestigt.

Ich ließ die Hände über die Weste gleiten und zupfte an der Sprengladung, die ich mit einem Gummiband auf der Rückseite angebracht hatte. Dann konzentrierte ich mich auf den Helm. Er wog nicht einmal viereinhalb Kilo inklusive der Nachtsichtbrille. Offiziell konnte er ein Neun-Millimeter-Geschoss stoppen, doch die Helme hatten auch schon AK-47-Geschosse aufgehalten. Ich schaltete das Licht an, das mit einem Schienensystem am Helm befestigt war. Es war eine brandneue Princeton-Tec-Lampe, wie ich sie auch schon bei meinem letzten Einsatz verwendet hatte.

Dann setzte ich den Helm auf und zog meine Nachtsichtbrille (Night Vision Goggles oder NVG) herunter. Anders als die konventionellen Einheiten hatten wir Brillen mit vier Okularen anstatt der üblichen zwei. So bekamen wir ein Sichtfeld von hundertzwanzig Grad statt nur vierzig Grad. Bei den Standardbrillen hatte man immer das Gefühl, man schaue durch zwei Klopapierrollen. Unsere Nachtsichtgeräte erlaubten uns, auch die Ecken im Blick zu behalten, und gaben uns ein besseres Gefühl für die Situation. Sobald ich meine 65 000 Dollar teure Brille anschaltete, war mein

Zimmer in ein grünes Licht getaucht. Nach ein paar Justierungen konnte ich alle Einzelheiten der Möblierung erkennen.

Schließlich griff ich zum Gewehr. Ich drückte es in die Schulter und stellte mein EOTech-Visier an. Dahinter war eine dreifache Vergrößerung montiert, die mir tagsüber genauere Treffer ermöglichte. Mit der Mauer neben meiner Koje im Visier testete ich meinen roten Laser, der mit bloßem Auge sichtbar war, und ich zog mein Nachtsichtgerät vor die Augen und prüfte auch den Infrarotlaser.

Ich zog den Verschluss zurück und lud durch. Anschließend machte ich einen Check, indem ich den Verschluss zurückzog und prüfte, dass eine Patrone im Patronenlager war. Das machte ich für alle Fälle gleich zweimal, dann sicherte ich und lehnte das Gewehr an die Wand.

Nachdem meine Ausrüstung geprüft und bereit war, zog ich ein kleines laminiertes Heftchen – unseren Spickzettel für die Mission – aus einem kleinen Beutel vorn an meiner Weste und blätterte es noch einmal durch.

Die erste Seite war ein Luftbild der Anlage mit einem darübergelegten Gitternetz, ein kleiner Grid Reference Guide oder GRG. Dort waren alle wichtigen Bereiche markiert und die Gebäude durchnummeriert. Alle arbeiteten mit dem gleichen GRG, die Piloten ebenso wie die QRF und die Leute im Einsatzzentrum.

Dann folgte eine Liste mit Funkfrequenzen. Im letzten Teil fand sich eine Namensliste mit Fotos von allen, die wir im Zielobjekt vermuteten. Ich schaute mir die Bilder der al-Kuwaiti-Brüder genau an, vor allem Ahmed al-Kuwaiti, weil er wohl in C1 wohnte. Im Heft gab es nicht nur Bilder, sondern auch wichtige Angaben wie Größe, Gewicht und bekannte Decknamen. Auf der letzten Seite war Bin Laden abgebildet und verschiedene Phantombilder, wie er und sein Sohn jetzt wohl aussehen könnten.

Nach meiner Tarnuniform und meiner Ausrüstung griff ich jetzt zu meinen Salomon-Quest-Stiefeln und zog sie an. Sie waren ein bisschen klobiger als die niedrigen geländetauglichen Laufschuhe, die meine Teamkameraden manchmal trugen. Ich schwor auf diese Stiefel, weil sie meine empfindlichen Knöchel schützten, mit denen ich oft umknickte. Diese Stiefel hatten mich durch die Berge der Provinz Kunar und die Wüsten des Irak begleitet. Meine gesamte Ausrüstung war erprobt und bei früheren Missionen zum Einsatz gekommen. Ich wusste, dass alles tipptopp in Schuss war.

Plötzlich, als ich die Stiefel schnürte, traf mich ein Gedanke wie ein Keulenschlag. Vielleicht machte ich das alles zum letzten Mal. Wir hatten etwas wirklich Bedeutsames zu tun. Bisher hatten wir uns alle Mühe gegeben, zu verdrängen, dass wir vielleicht Geschichte schreiben würden. Wir machten unsere Arbeit, und dies war einfach die nächste Mission. Die Aufgabe war ein Sturmangriff auf ein Haus und die Gefangennahme oder Tötung einer Zielperson. Für mich war es egal, wer diese Zielperson war, aber als ich mir die Stiefel band, merkte ich plötzlich, dass es vielleicht doch nicht egal war. Ich musste mich der Bedeutung unseres Einsatzes stellen, und ich wollte sichergehen, dass die Schnürsenkel hielten.

In der letzten Stunde ging ich noch einmal die winzigsten Kleinigkeiten durch. Alles musste stimmen. Ich band die Schlaufen meiner Schnürbänder zu einem Doppelknoten und steckte sie oben in die Stiefel. Mitten im Zimmer hob ich mir meine siebenundzwanzig Kilo schwere Weste über den Kopf und ließ sie auf die Schultern sinken. Ich zog die Riemen fest und schloss mich damit praktisch zwischen den Platten ein. Eine Sekunde brauchte ich, um sicherzugehen. dass ich an alles herankam. Mit einem Griff über den Kopf konnte ich beide Griffe des Bolzenschneiders erreichen. Ich berührte die Sprengladung auf meiner linken Schulter.

Dann verband ich die Antennen mit meinen Funkgeräten und legte meine »bone phones« an, die auf den Wangenknochen auflagen. Sie erlaubten mir, den Funkverkehr über den Knochenschall zu hören. Notfalls konnte ich auch einen Ohrhörer einsetzen, um die Hintergrundgeräusche auszublenden und die Töne direkt im Ohr zu haben.

Im rechten Ohr würde ich die Kommunikation beider Teams hören. Über dieses Netz kommunizierten alle meine Teamkameraden miteinander. Mein linkes Ohr würde das Kommandonetz empfangen, über das ich mit den anderen Teamführern und dem Hauptquartier verbunden war.

Als Teamführer brauchte ich die beiden getrennten Netze, aber im Grunde sollte es bei diesem Ziel nicht viel Funkverkehr über das Kommandonetz geben. Nur die Offiziere würden über Satellitenfunk sprechen, und der meiste Funkverkehr auf dem Zielobjekt würde über das Einsatznetz laufen.

Alle Checks waren gemacht. Ich hatte meine einzelnen Schritte zur Vorbereitung der Mission abgeschlossen. Noch ein letzter Gang durch das Zimmer, um sicherzugehen, dass ich auch nichts vergessen hatte, dann schloss ich die Tür hinter mir.

Die Sonne ging unter. Um mich herum hörte ich, dass sich auch die anderen bereit machten. Es wurde wenig gesprochen, aber man hörte, wie die Männer herumliefen, ihre Ausrüstung überprüften oder ihre Taschen packten. Die Tür zum Gebäude fiel in einem gleichmäßigen Rhythmus immer wieder ins Schloss, wenn jemand hinein- oder hinausging.

Wir würden uns gleich an der Feuergrube treffen. Beim Näherkommen hörte ich den donnernden Beat einer Metal-Band aus den Lautsprecherbroxen dröhnen. Ich schloss mich meinem Team an, und wir suchten uns einen Platz, um auf McRaven zu warten. Er hatte darum gebeten, vor der Mission kurz mit uns zu sprechen.

»Bist du bereit?«, fragte ich Will.

Er nickte.

Ich schaute mich um und sah Walt, Charlie und die anderen, die mit ihren eigenen Teams warteten. Noch ein paar Stunden zuvor hatten wir herumgeblödelt und darüber gewitzelt, wer von uns wohl dereinst im Film vorkommen würde. Jetzt waren alle ernst.

McRaven erschien ohne großes Trara. Wir versammelten uns alle um ihn.

Er sprach vor allem über die strategische Ebene – sein Lieblingsthema. Was er sagte, kam bei mir gar nicht richtig an, weil ich mich so auf das konzentrierte, was gleich ablaufen würde. Sobald er weg war, folgte der Befehl zum Ausrücken.

»Alle auf den Black Hawks nehmen die Busse eins und zwei«, hörte ich einen von den Support-Typen brüllen. »Die Busse drei und vier gehen zu den Siebenundvierzigern.«

Die Busse standen bereit, die Motoren liefen schon. An Bord quetschte ich mich auf einen Sitz im Mittelteil. Will zwängte sich auf den Nebensitz. Die Busse waren alt und staubig. Die Vinylsitze waren abgewetzt – jahrelang hatten sie Assaulters in voller Ausrüstung zum Flugplatz transportiert.

Der Bus fuhr nicht, er schlich. Die Stoßdämpfer waren durch das enorme Gewicht verschlissen, und so spürten wir jede Bodenwelle direkt in Beinen und Rücken. Die Fahrt dauerte nur ein paar Minuten, aber uns kam sie viel länger vor.

Bald konnte ich riesige Flutlichter sehen, die in der Nähe des Hangars, in dem, wie ich wusste, die Black Hawks auf uns warteten, nach außen strahlten. Es sah aus wie ein explodierender Stern, und man konnte unmöglich in die Lichtkugel hineinsehen. Ein Generator summte im Hintergrund, als wir ausstiegen und hinter den Zaun marschierten, der den Hangar umgab.

Drinnen führten die Helikopter-Besatzungen die letzten Checks durch. Der Lärm der Rotorblätter machte jede Unterhaltung unmöglich. Ich schlich mich zum Zaun, um ein letztes Mal zu pinkeln. Als die Helikopter fertig waren, schoben ein paar Leute von der Support-Crew das Tor auf, und dann rollten die Maschinen hinaus.

Ich nickte ein paar Jungs von Chalk Two zu und zeigte ihnen mit einem Grinsen den Mittelfinger. Wir gingen schweigend auseinander. Worte wären im Rotorengedröhn untergegangen, aber die Gesten bedeuteten dasselbe.

Wir sehen uns am Boden wieder.

Mehr gab es nicht zu sagen.

Wir stellten uns auf beiden Seiten der Hubschrauber auf. Ich schaute auf die Uhr. Zehn Minuten blieben uns noch. Auf dem Rollfeld suchte ich mir einen Platz, um mich kurz hinzulegen. Ich legte den Kopf auf den Helm und schaute zu den Sternen hinauf. Eine Sekunde lang entspannte ich mich einfach nur. Schließlich signalisierte uns der Einsatzleiter, dass wir an Bord gehen sollten.

Ich stieg als einer der letzten in den Hubschrauber, weil ich der erste beim Abseilen sein würde. Nachdem alle anderen ihr Zeug eingeladen hatten, gab es noch einen kleinen freien Raum nahe der Schiebetür, neben Walt und dem Scharfschützen, der uns beim schnellen Abseilen Feuerschutz geben sollte. Ich quetsche mich dort hinein, so gut ich konnte. Dann prüfte ich, ob meine Waffe auch wirklich gesichert war. So zusammengedrängt in einem Hubschrauber ohne jeden Bewegungsspielraum ist eine versehentlich entsicherte Waffe wirklich das Letzte, was einem noch gefehlt hat.

Ich legte meinen Helm auf den Schoß, um sicherzugehen, dass die Nachtsichtbrille keinen Schaden nahm. Hochgeklappt saß sie wie ein Geweih auf dem Helm.

Sobald sich die Tür schloss, hob der Helikopter ab und schwebte für ein paar Sekunden, bevor er wieder aufsetzte. Dann löste sich die Maschine genau nach Zeitplan vom Rollfeld. Ich spürte, wie sich die Nase senkte, als wir Tempo aufnahmen. Sobald wir die Basis verlassen hatten, drehte der Black Hawk nach rechts und flog Richtung Grenze.

Die Kabine war dunkel und überfüllt. Bei jeder Bewegung bohrten sich Walts Knie in meinen Rücken. Der Funk in meinem Ohr schwieg. Die Kontrollleuchten im Cockpit glühten schwach, aber draußen vor den Fenstern herrschte finstere Nacht.

Nach vielleicht fünfzehn Minuten Flug kam knackend die erste Nachricht über das Einsatznetz.

»Wir überqueren die Grenze.«

»Ich schätze, das tun wir, ja«, dachte ich.

Bald döste ich ein. Als wir uns Abbottabad näherten, hörte ich die Codewörter für die verschiedenen Checkpoints über das Einsatznetz eingehen. Doch jedes Mal glitt ich wieder in einen leichten Schlummer zurück.

»Zehn Minuten.«

Das riss mich aus meiner Benommenheit. Ich rieb mir die Augen und bewegte die Zehen, um den Blutkreislauf wieder in Gang zu bringen. Ich hatte offenbar länger geschlafen, als ich dachte, denn die Zehn-Minuten-Ansage kam überraschend schnell. Ich glaube, die meisten Männer im Helikopter hatten noch ein bisschen Schlaf auf dem Flug getankt. Das war auch dringend nötig.

»Sechs Minuten.«

Die ganze Aufregung war weg, es war einfach nur eine weitere Arbeitsnacht für uns. Ich setzte den Helm auf und ließ den Kinnriemen einrasten. Mit den NVGs über den Augen prüfte ich, ob alles scharf zu sehen war. Ich zog das Gewehr eng an die Brust, damit es nicht hängen blieb, wenn ich mich abseilte, und prüfte ein letztes Mal die Sicherung. Es war noch dunkel in der Kabine, aber ich wusste, dass alle die gleichen Checks machten.

»Eine Minute.«

Der Einsatzleiter schob die Tür auf. Ich ließ den Galgen des Fast Rope Insertion/Extraction System (FRIES) hinausgleiten. Das Seil war mit dem FRIES-Galgen verbunden, der dafür sorgte, dass es sauber herabhing. Der Galgen wurde mit einem Bolzen am Sockel an Ort und Stelle gehalten. Ich fuhr mit der Hand darüber und kontrollierte, dass der Bolzen richtig saß. Der Einsatzleiter prüfte es auch noch einmal. Dann zog ich fest am Seil, um ganz sicherzugehen, und ließ meine Beine über den Rand des Helikopters in den Wind gleiten.

Ich griff nach dem Seil und lehnte mich weit hinaus, um zu sehen, was vor uns lag. Mehrere Häuser, die wir überflogen, hatten beleuchtete Pools und gepflegte Gärten hinter hohen Steinmauern. Ich war eigentlich eher gewohnt, Berge zu sehen oder Dörfer, die aus einer Handvoll Lehmhütten bestanden. Von oben wirkte Abbottabad wie ein Vorort in den Vereinigten Staaten.

Endlich konnte ich den ersten Blick auf das Anwesen werfen. Der Flug von Dschalalabad hatte etwa neunzig Minuten gedauert, und wir würden weit nach Mitternacht landen. Es war stockfinster, in den umliegenden Häusern brannte kein Licht. Es sah so aus, als hätte der ganze Block keinen Strom. Blackouts wegen Überlastung des Stromnetzes gab es in der Gegend häufiger.

Der Motorenlärm klang anders, als der Helikopter zum Schwebflug über dem Gebiet ansetzte. Sobald wir über dem vorher festgesetzten Fast-Rope-Point waren, konnte ich das Seil hinauswerfen. Der Schwebeflug war unruhig, und die Piloten hatten offensichtlich Schwierigkeiten, Position zu halten. Ich hatte das Gefühl, dass sie mit dem Hubschrauber rangen, um ihm ihren Willen aufzuzwingen. Meine Augen gingen zwischen dem Boden und dem Einsatzleiter hin und her, während wir darauf warteten, dass der Helikopter in die Position kam, in der ich das Seil abwerfen konnte.

»GO, GO, GO« lief als Schleife in meinem Kopf.

Beim Training hatten die Piloten nie Probleme mit dem Schwebflug gehabt. Irgendetwas lief schief. Wir wollten alle nur noch aus dem Helikopter raus auf den Boden.

»Wir drehen eine Runde«, hörte ich über das Einsatznetz.

»Scheiße«, dachte ich. »Wir sind noch nicht einmal gelandet, und schon kommt Plan B ins Spiel.«

Plötzlich drehte sich der Helikopter neunzig Grad nach rechts, und ich spürte, wie mein Magen Achterbahn fuhr. Die Rotoren über mir kreischten, als der Black Hawk versuchte, wieder Höhe zu gewinnen. Mit jeder Sekunde näherte sich der Hubschrauber dem Boden. Von meiner offenen Tür aus konnte ich die Anlage auf uns zurasen sehen.

Verzweifelt bemühte ich mich um einen festen Halt und wollte in die Kabine zurückrutschen, doch hinter mir gab es kaum Platz, weil alle meine Kameraden bei der Vorbereitung auf das Abseilen nach vorne drängten. Dann spürte ich, wie Walts Hand nach meiner Ausrüstung griff und mich weiter in die Kabine hineinzog. Seine andere Hand schoss nach vorn und griff nach dem Scharfschützen neben mir. Ich lehnte mich mit aller Kraft zurück. Meine Beine strampelten in der Luft, während ich sie hineinziehen wollte. Ich wusste, wenn sie beim Aufprall draußen waren, würden sie zerquetscht oder abgetrennt werden.

Je näher wir dem Boden kamen, desto wütender wurde ich. Wirklich alle Assaulters hatten so viel geopfert, um bis hierher zu kommen. Wir alle hatten uns gefreut, dass wir für diese Mission ausgewählt worden waren, und jetzt würden wir sterben, ohne auch nur die Chance zu bekommen, unseren Job zu machen.

»Scheiße, scheiße, scheiße«, dachte ich. »Das wird echt wehtun.«

KAPITEL 13

Infil

Ich war total angespannt, und meine Bauchmuskeln taten höllisch weh, als ich die Beine so weit wie möglich an die Brust ziehen wollte.

Durch die große offene Tür sah ich nur noch den Boden, der auf mich zuraste. Hubschrauber sind nicht wie Flugzeuge, die im Gleitflug eine Bruchlandung machen können. Wenn sie außer Kontrolle geraten, stürzen sie ab wie ein Stein. Und wenn sie aufschlagen, brechen die Rotorblätter ab, und die Splitter fliegen in alle Richtungen. Ich saß in der offenen Tür und hatte Angst, dass mich die Kabine beim Absturz überrollen und zerquetschen würde.

Ich spürte, wie mich Walt an meinem Anzug zurück in die Kabine zog. Egal, wie stark ich die Beine an mich presste, sie waren immer noch draußen. Der Scharfschütze neben mir saß fest und hatte ein Bein draußen und eines drinnen.

Das Gefühl bei einem Hubschrauberabsturz ist schwer zu beschreiben. Ich glaube nicht, dass mein Verstand das Geschehen voll erfasste. Ich hatte die Vorstellung, dass ich vielleicht in der Tür bleiben könnte, wie eine der Trickfiguren aus der Zeichentrickserie Bugs Bunny. Das Haus fällt von einer Klippe, und die Figur rettet sich, indem sie die Haustür aufmacht. Für den Bruchteil einer Sekunde dachte ich tatsächlich, dass ich in der Tür landen und mir nichts passieren würde, wenn der Hubschrauber aufschlug und sich überschlug.

Die Außenmauer des Anwesens raste kurz vorbei, als wir weiter auf den Boden zustürzten.

Bei der Neunzig-Grad-Drehung hatte der Schwanzrotor des Hubschraubers nur knapp die Mauer auf der Südseite des Anwesens verfehlt. Mir wurde ganz eng in der Brust vor Angst. Ich hatte keinerlei Kontrolle über das Geschehen, und das machte mir vermutlich am meisten Angst. Ich hatte immer gedacht, ich würde bei einem Feuergefecht sterben, nicht bei einem Hubschrauberabsturz. Wir waren alle daran gewohnt, das Schicksal zu unseren Gunsten zu beeinflussen. Wir kannten die Gefahren. Wir bereiteten unsere Operationen akribisch vor, und wir hatten Vertrauen in unsere Fähigkeiten. Jetzt aber saßen wir in einem Hubschrauber fest, und es gab nichts, was wir tun konnten.

Sekunden vor dem Aufschlag spürte ich, wie sich die Nase des Hubschraubers senkte. Er erzitterte, als er sich wie ein Rasenpfeil in den weichen Boden bohrte. Gerade noch war der Boden auf mich zugerast. Jetzt stand alles still. Es war so schnell gegangen, dass ich nicht einmal den Aufprall gespürt hatte.

Die Rotorblätter brachen nicht. Stattdessen wirbelten sie um uns herum einen Mahlstrom von Staub und Schmutz auf.

Ich atmete tief aus und blinzelte, um den Staub aus den Augen zu kriegen, und starrte angestrengt in den Wirbel von Steinen und Staub. Ich erkannte, dass wir immer noch zwei Meter über dem Erdboden waren, weil der Hubschrauber mit dem Heck steil in die Luft ragte.

»Raus mit dir, verdammt noch mal«, schrie Walt mich an und gab mir einen Stoß.

Ich sprang aus der Kabine und landete in der Hocke auf dem Hof. Obwohl ich fast dreißig Kilogramm Ausrüstung trug, spürte ich weder das Gewicht noch den Aufprall. Ohne zurückzuschauen sprintete ich vom Wrack des Hubschraubers weg wie ein Rennläufer. Erst als ich in etwa dreißig Metern Entfernung schlitternd zum Stehen kam, drehte ich mich um und sah zum ersten Mal das Wrack.

Der Hubschrauber hatte beim Absturz mit dem Heckausleger die drei Meter fünfundsechzig hohe Schutzmauer berührt und saß mit dem Heckgepäckraum auf der Mauerkrone auf. Deshalb waren die Rotorblätter nicht am Boden aufgeschlagen. Wenn irgendein anderer Teil des Hubschraubers auf die Mauer geprallt wäre oder wenn der Rotor zuerst auf den Boden getroffen wäre, hätte keiner von uns den Absturz unversehrt überstanden. Teddy und sein Copilot hatten irgendwie das Unmögliche vollbracht.

Ich sah meine Teamkameraden aus der Kabine springen und durch die Lücke unter dem an der Mauer lehnenden Hubschrauber rennen.

Im Lauf unserer Karriere hatten wir alle gelernt, belastende Situationen abzuspalten, und jetzt musste ich den Absturz verdrängen. Zwei Minuten zuvor hatte ich mich noch geärgert, dass wir außerhalb des Anwesens landen würden, jetzt waren wir innerhalb der Mauern und am Leben. Trotz der Beinahekatastrophe konnten wir unseren Auftrag immer noch erfüllen.

Meine Teamkameraden liefen schon auf das Tor zu, das in den Hauptteil des Anwesens führte. Ich musste meinen Arsch in Bewegung setzen, denn wenn Charlie oder Walt mich herumstehen sahen, während sie schon zu ihren Positionen rannten, würden sie gar nicht mehr aufhören, mich zu veräppeln.

Basierend auf dem Treibstoffverbrauch der Hubschrauber und einer möglichen Reaktion der Pakistanis hatten wir für die Operation dreißig Minuten kalkuliert. Zusätzlich hatten wir zehn Minuten für außergewöhnliche Vorkommnisse eingeplant. Als ich zum Hubschrauber zurückrannte, hatte ich das Gefühl, dass wir diese zehn Minuten jetzt brauchen würden.

Der Hubschrauber lag so auf der Mauer auf, dass ich zu wenig Raum hatte, um vorne an dem Rotor vorbeizukommen. Es war dunkel, und selbst mit meinem Nachtsichtgerät konnte ich nicht sicher sein, in welcher Höhe sich die Rotorblätter drehten. Der einzige Weg in den Hauptteil des Anwesens führte unter dem Wrack hindurch.

»Ich sprenge jetzt«, hörte ich Charlie im Einsatznetz sagen. Ich sah, wie er am Tor zum Hauptteil des Anwesens die Sprengladung anbrachte.

Ich zog den Kopf ein und raste zurück zum Wrack. Dort schlüpfte ich dicht an der Mauer unter dem Heckausleger durch. Dabei spürte ich die heißen Abgase der Motoren. Es war, als würde ich für ein paar Sekunden durch einen Haartrockner laufen.

Als ich durch war, war Charlie immer noch mit der Sprengladung an dem verschlossenen Eisentor beschäftigt. Um ihn herum standen andere Männer mit den Waffen im Anschlag und sicherten ihn.

Ich rannte zu einem Gebetsraum in der Nähe des Tors und prüfte, ob er sauber war. Drinnen war eine große offene Fläche mit dicken Teppichen auf dem Boden und mit Kissen, die außen herum an den Wänden lagen. Wir wussten von den Nachrichtenanalytikern, dass der Raum meist für den Empfang von Gästen verwendet wurde, aber es kamen offenbar selten welche. Sobald ich ihn überprüft hatte, aktivierte ich einen Infrarotleuchtstab und warf ihn neben die Tür, um den anderen zu signalisieren, dass der Raum sauber war.

Als ich wieder rauskam, stellte Charlie gerade sicher, dass bei der Sprengung des Tors niemand von Splittern getroffen wurde. Ich sah den Blitz, als er auf den Detonator schlug und dann routiniert aus dem Gefahrenbereich hechtete, wie er es schon Tausende von Malen getan hatte.

Wir senkten alle den Kopf, um unsere Augen zu schützen. Niemand war in Panik oder nervös. Wir waren endlich am Boden, und endlich lag es nur noch an uns, dass der Job erledigt wurde.

Die Druckwelle der Explosion riss ein Loch in das Tor. Charlie passierte es als erster. Dabei kickte und bog er das versengte Metall weiter auf, damit wir durchpassten. Sofort danach gingen die anderen rein und steuerten auf die festgelegten Ziele zu. Trotz der Anfangsschwierigkeiten verfolgten wir nun wieder unseren ursprünglichen Plan.

Ich erhaschte einen Blick auf Chalk Two, als ich durch das Tor ging. An der Art, wie der Black Hawk schwebte, sah ich, dass er das Sicherungsteam für den Außenbereich bereits außerhalb der Mauern des Anwesens abgesetzt hatte.

Nachdem wir Dutzende von Malen am Nachbau des Anwesens trainiert hatten, war ich daran gewöhnt, den Abwind des Rotors ins Gesicht zu kriegen, während ich mich mit den Teams auf das Dach des Gebäudes schnellabseilte und der Hubschrauber über mir schwebte.

Nun jedoch stand der Hubschrauber nicht über dem Haus, sondern verschwand gerade hinter den Mauern. Die Piloten mussten gesehen haben, wie unser Black Hawk abstürzte, und wieder zurückgeflogen sein, um das Team außerhalb der Mauern abzusetzen.

»Machen Sie sich keine Gedanken, ob Sie die Leute mit den Hubschraubern an einer schlechten Stelle absetzen«, hatte Admiral McRaven den Piloten während einer der letzten Einsatzbesprechungen noch einmal eingeschärft. »Es kommt nicht darauf an, wo die Männer landen, das Wichtigste ist, dass sie sicher abgesetzt werden, den Rest kriegen sie schon selber hin.«

Vermutlich hatten die Piloten von Chalk One das Risiko einer Schnellabseilung aufs Dach des Gebäudes nicht mehr eingehen wollen, als sie gesehen hatten, was mit unserem Hubschrauber passiert war. Diese Entscheidung war richtig.

Jetzt hörte ich die ersten Funksprüche. Ich wusste aus der Notfallplanung, dass Chalk Two ein Tor auf der Nordseite ansteuern würde, wenn es mit dem Abseilen auf dem Dach nicht klappte.

Walt war neben mir, als wir uns auf die Haustür von C1 zubewegten. Das einzige Geräusch, das uns verriet, war das Knirschen unserer Stiefel auf dem Kies.

Wir wussten, dass Ahmed al-Kuwaiti, einer der Kuriere, denen Bin Laden am meisten vertraute, mit seiner Familie in dem Gästehaus wohnte. Wir rechneten mit mindestens einer Frau und mehreren Kindern. Da in dem Haus Kinder lebten, erwartete ich keine Sprengfallen.

Genau wie im Nachbau und auf den Fotos hatte das Haus eine doppelte Metalltür mit einem Fenster im oberen Bereich. Rechts neben der Haustüre befand sich ein weiteres, vergittertes Fenster. Ich sah kein Licht im Haus. Alle Fenster waren mit Leintüchern verhängt, sodass man nicht hineinsehen konnte.

Will ging links von der Tür in Stellung, während ich den Türgriff probierte. Ich drückte die L-förmige Schnalle zweimal herunter, doch die Tür war verschlossen.

Will trat einen Schritt zurück, nahm den Vorschlaghammer, den er bei sich trug, und zog den ausfahrbaren Stil des Hammers heraus. Ich gab ihm von rechts Deckung.

Will holte aus und schlug zu. Der Hammer traf die Schnalle, aber er zertrümmerte sie nur und hinterließ eine tiefe Kerbe in der Tür. Will versetzte der Tür noch zwei Schläge, aber es half nichts. Die Tür war aus dickem Metall, und wir wussten nun, dass wir mit dem Hammer nichts ausrichten konnten.

Will wandte sich dem Fenster zu und versuchte die Scheiben einzuschlagen, damit wir das Tuch wegziehen und hineinschauen könnten. Er zwängte den Kopf des Hammers zwischen den Gitterstäben hindurch und versuchte mit ihm die Scheiben einzuschlagen, aber jedes Mal, wenn er ausholte, blieb der Kopf des Hammers stecken. Die Gitterstäbe standen einfach zu dicht.

»Ich sprenge«, flüsterte ich Will zu und holte die Sprengladung heraus.

Wir wussten beide, dass wir möglichst schnell handeln mussten und dass wir den Vorteil der Überraschung spätestens mit dem Absturz des Hubschraubers verloren hatten. Will legte den Hammer weg und sicherte die Tür mit dem Gewehr.

Auf der anderen Seite des Anwesens krachte eine Explosion, als das Team von Chalk Two das nördliche Tor aufsprengte. »Durchbruch gescheitert«, kam über Funk die Meldung. »Wir gehen jetzt zu Tor Delta.« Die Männer waren auf eine Backsteinmauer gestoßen, als sie das nördliche Tor gesprengt hatten. Sie hätten jetzt eigentlich schon im dritten Stock des Hauptgebäudes sein sollen und waren noch nicht einmal auf das Anwesen vorgedrungen.

»Verstanden«, antwortete Mike, »ich treffe euch dort und öffne das Tor von innen.«

Tor Delta war am nördlichen Ende der Zufahrt, die den Hof, wo der Hubschrauber abgestürzt war, vom Rest des Anwesens trennte. Mike befand sich am südlichen Ende der Zufahrt, näher am Gästehaus.

Der Einsatz machte jetzt schnell Fortschritte. Es war vermutlich etwa fünf Minuten her, seit wir gelandet waren, und jetzt schwärmten vierundzwanzig Männer auf dem Anwesen aus. Weil inzwischen mindestens zwei Sprengladungen gezündet worden waren und schon die Hubschrauber Lärm gemacht hatten, wussten wir, dass wir das Überraschungsmoment verloren hatten. Wir zweifelten nicht daran, dass die Bewohner des Anwesens inzwischen darauf vorbereitet waren, sich zu wehren.

Ich ließ mich rechts der Tür auf ein Knie nieder, zog das Papier vom Klebestreifen der Sprengladung und klebte sie zwischen die kaputte Klinke und das Schloss. Ich knie immer, wenn ich eine Sprengladung an einer Tür anbringe, weil im Irak schon oft durch die geschlossene Tür auf mich geschossen wurde. Die Kämpfer jagen gern einen Feuerstoß durch die geschlossene Tür, wenn sie einen Mann dahinter vermuten.

Das dritte Mitglied meines Teams kam in das Anwesen. Der Mann war als einer der letzten aus dem Hubschrauber herausgekommen und stieß jetzt wieder zu uns. Er hatte die Aufgabe, das Treppenhaus zu säubern, das auf das Dach des Gästehauses führte. Als er auf die Treppe zuging, die sich in einer Linie mit der Tür befand, fetzte ein Feuerstoß aus einer Kalaschnikow durch das Glas in der Tür, die ihn nur knapp verfehlte.

Ich rollte zur Seite, als die Kugeln wenige Zoll über meinem Kopf vorbeipfiffen. Die ersten Feuerstöße jagen einem immer einen Höllenschreck ein. Ich spürte, wie meine Schulter von Glassplittern getroffen wurde.

»Das ist keine schallgedämpfte Waffe«, dachte ich.

Es war leicht zu erraten, wer da geschossen hatte, weil wir alle Schalldämpfer auf unseren Waffen hatten. Nicht gedämpfte Schüsse bedeuteten feindliches Feuer. Al-Kuwaiti hatte ein Sturmgewehr. Er hatte blindlings eine Salve in Brusthöhe abgegeben. Er war wie ein gefangenes Tier. Er hatte keinen Fluchtweg, und er wusste, dass wir kamen.

Will, der die Tür von links im Schussfeld hatte, schoss sofort zurück. Als ich mich umdrehte und ebenfalls feuerte, spürte ich einen scharfen Schmerz an meiner Schulter, wahrscheinlich ein Glas- oder ein Metallsplitter. Unsere Kugeln durchschlugen die

Metalltür. Ich rollte weg von dem »tödlichen Trichter« vor der Tür, kam auf die Füße und lief zu dem Fenster, das sich ein paar Schritte neben der Tür befand. »Ahmed al-Kuwaiti«, rief Will. »Ahmed al-Kuwaiti, komm heraus.«

Ich schlug mit meinem Gewehrlauf das Fenster ein und feuerte in die Richtung, wo ich Kuwaiti vermutete.

Will rief immer noch, aber er bekam keine Antwort. Ich verlor keine Zeit und rannte zurück zu der Sprengladung, die immer noch an der Tür klebte. Uns blieb nichts anderes übrig, als die Tür aufzusprengen. Als in ihre Nähe kam, achtete ich darauf, möglichst tief geduckt zu laufen.

Wenn die Tür gesprengt war, wollte ich eine Handgranate ins Haus werfen, bevor wir hineingingen und es säuberten. Ahmed al-Kuwaiti hatte gezeigt, dass er sich nicht kampflos ergeben wollte, und ich wollte kein Risiko eingehen. Gerade wollte ich den Zünder an der Sprenglandung anbringen, als ich hörte, wie jemand die Tür aufschloss. Will hörte es auch, und wir zogen uns sofort beide von der Tür zurück. Wir hatten keine Ahnung, wer da herauskommen oder was sonst passieren würde. Würde er die Tür nur einen Spalt öffnen und eine Handgranate werfen oder seine Kalaschnikow durchstecken und den Hof mit einem Kugelhagel bestreichen?

Ich sah mich rasch um. Es gab keine Deckung. Der Hof war mit Müll und Gartenwerkzeugen übersät. Wir mussten uns weiter zurückziehen und uns von der Tür und dem Fenster fernhalten.

Die Tür ging langsam auf, und ich hörte eine Frau etwas rufen. Das bedeutete nicht, dass uns nichts passieren konnte. Wenn die Frau mit einer Sprengstoffweste herauskam, waren wir tot. Dies war Bin Ladens Anwesen. Dies waren seine Leute, und sie hatten schon geschossen. Also wussten wir, dass sie bereit waren zu sterben, um ihn zu schützen.

Durch den Schweiß, der mir in die Augen lief, und den Dreck, den ich noch vom Abwind des Rotors in den Augen hatte, konnte ich im grünen Schein meines Nachtsichtgeräts mit Mühe die Gestalt einer Frau erkennen. Sie hatte etwas in den Armen, und mein Finger erhöhte langsam den Druck auf dem Abzug. Ich konnte unsere Laser um ihren Kopf tanzen sehen. Es würde nur den Bruchteil einer Sekunde dauern, bis sie tot war, wenn sie eine Bombe auf dem Arm hatte.

Als sich die Tür weiter öffnete, sah ich, dass das Bündel in ihren Armen ein Säugling war. Al-Kuwaitis Frau Mariam kam heraus, das Kind gegen die Brust gepresst. Hinter ihr schlurften weitere Kinder aus dem Haus.

»Kommt her«, rief ihnen Will auf Arabisch zu.

Ich hielt das Gewehr weiter auf sie gerichtet, als sie sich näherten.

»Er ist tot«, sagte Mariam auf arabisch zu Will. »Ihr habt ihn erschossen. Er ist tot. Ihr habt ihn getötet.«

Ich tastete die Frau schnell ab.

»He, sie sagt, er ist tot«, übersetzte Will.

Ich kauerte mich rechts neben die Tür und schob sie auf. Ich sah ein Paar Füße in der Tür des Schlafzimmers. Ich konnte nicht wissen, ob er noch lebte, und ich ging kein Risiko ein. Will drückte mir kurz die Schulter um zu signalisieren, das er bereit war, und wir betraten den Hausgang. Ich legte an und gab mehrere Schüsse ab, damit al-Kuwaiti mit Sicherheit ausgeschaltet war.

Im Haus roch es nach Heizöl. Als ich über al-Kuwaitis Leiche stieg, sah ich eine Pistole und eine Kalaschnikow unmittelbar hinter ihm im Zimmer liegen. Ich kickte die Waffen weg und fuhr fort, den Raum zu durchsuchen. In der Mitte stand ein Bett, und an den Wänden waren kleinere Betten für die Kinder. Die ganze Familie hatte in einem Raum geschlafen.

Auf der anderen Seite des Ganges lag der Küchenbereich. Unsere Kugeln hatten die Speisekammer durchsiebt, überall lagen Nahrungsmittel aus geplatzten Behältern herum, Wasser tropfte vom Spültisch, der Herd hatte mehrere Einschusslöcher, die billigen Kacheln waren gesprungen und ihre Scherben auf dem Boden verstreut.

Der Boden war rutschig von dem Wasser und von al-Kuwaitis Blut, das in den Gang gelaufen war und jetzt an unseren Stiefeln klebte. Wir sicherten hastig beide Räume und gingen wieder ins Freie. »Schüsse in C1, Gebäude gesichert«, gab ich über Funk durch und warf einen Infrarotleuchtstab neben die Tür des Gästehauses. Wir gingen Richtung Hauptgebäude, um die anderen Teams zu verstärken.

14

Khalid

Nicht mal zehn Minuten waren seit dem Crash vergangen. Zusammen mit Will sprintete ich durch das offene Tor zwischen Gästehaus und Hauptgebäude.

Wir hielten auf den Nordeingang von A1 zu.

»Sprengladung gelegt, Nordtür A1«, kam Charlies Stimme über Funk.

Er hatte die Ladung scharf gemacht und wartete nun darauf, dass ihm Tom per Funk den Befehl für die Sprengung gab.

Jen und ihre Analytiker schienen mit ihrer Vermutung recht zu behalten, dass das Haupthaus in zwei Einheiten aufgeteilt war. Bin Laden bewohnte mit seiner Familie den ersten und zweiten Stock mit eigenem Eingang. Der Pacer kam nämlich immer aus der Nordtür, während die Kuwaiti-Brüder immer die Südtür benutzten.

Da wir nicht sicher sein konnten, ob die Nord- und die Südtür durch einen Flur verbunden waren, wollten wir zwei gleichzeitige Sprengungen nicht riskieren. Deshalb hatten Tom und sein Team den Plan entwickelt, die Südseite des Hauses zuerst zu säubern, während Charlie an der Nordtür auf Toms Funkruf warten sollte, bevor er die Tür aufsprengte.

Toms drei Männer drangen ins Gebäude ein und machten sich daran, das Erdgeschoss zu säubern. Im Innern war es dunkel, fast pechschwarz, aber mit den Nachtsichtgeräten konnten sie unschwer einen langen Flur und vier davon abgehende Türen ausmachen, je zwei auf jeder Seite. Sie hatten sich erst ein paar Schritte ins Haus geschlichen, als der Point Man einen Mann entdeckte, der den Kopf aus der ersten Tür links streckte. Zuvor hatten sie schon vom Gästehaus her das unverwechselbare Rattern einer AK-47 gehört und wollten nun kein Risiko eingehen. Wer immer sich in A1 aufhielt, hatte inzwischen genug Zeit gehabt, sich auf einen Kampf vorzubereiten.

Der Point Man feuerte deshalb sofort einen Schuss ab. Die Kugel traf den Bewohner, der später als Abrar al-Kuwaiti identifiziert wurde; er verschwand in dem Zimmer. Langsam rückte das Team weiter in den Flur bis zu der Tür vor. Abrar al-Kuwaiti war verwundet und krümmte sich auf dem Boden. Gerade als die Soldaten erneut das Feuer eröffneten, warf sich seine Frau Bushra schützend vor ihn. Der zweite Feuerstoß tötete beide.

In dem Zimmer entdeckte das Team eine weitere Frau und mehrere Kinder, die sich weinend in einer Ecke zusammendrängten. Eine AK-47 befand sich ebenfalls im Raum. Tom nahm die Waffe und sicherte sie, während der Rest des Teams die übrigen Räume durchsuchte.

Am Ende des Flurs befand sich eine verschlossene Metalltür, in direkter Linie mit der Nordtür. Nachdem die Südseite von A1 geklärt war, zog sich Toms Team schnell durch die Südtür nach draußen zurück.

Normalerweise wäre einer vom Team für die Bewachung der Frau und der Kinder abgestellt worden, aber dazu hatten wir weder die Zeit, noch genug Männer. Die Frau und die Kinder blieben deshalb unbewacht im Zimmer zurück.

»Hey, Charlie, leg los«, sagte Tom über Funk.

Als das Team durch die Südtür hinausstürmte, nahm ein SEAL das Magazin aus Abrar al-Kuwaitis AK-47, entlud die Waffe und warf sie in den Hof.

Es war dunkel und die Chance war gering, dass die Frau oder ein Kind nach der Waffe suchen würden.

Nur Sekunden nach Toms Funkbefehl hörte ich einen gewaltigen Knall. Charlie hatte die Sprengladung an der Nordtür gezündet. Will und ich liefen um die Westseite des Hauptgebäudes. Wir stellten uns in die Reihe die Männer, die darauf warteten, durch die jetzt offene Nordtür ins Haus zu gehen.

Kurz zuvor waren auch die SEALs von Chalk Two in das Anwesen eingedrungen. Nachdem ihr Durchbruch an der Mauer gescheitert war, liefen sie zum Haupttor und wurden dort von Mike eingelassen. Das waren die Männer, die jetzt vor der Nordtür warteten.

Charlie war schon drinnen; wir anderen warteten in lockerer Schlange darauf, ins Zielgebäude vorzudringen. Durch mein Nachtsichtgerät konnte ich viele Laserpunkte sehen, die prüfend und suchend über die Fenster und Balkone huschten. Auch ich richtete meinen Laser auf das zweite und dritte Stockwerk über mir, konnte aber keine Bewegungen ausmachen. Die dunkel gefärbten Fensterscheiben erschwerten es, hinein- oder hinauszuschauen.

Die Hektik hatte sich inzwischen ein wenig gelegt. Seit dem Crash vor zehn Minuten war die Operation ziemlich glatt gelaufen. Wir wollten den Vorstoß die Treppe hinauf fortsetzen, aber Charlie berichtete über Funk, dass unser Weg in den ersten Stock durch eine weitere Metalltür versperrt war. Er war bereits damit beschäftigt, die dritte Sprengladung dieser Nacht anzubringen.

Uns blieb nichts anderes zu tun, als zu warten und Augen und Ohren offen zu halten. Ich wusste, dass Charlie und die anderen so schnell wie möglich arbeiteten. Während wir warteten, schoss mir der Gedanke durch den Kopf, wie surreal die ganze Situation war. Sie erinnerte mich daran, wie wir im Green Team auf den Befehl für eine Häuserkampfübung gewartet hatten.

Ein paar aufgescheuchte Hennen gackerten plötzlich los und rissen mich aus meinen Gedanken. Unser Weg zur Nordtür hatte durch einen kleinen, durch Gitter abgegrenzten Hof mit Hühnerkäfigen geführt. In dem schmalen Durchgang hatten sich unsere kugelsicheren Westen an den Drahtkäfigen verhakt und sie teilweise umgerissen.

Stehen bleiben zu müssen trieb mich fast in den Wahnsinn. Direkt vor mir hörte ich ein paar Kameraden miteinander reden.

»Verdammte Scheiße – wir haben eine Crashlandung hingelegt. Nicht zu fassen«, sagte Walt.

»Crashlandung? Was zum Teufel faselst du da?«

»Unser Heli – wir haben eine Bruchlandung fabriziert«, sagte Walt.

In der Nähe stand auch Jay, unser Einsatzkommandant, der mit Chalk Two geflogen war. Als er Walt vom Crash reden hörte, mischte er sich schnell ein.

»Was war da los?«

»Unser Heli ist abgestürzt«, antwortete Walt und deutete in Richtung der Absturzstelle zurück. »Vielleicht wirfst du mal einen Blick in den Hof.«

Selbst durch das Nachtsichtgerät kam es mir komisch vor zu beobachten, wie sich Jays Gesichtsausdruck veränderte, während er die Neuigkeit verarbeitete. Er sprintete an der Schlange der SEALs entlang zurück. Offenbar wusste noch niemand von Chalk Two, dass wir abgestürzt waren. Bis zu diesem Zeitpunkt war es noch nicht über Funk durchgegeben worden. Aber die Piloten von Chalk Two hatten die Bruchlandung von Chalk One im Hof gesehen, hatten sofort die riskante Abseilaktion auf das Dach abgebrochen und Chalk Two stattdessen außerhalb der Mauern abgesetzt.

In unserem Hubschrauber schalteten Teddy und seine Crew inzwischen die Turbinen aus und sorgten dafür, dass alle Instrumente zerstört wurden. Ein paar Augenblicke lang spielte Teddy sogar mit dem Gedanken, noch einmal abzuheben. Am Helikopter waren keine größeren Schäden zu sehen, und er glaubte, dass er ihn wieder in die Luft kriegen könnte, nachdem er das Team abgesetzt hatte. Am Ende siegte jedoch die Vorsicht.

Als Jay bei der Absturzstelle ankam, forderte er über sein Satellitentelefon die QRF an.

Der Standort der Schnellen Eingreiftruppe QRF und des zweiten CH-47 lag nicht weit entfernt nördlich des Anwesens. Der Hubschrauber mit der QRF hob sofort in unsere Richtung ab. Um Zeit zu sparen, flog er die direkte Route, die jedoch über die pakistanische Militärakademie führte. Aber ein paar Minuten später rief Jay erneut an. Obwohl wir eine Bruchlandung hingelegt hatten, hatte es weder Tote noch Verwundete gegeben. Alle Angreifer waren vor A1 versammelt und würden in Kürze die Treppen hinauf vorrücken.

»Position halten«, befahl Jay der QRF.

Im Innern von A1 legte Charlie die nächste Sprengladung und schätzte die Wirkung der Druckwelle. Da die Explosion in einem geschlossenen Raum erfolgte, würde sich der Überdruck entsprechend dynamischer entwickeln und Fenster und Türen hinausblasen. Zwei weitere SEALs hielten sich Charlies Nähe auf. Da sie hier kaum Schutz vor der Druckwelle hatten, suchte einer der SEALs hinter einer Tür Deckung, die in einen der Räume führte.

»Hey, Kumpel, pass auf, dass dir die Tür nicht um die Ohren fliegt«, warnte ihn Charlie.

Der SEAL wich im selben Augenblick von der Tür zurück, als Charlie die Ladung zündete. Das laute Bumm! echote über das ganze Anwesen, bis zu meiner Position bei den Hühnerkäfigen. Der Überdruck blies die Tür, hinter der der SEAL Deckung gesucht hatte, aus den Angeln und schmetterte sie gegen die Wand. Der SEAL war vor Schreck wie gelähmt. Vor ein paar Sekunden hatte er noch hinter der Tür gestanden; wäre er nicht zur Seite gewichen, wäre er vermutlich schwer verletzt worden.

»Danke«, sagte er zu Charlie, als er ihm half, die völlig verbogene Metalltür aufzustemmen.

Als sie endlich offen war, rückten wir die Treppe hinauf vor. Ich brauchte ein paar Sekunden, bis ich zur Tür kam. Ich brachte die zweite Metalltür hinter mich und stieg die Treppe hinauf. Die meisten Jungs waren jetzt vor mir.

Die gefliesten Stufen waren im Winkel von neunzig Grad angeordnet, so dass sie eine Art eckige Wendeltreppe bildeten, unterbrochen von kleinen Treppenabsätzen. Wir hatten keine Ahnung, was uns oben erwartete. Inzwischen hatte Bin Laden, oder wer auch immer sich noch im Gebäude versteckte, mehr als genug Zeit gehabt, sich zu bewaffnen und seine Gegenwehr vorzubereiten. Und da der Treppenaufgang der einzige Zugang nach oben war, konnte es passieren, dass wir darin wie in einem Flaschenhals feststeckten.

Es war dunkel, und wir bewegten uns so leise wie möglich. Jeder Schritt war genau überlegt.

Niemand sprach.

Niemand schrie.

Niemand rannte.

Früher, wenn wir so eine Burg stürmten, hatten wir immer erst Blendgranaten geworfen, um Gegner kampfunfähig zu machen. Jetzt verhielten wir uns so leise wie möglich. Die Nachtsichtgeräte verschafften uns einen Vorteil, aber der würde verloren gehen, wenn wir mit brutaler Gewalt hineinstürmten. Alles hing davon ab, dass wir gewissermaßen das Gaspedal nicht unkontrolliert durchtraten – schließlich hatten wir keine Lust, dem Tod in die Arme zu laufen.

Als ich den Treppenabsatz im ersten Stock erreichte, waren die meisten Assaulter schon ausgeschwärmt. Auf diesem Stockwerk kamen wir zuerst in einen langen Flur, der zu einer Dachterrasse führte, die sich über die gesamte Südseite des Gebäudes erstreckte. Vom Flur gingen vier Türen ab, zwei nahe beim Treppenhaus, zwei weitere im hinteren Teil nahe der Dachterrasse. Ich sah meine Teamkameraden den Flur entlang schleichen und neben den Türen in Deckung gehen, bevor sie leise in die Räume dahinter eindrangen und sie durchsuchten.

Ein weiterer SEAL war drei oder vier Stufen auf der Treppe zum zweiten Stock vorgerückt, um den Absatz zwischen den beiden Stockwerken zu sichern. Auf dem Treppenabsatz lag eine Leiche; Blut rann über die Marmorfliesen. Die Aufklärung war davon ausgegangen, dass möglicherweise bis zu vier Männer im Haus wohnten. Es galt als wahrscheinlich, dass Khalid, Bin Ladens Sohn, im ersten Stock wohnte und Bin Laden selbst im zweiten Stock.

Als der SEAL dort Stellung bezogen hatte, um die Treppe zu sichern, hatte ein Mann den Kopf um die Treppenbiegung gestreckt. Der Mann trug keinen Bart. Ein glattrasiertes Gesicht – das musste Bin Ladens Sohn sein.

»Khalid«, flüsterte der SEAL. »Khalid.«

Alle im Anwesen mussten die Hubschrauber gehört haben. Sie hatten auch die Schüsse im Gästehaus gehört und die Sprengungen an den Toren und Eingängen.

Aber jetzt war wieder alles still. Man hörte nur noch Schritte. Aber dann hörte der Mann auf dem Treppenabsatz plötzlich, dass jemand seinen Namen flüsterte.

Woher kennen sie meinen Namen?, könnte er sich gefragt haben.

Schließlich hatte vermutlich die Neugier gesiegt, und er hatte gewagt, den Kopf vorzustrecken, um zu sehen, wer ihn beim Namen gerufen hatte. Im selben Augenblick schoss ihm der Assaulter direkt ins Gesicht. Sein Körper rollte ein paar Stufen hinunter und blieb auf dem Treppenabsatz liegen.

Ich warf einen Blick über die Schulter. Weitere SEALs waren die Treppe heraufgekommen und stauten sich hinter mir. Im Flur des ersten Stocks drängten sich die Männer; noch mehr Leute waren nicht nötig, um den ersten Stock zu säubern.

Uns anderen blieb daher nur ein Weg: weiter nach oben.

Ich stand direkt hinter dem Point Man und drückte ihn leicht in den Rücken, um ihn wissen zu lassen, dass wir bereit waren.

»Weiter.«

KAPITEL 15

Zweiter Stock

Khalid lag auf dem Rücken. Wir mussten vorsichtig über ihn steigen.

Die Stufen waren mit glatten Fliesen belegt, die durch das Blut noch rutschiger wurden. Jeder Schritt war gefährlich. Auf einer Stufe lehnte Khalids AK-47 an der Wand.

Bin ich froh, dass er nicht den Mut hatte, das Ding zu benützen, dachte ich.

Hätte der Point Man nicht seinen Namen gerufen, hätten wir womöglich unten im Flur in der Falle gesessen. Khalid hätte sich nur auf den Treppenabsatz stellen und um die Ecke ein paar Feuerstöße nach unten abgeben müssen, sobald wir auch nur versuchten, über die Treppe anzugreifen. Das hätte sich zu einem Alptraum entwickeln können – mit Sicherheit hätten wir ein paar Männer verloren.

Wir hatten mit mehr Widerstand gerechnet. Trotz allem Gerede über Sprengstoffgürtel und die Bereitschaft, das eigene Blut für Allah zu vergießen, hatte bisher nur einer der beiden al-Kuwaiti-Brüder Schüsse abgegeben. Khalid hatte zumindest daran gedacht. Als wir später seine AK-47 untersuchten, fanden wir eine Patrone im Patronenlager und ein volles Magazin in der Waffe. Er war offenbar bereit gewesen zu kämpfen, hatte aber keine Gelegenheit dazu bekommen.

Dem bloßen Auge musste der Treppenaufgang rabenschwarz erscheinen, aber durch unsere Nachtsichtgeräte schimmerte er grün. Der SEAL, der den Treppenaufgang gesichert hatte, war jetzt unser Point Man. Wir folgten ihm die Treppe hinauf, ließen uns aber wieder mehr Zeit. Der Point Man musste für uns Augen und Ohren sein. Und er bestimmte die Geschwindigkeit.

Langsamer. Schneller.

Bisher passte alles zusammen. Wir nahmen an, dass sich mindestens vier Männer im Haus aufhielten. Vermutlich war nur noch Bin Laden übrig. Aber ich verdrängte den Gedanken – es spielte keine Rolle, wer im zweiten Stock auf uns wartete. Wahrscheinlich marschierten wir geradewegs in einen Schusswechsel, aber die meisten Schusswechsel aus solcher Nähe dauerten nur ein paar Sekunden. Das Ziel war schließlich kaum zu verfehlen.

Konzentrier dich, ermahnte ich mich.

Da sich der Point Man direkt vor mir befand, konnte ich ohnehin nicht viel tun. Ich war dazu da, ihn zu unterstützen. Inzwischen war ungefähr eine Viertelstunde vergangen, und Bin Laden hatte jede Menge Zeit gehabt, einen Sprengstoffgürtel anzulegen oder einfach nur nach einer Waffe zu greifen.

Ich überprüfte schnell den Treppenabsatz vor uns. Sämtliche Sinne waren auf das Äußerste angespannt. Mein Gehör war auf bestimmte Geräusche fokussiert – das Geräusch des Verschlusses einer Waffe oder Schritte, die sich näherten. Nichts von dem, was wir hier taten, war neu für uns, wir alle hatten schon Hunderte Missionen hinter uns. Im Grunde taten wir hier nichts anderes, als Räume in einem Gebäude zu säubern, wie wir es schon im Green Team geübt hatten. Wichtig wurde diese Mission nur durch ihre Zielperson und die Tatsache, dass sie in Pakistan stattfand.

Der Treppenaufgang mündete oben in einen schmalen Flur. Am anderen Ende befand sich eine Terrassentür. Weniger als zwei Meter von der Treppe entfernt führte je eine Tür nach rechts und nach links.

Der Treppenaufgang war recht eng, vor allem für einen Haufen Jungs in voller Kampfmontur. Und da er sich oben sogar noch mehr verengte, war es schwierig, am Point Man vorbei zu blicken.

Wir waren weniger als fünf Stufen vom Treppenende entfernt, als ich gedämpfte Schüsse hörte.

Bopp. Bopp.

Der Point Man hatte auf einen Mann gefeuert, der kurz aus der rechten Tür spähte, ungefähr zweieinhalb Meter von ihm entfernt. Von meiner Position aus konnte ich allerdings nicht erkennen, ob die Schüsse ihr Ziel getroffen hatten. Der Mann verschwand im dunklen Zimmer.

Der Point Man trat in den Flur und bewegte sich langsam auf die Tür zu. Im Gegensatz zu solchen Szenen in Filmen stürmten wir nicht die letzten Stufen hinauf und brachen unter wildem Feuer in den Raum. Wir nahmen uns Zeit.

Die Tür stand noch offen. Der Point Man hielt sein Gewehr in das Zimmer gerichtet und rückte langsam näher. Immer noch ließen wir uns Zeit, stoppten an der Schwelle und spähten ins Innere. Wir konnten zwei Frauen ausmachen, die neben einem Mann standen, der vor dem Fußende eines Betts auf dem Boden lag. Beide Frauen trugen lange Kleider, und ihr Haar war wirr, als seien sie aus dem Schlaf gerissen worden. Sie weinten hysterisch und stießen arabische Klagelaute aus. Die Jüngere blickte auf und entdeckte uns an der Tür.

Sie schrie etwas auf Arabisch und stürzte sich auf den Point Man. Wir waren höchstens eineinhalb Meter von den Frauen entfernt. Der Point Man schwang seine Waffe zur Seite, packte die beiden

Frauen und stieß sie in eine Ecke. Hätte eine der Frauen einen Sprengstoffgürtel getragen, hätte er uns damit vielleicht das Leben gerettet, aber es hätte ihn sein eigenes gekostet. Das war eine selbstlose Entscheidung, getroffen im Bruchteil einer Sekunde.

Jetzt konnte ich zusammen mit einem dritten SEAL in den Raum vordringen. Wir behielten den Mann im Auge, der neben dem Bett auf dem Boden lag. Er trug ein weißes, ärmelloses T-Shirt, eine weite hellbraune Hose und eine hellbraune Tunika. Die Schüsse des Point Man hatte ihn an der rechten Seite in den Kopf getroffen. Blut und Hirnmasse quollen auf der Seite aus seinem Kopf. Er krümmte sich und bäumte sich in Todeszuckungen auf. Der andere SEAL und ich richteten unsere Laser auf ihn und feuerten mehrmals. Die Kugeln schlugen in seinen Körper. Er schlug auf den Boden auf und rührte sich nicht mehr.

Schnell blickte ich mich im Raum nach weiteren Gefahren um. In der hintersten Ecke entdeckte ich mindestens drei Kinder, die sich neben der Glasschiebetür zur Terrasse aneinanderklammerten. Ich konnte nicht erkennen, ob es Jungen oder Mädchen waren. Sie hockten geschockt in ihrer Ecke, während ich weiter den Raum überprüfte.

Da der Mann auf dem Boden ausgeschaltet war und keine weiteren Bedrohungen zu sehen waren, machten wir uns daran, zwei kleine Kammern zu überprüfen, die vom Schlafzimmer abgingen. Ich stieß die erste Tür auf und spähte in ein kleines, sehr enges und unordentliches Büro. Papiere lagen über den kleinen Schreibtisch verstreut. Hinter der zweiten Tür befand sich eine kleine Dusche mit einer Toilette.

Alles Weitere verlief routinemäßig. Vor unserem geistigen Auge hakten wir sozusagen eine mentale Checkliste ab. Die Hauptgefahr war ausgeschaltet und lag tot neben dem Bett. Der Point Man bewachte die Frauen und Kinder. Mein Teamkamerad und ich überprüften das Büro und das Bad, während die übrigen SEALs das Zimmer auf der anderen Seite untersuchten.

Als ich den Flur durchquerte und ins andere Zimmer ging, kam ich an Walt vorbei.

»Alles klar auf der Seite«, sagte er.

»Auf dieser Seite auch«, antwortete ich.

Der Point Man trieb die Frauen und Kinder aus dem Schlafzimmer auf den Balkon hinaus, damit sie sich beruhigten. Tom erschien im zweiten Stock und stellte fest, dass beide Räume gesäubert waren.

»Zweiter Stock klar«, hörte ich ihn über Funk melden.

KAPITEL 16

Geronimo

Im Schlafzimmer lag die jüngere Frau auf dem Bett, hielt sich die Wade und schrie hysterisch.

Walt stand neben der Leiche. Es war dunkel und daher schwer, das Gesicht des Toten zu erkennen. Der Strom war immer noch ausgeschaltet. Ich schaltete die Lampe an, die an das Schienensystem meines Helms geklammert war. Das Ziel war jetzt sicher, und da alle Fenster abgedunkelt waren, würde man von außen kein Licht sehen.

Das Gesicht war durch mindestens eine Schusswunde entstellt und blutbedeckt. Ein Einschuss in der Stirn hatte die rechte Schädelseite eingedrückt. Die Brust war von mehreren Kugeln durchlöchert. Er lag in einer ständig größer werdenden Blutlache. Als ich in die Hocke ging, um die Leiche näher zu betrachten, kauerte sich auch Tom neben mir nieder.

»Ich glaube, das ist unser Junge«, sagte Tom.

Natürlich wollte er über Funk nicht sagen, dass dieser Mann Bin Laden war. Schließlich wusste er genau, dass die Meldung mit Lichtgeschwindigkeit nach Washington gehen würde. Außerdem wussten wir, dass Obama mithörte, deshalb wollten wir keine Fehlmeldung abgeben.

Ich ging den Steckbrief in meinem Kopf durch.

Er war hochgewachsen. Über einsneunzig, schätzte ich.

Korrekt.

Er war der einzige Mann im zweiten Stock.

Korrekt.

Auch die beiden Kuriere waren genau da gewesen, wo sie laut CIA sein sollten.

Korrekt.

Je länger ich sein entstelltes Gesicht anschaute, desto mehr wurde mein Blick zu seiner Nase gezogen. Sie war nicht entstellt und kam mir bekannt vor. Ich zog mein Heft aus der Tasche und verglich die Fotos. Die lange, schmale Nase passte. Der Bart war tiefschwarz und zeigte keine Spur von Grau, die ich eigentlich erwartet hatte.

»Walt und ich kümmern uns um ihn«, sagte ich zu Tom.

»Roger«, sagte er nur.

Ich nahm meine Kamera und Latexhandschuhe heraus und begann zu fotografieren, während Walt Vorbereitungen traf, um DNS-Proben zu nehmen.

Will, der Arabisch sprach, versorgte die Wunde der weinenden Frau auf dem Bett. Später erfuhren wir, dass sie Bin Ladens fünfte Frau Amal al-Fatah war. Ich weiß nicht, wie sie getroffen wurde, aber es war nur eine kleine Wunde, womöglich von einem Geschosssplitter oder einem Querschläger.

Unter uns, im ersten Stock, befanden sich zwei Räume, vollgestopft mit Computern, Speicherkarten und USB-Sticks. »Hey, wir haben hier im ersten Stock eine Menge SSE-Material«, hörte ich einen der SEALs über Funk melden. »Wir brauchen hier noch ein paar Leute!«

Als Tom aus dem Zimmer ging, hörte ich, wie er über Funk seine Meldung abgab.

»Wir haben einen möglichen, wiederhole: MÖGLICHEN Touchdown im zweiten Stock.«

Walt zog den CamelBak-Schlauch aus seinem Kit und spritzte Wasser auf Bin Ladens Gesicht.

Ich wischte mit einem Zipfel der Bettdecke das Blut von seinem Gesicht. Mit jedem Blutfleck, den ich entfernte, kam mir das Gesicht bekannter vor. Aber er sah jünger aus, als ich erwartet hatte. Sein Bart war dunkel, vielleicht hatte er ihn gefärbt. Immer wieder kam mir der Gedanke, dass er ganz anders aussah, als ich es erwartet hatte.

Es war ein seltsames Gefühl, ein so berüchtigtes Gesicht aus solcher Nähe zu sehen. Hier vor mir lag der Grund für unseren Kampf während der letzten zehn Jahre. Ein surreales Erlebnis, dem meistgesuchten Mann der Welt Blut vom Gesicht zu wischen, um ein Foto von ihm zu machen. Ich musste mich auf unsere Mission konzentrieren. Meine Aufgabe war es jetzt, ein paar wirklich gute Fotos zu machen. Diese Fotos würden von unzähligen Personen betrachtet werden, und ich durfte die Sache nicht vermasseln.

Ich warf die Bettdecke weg, zog die Kamera heraus, mit der ich in den letzten Jahren Hunderte von Fotos aufgenommen hatte, und begann mit den Aufnahmen. Wir alle hatten mit dieser Art von Fotos eine Menge Erfahrung gesammelt, schließlich hatten wir jahrelang in Afghanistan CSI gespielt.

Die ersten Aufnahmen waren Ganzkörperaufnahmen. Dann kniete ich neben seinem Kopf nieder und machte ein paar Nahaufnahmen vom Gesicht. Ich zog den Kopf am Bart nach rechts und dann nach links, um Profilaufnahmen zu machen. Auf die Nase wollte ich mich später konzentrieren. Wegen des sehr dunklen Bartes blieben mir die Profilaufnahmen besonders im Gedächtnis haften.

»Hey, Mann, schieb mal am unverletzten Auge das Augenlid hoch«, sagte ich zu Walt.

Walt schob das Augenlid hoch, sodass das leblose braune Auge zu erkennen war. Ich zoomte es näher heran und machte eine Großaufnahme davon. Während ich mit den Aufnahmen beschäftigt war, blieb Will bei den Frauen und Kindern auf der Terrasse. Im Stockwerk darunter sammelten meine Teamkameraden alle Computer, Speicherkarten, Notebooks und Videos ein. Draußen vor dem Anwesen kümmerten sich Ali, unser CIA-Dolmetscher, und das Security Team um die neugierigen Nachbarn, die zusammengeströmt waren.

Im Funk hörte ich, dass Mike über den abgestürzten Black Hawk sprach.

»Demolition Team – macht euch bereit, ihn zu sprengen«, befahl Mike.

Aus dem Funkverkehr wusste ich, dass der für Zerstörung zuständige SEAL und der EOD-Techniker (Sprengstoffexperte; A.d.Ü.) bereits auf dem Weg in den Hof waren.

»Hey, wir sollen das Ding hochjagen«, gab der SEAL den Befehl weiter.

»Roger«, antwortete der EOD-Techniker und machte sich daran, Sprengladungen auszupacken und im Erdgeschoss des Haupthauses zu verteilen.

»Was soll der Scheiß?«, bellte der SEAL, als er das sah.

Sie blickten sich verwirrt an.

»Du hast doch gesagt, ich soll es sprengen!?«

»Aber doch nicht das Haus, Mann!«, sagte der SEAL. »Den Heli!«

»Welchen Heli?«

Der EOD-Techniker dachte, der SEAL hätte die Sprengung des Hauses gemeint, die auch tatsächlich in einem der Notfallpläne vorgesehen war, die wir geübt hatten.

Die Nachricht vom Crash des Chalk One hatte noch nicht alle erreicht. Die Männer bekamen es nur allmählich mit. In Washington konnten sie aus den von der Drohne übertragenen Bildern nicht mal klar erkennen, dass wir abgestürzt waren. Wie ich später erfuhr, sah es im körnigen grauweißen Videobild so aus, als hätten wir den Helikopter im Hof »geparkt«, um das Team aussteigen zu lassen. Der Präsident und seine Berater waren verwirrt und fragten sogar beim JSOC nach, was denn da los sei. Eine schnelle Botschaft an McRaven brachte die Antwort: »Wir müssen unseren Einsatzplan nachbessern ... ein Hubschrauber machte eine Bruchlandung im Hof. Meine Männer sind auf diesen Notfall vorbereitet und werden damit fertig.«

Draußen hatte inzwischen die Crew des Helikopters alle Ausrüstungsgegenstände zerstört, die dem Gegner nicht in die Hände fallen durften. Teddy, der Chefpilot und Flugleiter, stieg als letzter aus. An der Tür blickte er auf eine Sprunghöhe von fast zwei Metern hinunter. Auf keinen Fall durfte er das Risiko eingehen, sich beim Sprung womöglich zu verletzen. Er kickte das Seil aus der Kabine und seilte sich ab. Damit war er der Einzige, der sich in dieser Nacht in Bin Ladens Anwesen abseilte.

Der EOD-Techniker und der SEAL kamen kurz darauf beim Heli an und brachten Sprengladungen am ganzen Rumpf an. Der SEAL kletterte auf das Heckleitwerk, um Ladungen so dicht wie möglich am Heckrotor zu platzieren. Mit seiner Kampfmontur und dem Nachtsichtgerät war er nicht gerade ideal ausgerüstet, um auf das wackelige, schmale Heckteil hinauszuklettern. Jedes Mal, wenn er versuchte, den Rotor zu erreichen, kippte das Heck auf die dreieinhalb Meter hohe Mauer, und er musste befürchten, dass es unter seinem Gewicht brechen würde.

Er kletterte so hoch wie möglich hinauf und brachte mit einer Hand die Ladungen an. Mit der anderen Hand hielt er sich fest, während er gefährlich unsicher über dem Hof balancierte. Die Zerstörung aller Kommunikationsgeräte und der Bordelektronik war am wichtigsten. Als er endlich die Ladungen angebracht hatte, kletterte er in die Kabine und legte dort die übrigen Ladungen.

Mittlerweile kreisten der intakt gebliebene Black Hawk und der CH-47 mit dem QRF in der Nähe und warteten darauf, dass wir die Aktion abschlossen. Der Treibstoff wurde allmählich knapp, was bedeutete, dass wir nicht mehr lange im Anwesen bleiben konnten.

»Zehn Minuten«, hörte ich Mike über Funk sagen.

Im zweiten Stock gingen nun die Lichter an und badeten uns in gleißendem weißem Licht. Offenbar war der improvisierte Stromausfall vorüber. Das Timing war absolut perfekt und erleichterte uns die restlichen Arbeiten.

Während ich weiter fotografierte, nahm Walt die DNS-Proben. Er tauchte ein Wattestäbchen in Bin Ladens Blut. Ein weiteres Wattestäbchen führte er in seinen Mund ein, um eine Speichelprobe zu nehmen. Schließlich nahm er auch noch eine spezielle Sicherheitsspritze heraus, die uns die CIA mitgegeben hatte, um eine Knochenmarkprobe zu nehmen. In der Ausbildung hatte man uns beigebracht, die Spritze in den Oberschenkelknochen zu stoßen, um eine Knochenmarkprobe zu erhalten. Walt stieß die Nadel mehrfach in Bin Ladens Oberschenkel, aber die Spritze drang nicht in den Knochen ein.

»Hier, versuch es mal mit meiner Spritze«, sagte ich.

Er rammte auch meine Spritze in Bin Ladens Schenkel, aber wieder ohne Erfolg.

»Verdammter Mist«, fluchte Walt und warf die Spritzen weg.

Ich hatte inzwischen mit einer anderen SEAL-Kamera eine zweite Fotoserie geschossen. Alle DNS-Proben und Fotos wurden doppelt gemacht, so dass wir zwei praktisch identische Sets von Beweismaterialien erhielten. Ein Set mit DNS-Proben verstaute

Walt in seiner Cargotasche, das andere gab er einem SEAL, der zum anderen Chalk gehörte. All das war sorgfältig geplant worden; sollte ein Hubschrauber auf dem Rückflug nach Dschalalabad abgeschossen werden, würde immer noch der zweite Satz von DNS-Proben und Fotos vorhanden sein. Die Materialien wurden benötigt, um Pakistan und dem Rest der Welt zu beweisen, dass wir wirklich Bin Laden erwischt hatten.

Auf der Balkonterrasse versuchte Will inzwischen eine Bestätigung zu bekommen, dass es wirklich Bin Laden war, der auf dem Boden neben dem Bett lag. Bin Ladens Frau Amal, die an der Wade verletzt worden war, weinte immer noch hysterisch und wollte nicht reden. Ich hörte sie auf dem Bett über mir wimmern, während ich fotografierte. Die andere Frau, deren Augen vom Weinen verschwollen waren, starrte Will wie versteinert an, als er sie immer wieder auf Arabisch fragte, wer der Tote war.

»Wie heißt er?«

»Der Scheich«, sagte die Frau.

»Scheich wer?«, fragte Will weiter. Er wollte ihr keine Antworten suggerieren und versuchte es deshalb mit offenen Fragen.

Nachdem sie ihm verschiedene Decknamen genannt hatte, gab Will schließlich auf und ging zu den Kindern. Alle saßen still an der Wand. Will kniete vor ihnen nieder und fragte ein etwa neunjähriges Mädchen: »Wer ist der Mann?«

Das Mädchen hatte noch nicht gelernt zu lügen.

»Osama bin Laden.«

Will lächelte.

»Bist du sicher, dass er Osama bin Laden heißt?«

»Ja«, antwortete das Mädchen.

»Okay«, nickte Will. »Danke.«

Im Flur packte Will die ältere Frau hart am Arm und schüttelte sie gründlich.

»Schluss mit dem Unfug«, sagte er strenger als zuvor. »Wer ist das im Schlafzimmer?«

Sie begann zu weinen. Sie war völlig verängstigt und hatte keine Widerstandskraft mehr.

»Osama«, sagte sie schließlich.

»Osama wer?«, fragte Will, ohne ihren Arm loszulassen.

»Osama bin Laden«, antwortete sie.

Will brachte sie wieder zu den Kindern hinaus und kam ins Schlafzimmer zurück.

»Hey – zweifache Bestätigung«, sagte er. »Bestätigt durch eines der Kinder. Bestätigt durch die alte Frau. Beide sagen das Gleiche.«

Als Will wieder verschwunden war, kamen Jay und Tom herein. Sie traten neben die Leiche.

»Will hat sich durch eine der Frauen und ein Kind bestätigen lassen, dass es OBL ist«, sagte Tom.

Ich kniete neben Bin Ladens Kopf nieder und zog ihn am Bart so herum, dass Jay ihn im Profil betrachten konnte. Dann hielt ich meine SSE-Karte neben sein Gesicht, damit Jay den echten Bin Laden mit dem CIA-Foto vergleichen konnte.

»Ja, sieht aus wie unser Mann«, meinte Jay.

Er verließ sofort den Raum, um unsere Erkenntnisse zu melden. Wir anderen machten uns wieder an die Arbeit. Draußen setzte sich Jay über Satellitentelefon mit Admiral McRaven in Dschalalabad in Verbindung. Der Admiral wiederum hielt Präsident Obama und die übrigen Leute im Situation Room des Weißen Hauses auf dem Laufenden.

»Für Gott und Land melde ich Geronimo«, sagte Jay. »Geronimo E.K.I.A.«

Über Funk konnte ich die Burschen im ersten Stock hören. Sie brauchten Unterstützung, um die große Menge an Materialien abzutransportieren, die sie in den IT-Räumen gefunden hatten. Im ersten Stock hatte Bin Laden ein provisorisches Büro eingerichtet, in dem er seine Computer installiert und seine Videobotschaften aufgenommen hatte.

Die Räume waren ordentlich, und alles machte einen gut organisierten Eindruck. Alles war an seinem Platz. Seine CDs, DVDs und Speicherkarten waren perfekt geordnet und verwahrt. Die SEALs konzentrierten sich darauf, alle elektronischen Medien einzupacken – Rekorder, Speicherkarten, USB-Sticks, Computer. Die CIA hatte uns genau erklärt, welche Art elektronischer Tonaufzeichnung nach ihrer Meinung von Bin Laden benutzt worden war, und während unseres Trainings hatten sie uns sogar ein ähnliches Gerät vorgeführt. Und tatsächlich fanden die SEALs im ersten Stock ein Gerät genau dieser Bauart. Wieder einmal musste ich über die Leistung des Aufklärungsteams staunen. Als Jen von »hundert Prozent« sprach, hätte ich ihr glauben sollen.

Als wir mit den DNS-Proben und Fotos fertig waren, packten Walt und ein weiterer SEAL Bin Ladens Leiche und schleiften sie aus dem Schlafzimmer. Trotz der ganzen Aufregung und der Hektik, die um mich herum herrschten, habe ich noch ganz klar das Bild vor Augen, wie die Jungs den Toten die Treppe hinabschleppten.

Ich blieb im Zimmer und sammelte alle Hinweise und jede Information, die ich finden konnte. Das kleine Büro enthielt nichts Nützliches. Ich raffte ein paar Papiere zusammen, möglicherweise religiöse Schriften, nahm noch ein paar Audiokassetten und warf alles in eine Netztasche. Wir führten zu diesem Zweck leichte, faltbare Taschen mit. Eine schnelle Durchsuchung des winzigen, grün gefliesten Badezimmers förderte nichts Verwertbares zutage. Allerdings fand ich eine Packung Haarfärbemittel der Marke Just for Men, das er wohl für seinen Bart verwendet hatte. Kein Wunder, dass er so jung gewirkt hatte.

An der Wand zwischen Bad und Büro stand ein Schrank aus Holz mit zwei Türen, ungefähr einen Meter achtzig hoch. Darin lagen Kleidungsstücke, darunter auch die langen Hemden, weiten Hosen und Westen, die in dieser Gegend üblich waren.

Ich staunte über die Sauberkeit und Ordnung. Im Vergleich zum Rest des Hauses, das so aussah, als hätten hier Obdachlose gehaust, hätte Bin Ladens Kleiderschrank jeder Inspektion durch einen Ausbilder im Marinecorps Stand gehalten. Seine T-Shirts waren genau quadratisch gefaltet und in einer Ecke aufgestapelt. Seine übrigen Kleider hingen in gleichen Abständen.

Das könnte ebenso gut mein Schrank sein, dachte ich.

Ich griff ein paar Hemden und eine Weste heraus und stopfte sie ebenfalls in meine Tasche. Zwar wusste ich, dass wir hauptsächlich Datenträger mitnehmen sollten, aber da es in diesen Räumen kaum welche gab, konnte ich ebenso gut dieses Zeug einpacken. Ich zog die Schubladen am unteren Ende auf und durchsuchte schnell den Inhalt, fand aber nichts von Bedeutung. Dieses Zimmer hatte ihm wohl nur zum Schlafen gedient.

Als ich aus dem Zimmer gehen wollte, fiel mir ein Regal auf, das über der Tür angebracht war, ziemlich genau über der Stelle, an der er gestanden hatte, als wir im zweiten Stock aufgetaucht waren. Ich fuhr mit der Hand über das Regal und fand zwei Waffen, eine AK-47 und eine Makarow-Pistole im Holster. Beide Waffen nahm ich herunter, nahm die Magazine heraus und überprüfte die Patronenlager.

Beide waren nicht geladen.

Er hatte also nicht einmal eine Verteidigung geplant. Er hatte keine Absicht gehabt zu kämpfen. Jahrzehntelang hatte er seinen Gefolgsleuten gepredigt, Sprengstoffgürtel anzulegen und Flugzeuge in Hochhäuser zu steuern, aber er selbst war offenbar nicht bereit gewesen, sich mit der Waffe in der Hand zu wehren. Bei all meinen Einsätzen waren wir diesem Phänomen immer wieder begegnet. Je höher die Zielpersonen in ihren jeweiligen Hierarchien standen, desto größere Feiglinge waren sie. Die Führer selbst waren überwiegend nicht bereit zu kämpfen. Immer waren es ihre jungen und leicht beeinflussbaren Gefolgsleute, die sich Sprengstoffgürtel umschnallten und sich selbst in die Luft jagten.

Bin Laden hatte gewusst, dass wir kamen – er hatte die Hubschrauber gehört. Selbst für Ahmed al-Kuwaiti im Gästehaus brachte ich mehr Achtung auf, denn er hatte zumindest versucht, sich und seine Angehörigen zu verteidigen. Bin Laden hatte viel mehr Zeit gehabt als alle anderen, und trotzdem hatte er rein gar nichts unternommen. Glaubte er überhaupt an seine eigene Botschaft? War er bereit, den Krieg zu kämpfen, zu dem er unablässig aufgerufen hatte? Ich glaube nicht. Sonst hätte er doch wenigstens seine Waffe genommen und für seine Überzeugung gekämpft. Es ist ehrlos, andere für etwas kämpfen zu lassen, für das man selbst nicht zu kämpfen bereit ist.

Über Funk hörte ich neue Statusmeldungen vom Team an der Außenmauer.

Ali und die vier SEALs waren fast die ganze Einsatzzeit an der Straße an der Nordostseite des Anwesens positioniert. Nachdem sie dort Stellung bezogen hatten, unternahmen zwei der Männer und Cairo, der Diensthund, an der Außenseite einen Rundgang um das Anwesen.

Danach warteten sie und hielten nach neugierigen Nachbarn Ausschau, die sich über den nächtlichen Lärm wunderten und nachschauen wollten. Tatsächlich hörten die Bewohner der umliegenden Häuser das Knattern der Hubschrauber, sie hörten die Explosionen und Schüsse. Ein paar kleinere Gruppen wunderten sich, was da los sein mochte, und näherten sich dem Wachposten.

»Geht nach Hause«, sagte Ali auf Paschto zu ihnen. »Hier wird eine Sicherheitsoperation durchgeführt.«

Zu unserem Glück folgten die Pakistanis dem Rat und kehrten in ihre Häuser zurück. Aber ein paar Leute posteten Nachrichten auf Twitter, in denen sie über die Hubschrauber und den Lärm berichteten.

Uns lief die Zeit davon.

Mike meldete uns ständig die verbleibende Zeit über Funk. Wir hatten uns jetzt seit fast dreißig Minuten auf dem Anwesen aufgehalten. Jedes Mal, wenn Mike sich meldete, baten ihn meine Teamkameraden im ersten Stock um Zeitaufschub.

»Wir brauchen noch zehn Minuten«, meldete ein SEAL vom ersten Stock. »Wir haben noch nicht mal die Hälfte eingepackt.«

Aber Mike wiederholte nur ruhig die Zeit. Die Mission war ein einziger Balanceakt. Wir alle wollten noch länger bleiben, um sicherzustellen, dass wir nichts Wichtiges zurückließen, aber den Hubschraubern ging der Treibstoff aus, und Mike konnte keine Zeit aus dem Hut zaubern.

»Einsatzende in fünf Minuten«, sagte Mike schließlich. Das bedeutete, nach fünf Minuten alles stehen und liegen zu lassen und sich zur Landungszone zu begeben.

Ich war fertig mit dem zweiten Stock und ging zur Tür. Aber ich hatte das Gefühl, ich hätte meine Aufgabe nicht vollständig erledigt. Unser Stolz war es, mit allen Informationen und allen Beweisstücken zurückzukehren, die wir fanden. Und hier blieb noch so viel zu tun! Wir mussten akzeptieren, dass wir einige Bereiche nicht hatten durchsuchen können, und die Sache dann aus unseren Gedanken verbannen. Schließlich war uns klar, wie gefährlich es werden würde, wenn der Treibstoff zur Neige ging oder wenn wir so lange am Einsatzort blieben, dass die örtliche Polizei oder das Militär uns auf die Pelle rücken könnten. Wir hatten bekommen, was wir haben wollten: Bin Laden. Es wurde höchste Zeit, von hier zu verschwinden, solange wir es noch konnten.

»Hey, sammelt die Frauen und Kinder und bringt sie aus dem Anwesen«, befahl Mike über Funk.

Ich hörte, wie Will versuchte, die Frauen und Kinder nach draußen zu bringen. Schließlich sollten sie nicht im Anwesen sein, wenn der Hubschrauber gesprengt wurde. Aber das war schwieriger, als eine Herde Katzen vor sich herzutreiben, und Will scheiterte an dieser Ausgabe. Die Frauen schluchzten immer noch, und die Kinder weinten oder saßen teilnahmslos da. Niemand wollte sich von der Stelle rühren.

Ich hatte keine Zeit, Will zu helfen, denn ich musste noch zum Hof C hinüber. Ich folgte den blutigen Schleifspuren von Bin Ladens Leiche. Sie bildeten einen schlüpfrigen Pfad über die Treppe zum Erdgeschoss hinunter, wo Walt Bin Ladens Körper in einen Leichensack legte. Als ich die Treppe herabkam, sah ich deutlich, dass sie die Leiche direkt über Khalids Körper gezerrt hatten. Das weiße Hemd des Sohnes war rot vom Blut des Vaters.

Rasch lief ich zu C1 hinüber. Die anderen hatten Fotos und DNS-Proben von al-Kuwaiti genommen. Als ich ankam, hockten seine Frau und die Kinder in einer Ecke des Hofes. Ich versuchte, sie zum Aufstehen zu bewegen, als Mikes dringlicher Befehl über Funk kam.

»Hey, Leute«, sagte er. »Lasst alles fallen und bewegt euch. Exfil! Helicopter Landing Zone.«

Mit niedrigen Treibstoffreserven waren der Black Hawk und der C-47 im Anflug, um uns aufzunehmen. Durch Gesten bedeutete ich al-Kuwaitis Familie, aufzustehen. Ich trieb sie ins Gästehaus. Mir war klar, dass die Sprengladungen am Hubschrauber sie extrem gefährdeten. Es würde eine gewaltige Detonation geben, aber das Gästehaus war weit genug entfernt. Sie waren in Sicherheit, solange sie im Haus blieben.

»Bleibt hier!«, befahl ich ihnen auf Englisch.

Ich hatte keine Ahnung, ob sie mich verstanden hatten. Ich zog mich zurück und schloss die Tür hinter mir.

Als ich die zerfurchte Zufahrt entlanglief, sah ich Teddy und die Crew des anderen Hubschraubers neben Mike stehen. In ihren großen Hubschrauberhelmen und Kampfanzügen der US-Army sahen sie irgendwie komisch aus. Und sie wirkten verloren, ihrer natürlichen Umgebung beraubt. Es missfiel ihnen sichtlich, tatenlos auf dem Boden herumstehen zu müssen.

Im Vorbeigehen meldete ich Mike: »Die Frauen und Kinder bleiben in C1. Konnte sie nicht von der Stelle bewegen.«

Jetzt strömten auch die SEALs vom ersten Stock aus dem Hauptgebäude. Wir alle sahen ein wenig wie eine Bande von Dieben aus, oder vielleicht eher wie Weihnachtsmänner. Die Jungs trugen Netztaschen über den Schultern, die so prall gefüllt waren, dass sie eher watschelten als rannten. Ein SEAL trug einen Computer unter einem Arm und schleppte eine überquellende Sporttasche aus Leder in der anderen Hand. Die Jungs hatten im ersten Stock so viel Material eingesammelt, dass die verfügbaren Netztaschen nicht ausgereicht hatten; deshalb benutzten sie auch alle Taschen, die sie im Haus gefunden hatten. Ein paar SEALs trugen lederne Aktenkoffer oder halb verschlissene Adidas-Sporttaschen, als seien sie auf dem Weg ins Büro oder auf dem Rückweg vom Sportplatz.

Vor dem Tor wandte ich mich nach rechts und sprintete zu den anderen Jungs hinüber, die sich für die beiden Rücktransporte aufreihten. Die Scharfschützen sicherten bereits die Landungszone. Mein Rücktransport würde mit dem noch flugfähigen Black Hawk erfolgen, weil wir die Leiche mitnahmen. Der Black Hawk war kleiner und wendiger und hatte daher eine bessere Chance, nicht abgeschossen zu werden. Der CH-47 würde nicht nur alle SEALs von Chalk Two aufnehmen, sondern auch Teddy und die Crew des abgestürzten Black Hawk.

In den Häusern ringsum waren inzwischen die Lichter angegangen. Mehrere Nachbarn streckten die Köpfe aus den Fenstern und beobachteten uns. Ali befahl ihnen barsch, von den Fenstern wegzugehen. Wir fingen mit der Zählung an. Ich stellte fest, dass Will fehlte.

»Wo ist Will?«, fragte ich und ging die Reihe entlang.

»Er wollte grade die Frauen und Kinder holen, als ich ging«, sagte Walt. Er stand neben der Leiche, um sie in den Hubschrauber zu laden, sobald er gelandet war.

Ich wollte gerade über Funk nach Will fragen, als ich ihn aus dem Anwesen rennen sah. Er kam als Letzter heraus.

Ich stellte mich zu Walt neben den Leichensack. Jetzt konnte ich auch den Black Hawk ausmachen, der genau auf den mit Infrarot markierten Landeplatz im Feld herabschwebte. Als er zur Landung ansetzte, blickte ich zu Boden, um die Augen vor dem Staub und Dreck zu schützen, die die Rotoren aufwirbelten. Sobald sich die Staubwolke gelegt hatte, nahmen wir den Leichensack und sprinteten so schnell wie möglich zum wartenden Hubschrauber hinüber. Der Black Hawk war der Vogel, der Freiheit bedeutete, und wir wollten ihn auf keinen Fall verpassen.

Das Feld war erst vor Kurzem gepflügt worden, und wir stolperten über Schollen von fast einem halben Meter Höhe, als wir die lange Leiche zum Hubschrauber trugen. Wahrscheinlich sahen wir wie Betrunkene aus, als wir zu unserem Vogel hinübertaumelten.

Das zusätzliche Gewicht zu tragen fiel keinem von uns leicht, aber Walt hatte wirklich Probleme, sich auf den Beinen zu halten. Da er nur einsfünfundsechzig groß war, fielen seine Schritte viel kürzer aus als unsere.

Alle paar Schritte stolperte er über eine Scholle, fluchte kräftig, kam wieder auf die Füße und lief weiter.

Schließlich erreichten wir die Maschine, duckten uns unter den Rotorblättern durch, schoben den Leichensack in die Kabine und kletterten an Bord. Ich fand einen Platz direkt hinter dem Sitz des Piloten. Der Sprint hatte uns alles abverlangt; ich keuchte und schnappte gierig nach Luft.

Verdammte Scheiße, wir haben es geschafft, dachte ich.

Aber als wir nicht sofort abhoben, wurde ich doch wieder unruhig. In Afghanistan hatte der Hubschrauber abgehoben, während der letzte Mann buchstäblich noch einen Stiefel auf dem Boden hatte. Aber je länger wir warteten, desto mehr rechnete ich damit, dass eine RPG durch unsere Tür krachte.

Los, los, los!, dachte ich ständig. Starte endlich, Mann, LOS!

Aber der Black Hawk wartete immer noch. Er reduzierte sogar die Leistung. Die Piloten wollten nicht abheben, bevor der CH-47 gelandet war. Hubschrauber fliegen gern in Paaren. Die Sprengladungen am abgestürzten Black Hawk würden in wenigen Sekunden losgehen. Der SEAL und der EOD-Techniker hatten die Zeitzünder auf fünf Minuten gestellt. Normalerweise hätte uns das reichlich Zeit gegeben, wenn alles genau nach Plan gelaufen wäre.

Aber wir hatten uns verspätet. In diesem Augenblick lagen wir volle acht Minuten hinter dem geplanten Zeitpunkt für den Rückzug. Den hatten wir zwar noch um weitere zehn Minuten hinausgeschoben, aber auch diese Zeit war jetzt fast verstrichen.

Wir mussten damit rechnen, dass inzwischen auch die pakistanische Polizei und das Militär im Anmarsch waren. Schließlich waren wir eine Invasionstruppe, die ihr Hoheitsgebiet verletzte. Toms Gesichtsausdruck sagte alles. Er hing am Funkgerät des Hubschraubers und versuchte zu klären, was los war. Die Piloten sollten sich beeilen und endlich starten.

»Los, starten wir!«, sagte er schließlich. »Wir müssen jetzt sofort abheben!«

Es blieb höchstens noch eine Minute, bis die Sprengladungen am Black Hawk hochgehen würden. Der SEAL, der die Ladungen gelegt hatte, rannte zu Jay hinüber und packte ihn am Arm. Sie standen immer noch an der Landungszone und warteten auf den CH-47. Jay hatte sich so darauf konzentriert, die Hubschrauber sicher herzuleiten, dass er die Rufe des SEALs nicht gehört hatte.

»Lassen Sie den Transporter abdrehen«, sagte der SEAL zu Jay. »Sie müssen alle Vögel von hier wegbringen, die Ladungen gehen in knapp dreißig Sekunden hoch!«

Jay sprach hastig in das Funkgerät. Er wusste, dass die Druckwelle der Explosion den heranfliegenden CH-47 aus der Flugbahn werfen konnte. Außerdem konnten herumfliegende Trümmer den wartenden Black Hawk beschädigen.

Jetzt wurden auch unsere Triebwerke wieder auf volle Leistung hochgefahren. Der Black Hawk stieg rasch in die Luft. Wir drehten nach Nordosten ab und gewannen an Geschwindigkeit. Sekunden nach dem Start sah ich einen grellen Lichtblitz. Die Explosion tauchte die Kabine für eine Sekunde in gleißendes Licht, dann wurde wieder alles schwarz.

Der CH-47 flog eine Schleife nach Süden und landete erst nach der Explosion. Die übrigen SEALs und die Crew des Black Hawk beeilten sich, an Bord zu gehen. Da der CH-47 bei seinen Warteschleifen so viel Treibstoff verbraucht hatte, war jetzt keine Zeit mehr zu verlieren. Mit dem zusätzlichen Gewicht der SEALs und der Crew an Bord blieb dem Chinook gerade noch genug Treibstoff, um zur Basis in Dschalalabad zurückzukehren.

Ich schloss die Augen und atmete tief durch. Es war dunkel in der Kabine, nur die Armaturen im Cockpit leuchteten. Von meinem Sitzplatz aus konnte ich gerade noch ein paar Anzeigen auf der Konsole ausmachen, darunter auch die Treibstoffanzeige.

Gerade als ich mich entspannen wollte, bemerkte ich, dass die Treibstoffanzeige zu blinken begonnen hatte. Sie blinkte rot. Ich bin kein Pilot, aber selbst mir war klar, dass rot blinkende Lichter in einem Cockpit nichts Gutes verheißen.

KAPITEL 17

Exfil

Mein Blick zuckte immer wieder ins Cockpit und zu den roten Warnlampen der Treibstoffanzeige.

Beim Briefing für die Operation hatten sie uns erklärt, dass der Rückflug zum FARP, dem Forward Air Refueling Point, nur zehn Minuten dauern würde. Der Hubschrauber flog nicht gerade, sondern drehte immer wieder ein und flog weite Kurven; wir kamen uns vor wie Wasser, das in einem Eimer herumgeschwenkt wird. Offenbar flogen wir Schleifen um eine bestimmte Gegend. Die Crewführer saßen an der Tür und observierten das Terrain durch die Fenster. Aus dem Augenwinkel sah ich, dass die Linie der rot blinkenden Treibstoffanzeige noch kürzer geworden war.

Wieder einmal saßen wir dicht gedrängt in der Kabine. Tom saß direkt neben mir. Walt musste auf Bin Ladens Leiche sitzen, die direkt vor meinen Füßen in der Kabine lag.

Ein paar Minuten nach dem Abheben schliefen meine angewinkelten Beine ein. Ich bewegte die Zehen, um die Blutzirkulation in Gang zu halten. Nach dem Einsatzplan war unser Teil der Arbeit in dieser Nacht erledigt. Trotzdem konnte sich keiner von uns wirk-

263

lich entspannen, solange wir nicht aufgetankt und die Grenze hinter uns gebracht hatten.

Ich zwang den Blick vom Cockpit weg und zurück in die Kabine. Das Treibstoffproblem verdrängte ich aus meinen Gedanken. Wir alle waren Alphatypen – wir zogen es vor, die Fäden selbst in der Hand zu halten. Vor knapp vierzig Minuten hatte ich nur einen Gedanken gehabt: das Seil aus dem Hubschrauber zu werfen, mich abzuseilen und mit der Erstürmung des Anwesens zu beginnen. Nachdem wir diesen Teil der Mission erfolgreich hinter uns gebracht hatten, steckte ich wieder tatenlos in einem überfüllten Hubschrauber und musste warten.

Welchen Zweck hatte es schon, sich wegen des zur Neige gehenden Treibstoffs Sorgen zu machen? Ich war schließlich nicht der Pilot. Meinetwegen konnten die roten Blinklichter genauso gut an einem Christbaum hängen.

Der Hubschrauber flog eine weitere lange Schleife, drehte plötzlich ein und schwebte auf die Landungszone zu. Der Crew-Chef stieß die Tür auf; jetzt konnte ich in ungefähr fünfzig Metern Entfernung die dunkle Silhouette eines CH-47 ausmachen.

Ein paar SEALs von der anderen Squadron gingen im hüfthohen Gras in Stellung, um die Landungszone zu sichern. Als wir aufsetzten, knieten sie bereits auf einem Knie, mit dem Rücken zu uns, und suchten den Horizont nach pakistanischen Armee- oder Polizeieinheiten ab. Der Abwind der Rotorblätter peitschte das Gras.

Zwei Army-Tankwarte mit Schutzbrillen, die ihre Augen vor dem aufgewirbelten Dreck schützen sollten, zerrten einen Schlauch zu unserem Black Hawk. Während die Rotoren noch weiterliefen, verbanden sie den Schlauch mit dem Einfüllstutzen.

»Wir müssen Gewicht sparen – sie wollen, dass vier oder fünf von uns mit dem Siebenundvierziger zurückfliegen«, überbrüllte Tom den Lärm des Hubschraubers.

Mit Bin Ladens Leiche und einem vollen Tank war es nötig, das Ladegewicht zu reduzieren. Die Piloten wollten auf Nummer sicher gehen. Charlie und ein paar Männer stiegen aus.

In Abbottabad hatte der Lärm der Explosion endlich die Aufmerksamkeit des pakistanischen Militärs geweckt. Wie wir erst später erfuhren, riefen sie zunächst alle eigenen Flugzeuge auf den Boden zurück und führten eine Zählung durch. Da kein Flugzeug fehlte, machten sie zwei F-16-Jäger startklar, bewaffnet mit Dreißig-Millimeter-Kanonen und Luft-Luft-Raketen. Das pakistanische Militär befindet sich in ständiger Alarmbereitschaft gegenüber Indien. Aufgrund dieser Bedrohung ist der größte Teil ihrer Luftverteidigung nach Osten gerichtet. Die beiden Jets stiegen röhrend in den Himmel und jagten in Richtung Abbottabad davon.

Ich blickte immer wieder auf die Uhr, denn ich konnte es kaum erwarten, nach Dschalalabad zurückzukehren. Wie vermutlich auch die meisten von uns wäre ich am liebsten ausgestiegen und hätte den Burschen beim Betanken unserer Maschine geholfen. Aber natürlich wusste ich, dass die Tankwarte der US-Army ihren Job genauso gut beherrschten wie wir unseren. Wenn ich versucht hätte, ihnen zu helfen, hätte ich sie womöglich nur gestört und behindert. Und in diesem Moment hing der Erfolg der ganzen Mission davon ab, dass sie unseren Hubschrauber so schnell wie möglich wieder in die Luft brachten.

Endlich hängten die Tankwarte den Schlauch wieder ab und zerrten ihn zum CH-47 zurück. Die Rotoren ihres Hubschraubers begannen sich wieder zu drehen, während die Tankwarte den Schlauch über die Rampe hochrollten. Das Sicherheitsteam zog sich zurück und ging an Bord.

Nacheinander hoben die beiden Hubschrauber ab und nahmen Kurs nach Westen in Richtung Afghanistan. Im Cockpit blinkte nichts mehr rot. Jetzt mussten wir nur noch heil über die Grenze kommen.

Wieder warf ich einen Blick auf die Uhr. Das Auftanken hatte zwanzig Minuten gedauert. In meiner Fantasie sah ich bereits die pakistanischen Jets hinter uns herjagen. Wie ich später erfuhr, kreisten die F-16 allerdings zunächst über Abbottabad, bevor sie ihr Suchfeld ausweiteten.

Die Broschüre über die pakistanische Luftabwehr kam mir wieder in den Sinn. Es war ausgeschlossen, dass wir unbemerkt in ihren Luftraum eingedrungen waren. Ich hoffte nur, dass unser Vorsprung vor irgendwelchen Verfolgern groß genug war.

Tatsächlich war sogar der langsamere CH-47, der die Männer vom abgestürzten Chalk Two aufgenommen hatte, längst verschwunden, als die F-16 über Bin Ladens Anwesen aufkreuzten.

Zum ersten Mal, seit wir die Zehn-Minuten-Warnung vor dem Angriff erhalten hatten, konnte ich meinen Helm abnehmen. Ich fuhr mir mit der Hand durch das platt gedrückte, schweißnasse Haar und zwang mich, alle Gedanken an Kampfjets und Luft-Luft-Raketen zu verdrängen. Wir hatten noch ungefähr eine Dreiviertelstunde Flugzeit bis Dschalalabad, und ich verspürte keine Lust, mir die ganze Zeit ein Schreckensszenario auszumalen. Deshalb war ich dankbar, dass Tom uns etwas zu tun gab.

»Durchsucht noch mal die Leiche. Wir müssen ganz sicher sein, dass wir nichts übersehen haben.«

Walt erhob sich von Bin Ladens Brustkorb und streifte Latexhandschuhe über. Ich zog den Reißverschluss des Leichensacks auf und öffnete den Sack weit, sodass wir an die Leiche herankamen. Walt tastete Bin Laden ab, zuerst vorn, dann auch hinten, ließ die Hände an den Seiten entlang und über den Rücken gleiten. Dann überprüften wir die Hosentaschen. Wir suchten nach dem üblichen Kleinkram, den man normalerweise in den Hosentaschen trägt – Papierschnitzel mit Telefonnummern oder sonstiges Zeug.

Ich bemerkte, dass die Crew-Chefs des Hubschraubers die Hälse streckten, um einen Blick auf die Leiche zu erhaschen. Vom Cockpit aus war das kaum möglich, deshalb winkten wir sie heran. Ich beleuchtete Bin Ladens Gesicht mit einer roten Taschenlampe.

Die Augen der beiden Crew-Chefs wurden weit. Sie begannen zu lächeln. Es war förmlich zu spüren, wie stolz sie darauf waren, an dieser Mission beteiligt zu sein. Seit den ersten Tagen in North Carolina hatten wir mit ihnen gemeinsam für diesen Einsatz trainiert. Ohne diese Burschen hätte es den Einsatz gar nicht gegeben. Sie hatten uns erfolgreich durch die pakistanische Luftverteidigung manövriert und sicher bis hierher gebracht, nur noch Minuten vom Stützpunkt entfernt. Als ich sah, wie begeistert sie waren, begann ich zum ersten Mal zu begreifen, dass diese Mission größer und wichtiger war, als wir uns bisher klargemacht hatten.

Walt fand nichts. Er zog den Reißverschluss zu und setzte sich wieder auf Bin Ladens Brust.

Ich schloss die Augen und rief mir die Ereignisse noch einmal in Erinnerung. Vor etwas mehr als einer Stunde hatte ich gedacht, dass wir alle bei dem Hubschrauberabsturz ums Leben kommen würden. Es war irgendwie komisch, aber der Absturz schien mir viel länger im Bewusstsein zu bleiben, als durch eine Tür beschossen zu werden. Schließlich hatte ich schon Feuergefechte erlebt, aber der Absturz war für mich eine Premiere. In meiner Erinnerung lief er in Zeitlupe ab. Jetzt hatte ich auch genug Zeit, um darüber nachzudenken. Ich spürte, wie sich etwas in meiner Brust zusammenzog, als ich mir vorstellte, wie wir aus dem Himmel auf die Erde stürzten. Wie ich die Erde auf mich zurasen sah.

Ich hatte absolut keine Kontrolle über das Geschehen gehabt, und das hatte mir am meisten Angst gemacht.

Obwohl die Leiche als Beweis des Gegenteils zu meinen Füßen lag, verspürte ich irgendwo im Innern leise Zweifel, ob wir nicht doch irgendwie versagt hatten. Wir hatten weniger Beweisstücke und Informationen mitgenommen, als möglich gewesen wäre. Nicht alle Schubladen waren durchsucht worden. Im Flur auf dem zweiten Stock standen ein paar Kartons aufgestapelt, die wir nicht einmal angerührt hatten. Normalerweise hätten wir den Job gründlicher gemacht, aber wir hatten nicht genug Zeit gehabt. Wir waren Perfektionisten, und obwohl der Rest der Operation nach dem Crash glatt gelaufen war, entsprach die SSE nicht unseren Standards.

Wir selbst waren immer unsere schärfsten Kritiker.

Das Funkgerät krächzte in mein Ohr und riss mich jäh aus meinem halb benommenen Zustand.

»Wir sind jetzt wieder im afghanischen Luftraum«, verkündete Tom.

Später erfuhr ich, dass wir tatsächlich einen großen Vorsprung gehabt hatten – die pakistanischen Jets hatten keine Chance gehabt, uns zu stellen.

Eine Viertelstunde später entdeckte ich helle Lichter – Dschalalabad. Die Szene hatte ich schon Hunderte Male gesehen, und auch dieses Mal weckte sie keine besonderen Empfindungen. Ich wusste, dass wir es geschafft hatten und dass wir in ein paar Minuten wieder auf dem Boden und in Sicherheit sein würden.

Der Hubschrauber setzte direkt vor dem Hangar auf. Aus Sicherheitsgründen abgeschirmte Scheinwerfer beleuchteten den geteerten Landeplatz, auf dem ein weißer Toyota Hilux-Pickup wartete.

Beim Aussteigen sah ich drei Army Rangers, die von dem Pickup herüber kamen, um die Leiche zu holen. Sie hatten den Befehl, Bin Laden von Dschalalabad nach Bagram zu überführen.

Die Soldaten wurden von einem First Sergeant geführt, mit dem ich bei meiner letzten Rotation zusammengearbeitet hatte. Er war im Land geblieben, nachdem ich vor einem Monat nach Hause geflogen war. Vor dem Einsatz waren wir uns ein paar Mal in der Cafeteria über den Weg gelaufen. Er hatte auf mich immer einen kompetenten Eindruck gemacht; wir respektierten einander.

Aber als er jetzt mit seinen Leuten zur Kabine kam, um die Leiche zu holen, winkten wir ab. Das war unsere Sache.

»Verdammt«, bellte Walt, »das ist unser Job!«

Wir waren tief nach Pakistan eingedrungen, um ihn zu holen. Deshalb wollten wir diese Sache auch wirklich bis zum Ende durchziehen.

Ich griff nach einer der Handschlaufen am Leichensack; wir trugen Bin Ladens Leiche zur Ladefläche des Hilux. Ich sprang hinauf und setzte mich mit dem Rücken zur Fahrtrichtung. Jetzt erst sah ich, dass auch alle anderen aus dem CH-47 stiegen. Ich verspürte große Erleichterung – alle waren wieder in Sicherheit.

Als wir losfuhren, legte mir der First Sergeant die Hand auf die Schulter. In der anderen Hand lag eine Erinnerungsmedaille des 75. Ranger Regiment.

»Für meinen Sohn wirst du der Held seines Lebens sein«, sagte er und gab mir die Medaille. »Glückwunsch!«

Ich nickte nur. Ich war einfach nur glücklich, dass alle am Leben und in Sicherheit waren. Für Gedanken an Ruhm und Ehre war es noch zu früh.

KAPITEL 18

Größenvergleich

Im Hangar sah ich Admiral McRaven.

Er stand allein neben der Tür und hatte die Hände in den Hosentaschen. Anscheinend war er vom Joint Operations Center herübergekommen, sobald er über Funk gehört hatte, dass wir die Grenze überflogen hatten.

Der Pickup hielt vor der Tür des Hangars, und McRaven trat an die Heckklappe heran. Offenkundig brannte er darauf, den Leichnam zu sehen.

»Dann wollen wir ihn uns mal anschauen«, sagte McRaven.

»OK, Sir«, sagte ich und klappte die Hecktür herab.

Ich griff nach dem Leichensack und zog ihn vom Laster. Er plumpste wie ein toter Fisch auf den Betonboden. Ich beugte mich nach unten und zog den Reißverschluss auf. Fast alle Farbe war aus dem Gesicht des Toten gewichen, seine Haut sah aschfahl und grau aus. Der Leichnam war weich, und geronnenes Blut hatte sich am Boden des Leichensacks angesammelt.

»Das ist Ihr Mann«, sagte ich.

McRaven steckte in seiner hellbraunen Tarnuniform und stand über Bin Laden, während ich nach dessen Bart griff und seinen

Kopf von einer Seite zur anderen drehte, damit der Admiral sein Profil sehen konnte.

»Offensichtlich hat er sich den Bart gefärbt«, sagte ich. »Er sieht nicht so alt aus, wie ich erwartet habe.«

Ich stand auf und trat zurück, damit sich die anderen um den Toten versammeln konnten. Viele der Jungs aus den übrigen Hubschraubern hatten ihn noch nicht gesehen. Bald hatte sich eine kleine Gruppe um McRaven gebildet, der in die Hocke gegangen war, um besser sehen zu können.

»Er dürfte etwa einsdreiundneunzig sein«, bemerkte McRaven und musterte die Menge.

Ich sah, wie er auf jemanden zeigte.

»Wie groß bist du?«

Einer der SEALs antwortete.

»Einsdreiundneunzig.«

»Würde es dir etwas ausmachen, dich neben ihn zu legen?«, fragte McRaven.

Nach einem kurzen Zögern, weil er nicht sicher war, ob sich McRaven einen Scherz mit ihm erlauben wollte, legte sich der SEAL neben den Leichensack, während McRaven mit den Augen Maß nahm.

»Gut, steh wieder auf«, sagte McRaven.

Das Maßnehmen war doch eher ein Scherz gewesen. Aber Bin Laden sah nicht so aus, wie wir ihn uns vorgestellt hatten. Ich bin überzeugt, dass McRaven dieselben Gedanken wie ich hatte.

Ich stand am Rand der Gruppe und entdeckte Jen. Sie wirkte blass unter den grellen Lichtern des Hangars. Immer noch strömten Männer in die Flugzeughalle, als sie Ali erblickte. Er lächelte sie an, worauf sie zu weinen begann. Zwei SEALs legten die Arme um sie und führten sie zu der Gruppe, damit auch sie den Toten sehen sollte, was mich überraschte.

Einige Tage vorher hatte mir Jen in der Kantine erzählt, dass sie Bin Ladens Leiche nicht sehen wolle.

»Ich habe kein Interesse daran«, sagte sie mir. »Zu meiner Jobbeschreibung gehört es nicht, mir Leichen anzuschauen.«

Ich war überzeugt, dass sie damit ein bisschen angeben wollte. Sie musste sich bei ihrer Arbeit nicht die Hände schmutzig machen. Sie trug teure Schuhe mit hohen Absätzen, und man erwartete von ihr nicht, dass sie einen Leichensack in einem Helikopter verstaute. Sie hatte Bin Laden auf einer geistigen Ebene besiegt.

»Wenn wir das hier durchgezogen haben«, hatte ich ihr am Tisch gesagt, »musst du dir den Toten anschauen.«

Zurück im Hangar, blieb Jen am Rand der Gruppe stehen. Sie sagte nichts, aber ich wusste aufgrund ihrer Reaktion, dass sie es nicht über sich brachte, sich Bin Ladens Leiche anzusehen. Als ihr Tränen über die Wangen liefen, wurde mir klar, dass Jen eine Weile brauchen würde, um dies alles zu verarbeiten. Sie hatte fünf Jahre darauf verwendet, diesem Mann nachzuspüren. Und jetzt lag er hier zu ihren Füßen.

Für uns war es leichter.

Wir sahen ständig Tote. Das war hässlich und unangenehm, aber wir lebten damit und dachten nicht mehr über die Toten nach, wenn unser Job erledigt war. Wir waren keine abgestumpften Kampfmaschinen, aber wenn man einmal eine Leiche gesehen hat, dann hat man alle gesehen.

In Jens Welt hingegen gab es kein Blut. Bin Laden hier vor ihren Füßen auf dem Boden zu sehen, musste erschütternd für sie sein.

Ich wandte mich von der Gruppe ab, ging zum Lastwagen, lehnte mein Gewehr an die Heckklappe und stopfte meine Handschuhe in meine Cargotaschen. Die meisten Jungs waren mittlerweile zurück und kamen in die Halle. Viele hatten ein zufriedenes Lächeln auf dem Gesicht.

Teddy kehrte als einer der letzten in den Hangar zurück. An seinem Gesicht sah ich, dass er wütend und vielleicht auch ein wenig beschämt war wegen des Hubschrauberabsturzes. Ich fing ihn ab, als er durch die Halle ging, und umarmte ihn herzlich.

»Teddy«, sagte ich. »Du bist der Größte.«

Er lächelte mich verlegen an und versuchte sich meiner Umarmung zu entwinden.

»Im Ernst, Alter«, sagte ich.

Ich weiß, dass er durch seine Notlandung unsere Mission vor dem Scheitern bewahrte. Alle konzentrierten sich darauf, wer zuerst abdrückte, aber es war wesentlich schwieriger, einen ins Trudeln geratenen Hubschrauber sicher auf den Boden zu bringen, als es für uns alle war, den Abzug zu betätigen. Ein falscher Handgriff und wir alle wären in einem Haufen von Trümmern im Hof gelandet. Teddy hatte uns das Leben gerettet.

»Tolle Leistung«, sagte Walt, reichte mir die Hand und umarmte mich.

In den folgenden Minuten liefen wir alle durcheinander und beglückwünschten uns gegenseitig. Noch immer kamen Menschen in die Flugzeughalle. Ich kann mich nicht mehr erinnern, mit welchen Leuten ich geredet habe, ich weiß nur noch, welche Erleichterung ich empfand, dass wir sicher zurückgekehrt waren.

Es dauerte nicht lange, dann wurden die ersten Späße gemacht.

Ich hörte, wie Charlie zu dem Sprengstoffexperten sagte:

»Du wolltest das Haus in die Luft jagen? Wirklich?«

Schließlich stellten wir uns auf, und es wurden ein paar Bilder geschossen. Wir waren ein großartiges Team, das zusammenhielt. Nachdem die Fotos aufgenommen waren, verfielen alle wieder in den Arbeitsmodus. Unser kurzer Glücksmoment war vorbei, und es wurde Zeit, nach Bagram zurückzukehren, um die erlangten Informationen auszuwerten.

Die Rangers hatten den Leichnam bereits zusammengepackt und waren unterwegs nach Bagram. Wir folgten ihnen kurze Zeit später in einem anderen Flugzeug. Wir luden unsere Ausrüstung in die Maschine und schnallten sie auf dem Deck der C-130 fest. In unseren Kampfanzügen und mit unseren Waffen gingen wir an Bord. Es gab nur wenige Sitzplätze, aber ich fand ein Plätzchen im vorderen Teil des Flugzeugs und setzte mich hin.

Nicht weit von mir entfernt sah ich Jen. Sie schluchzte noch immer, saß auf dem Boden und hatte die Beine in embryonaler Haltung an die Brust herangezogen. Im roten Licht der Kabine konnte ich ihre Augen erkennen. Sie waren geschwollen, und sie schien in die Ferne zu starren. Ich stand auf und berührte sie an der Schulter.

»He, das hat doch alles wunderbar geklappt«, sagte ich und beugte mich nahe zu ihr, damit sie mich im Motorenlärm hören konnte.

Sie schaute mich benommen an.

»Wirklich«, bekräftigte ich. »Es ist optimal gelaufen.«

Diesmal nickte sie und begann wieder zu heulen. Ich kehrte zu meinem Platz auf dem Boden zurück, als die Besatzung die Kabinenlichter abschaltete. Wenige Minuten später befanden wir uns in der Luft und nahmen Kurs auf Bagram. Der Flug dauerte eine Dreiviertelstunde, und ich döste vor mich hin. Ich schlief nicht richtig, aber ich ruhte mich aus. Ich wusste, dass noch viele Stunden Arbeit vor uns lagen.

Die C-130 rollte vor einen Hangar, und wir stiegen aus. Drinnen erwartete uns eine kleine Gruppe von FBI- und CIA-Spezialisten, die uns bei der Auswertung der Papiere, USB-Sticks und Computer helfen wollten, die wir aus dem Anwesen mitgenommen hatten. Als wir in die Flugzeughalle kamen, sah ich überrascht, dass jeder dieser Fachleute hinter einem eigenen Tisch stand und alle die Hände hinter dem Rücken verschränkt hatten wie in einer Pause bei einer Militärparade.

In einer Ecke bemerkte ich mehrere Tische, auf denen grüne Plastikschüsseln mit Speisen standen. Hoch aufgetürmt auf den Schüsseln lagen Hähnchenkeulen und Pommes frites. Eine große Kaffeemaschine spuckte einen Becher grässlichen Kaffees nach dem anderen aus. Unser Frühstück lag mindestens sieben Stunden zurück, aber niemand rührte das Essen an. Wir mussten arbeiten.

Gleich hinter der Tür begannen wir unsere Montur abzulegen. Als ich mein Kit abstreifte, spürte ich einen Stich in der Schulter. Es war kein starker, eher ein dumpfer, nagender Schmerz. Ich zog meine Schulter nach vorn, um sie mir anzuschauen, konnte aber kein Blut entdecken.

»He, Walt, ist da was mit meiner Schulter?«, fragte ich.

Auch er legte gerade seine Klamotten ab.

»Nichts Schlimmes, so wie's aussieht«, antwortete er. »Du hast dir ein paar Abschürfungen zugezogen. Das muss nicht genäht werden.«

Als ich meine Montur abtastete, nahm ich auch die auf der Rückseite befindlichen Bolzenschneider in die Hand und spürte, wie mich dabei etwas Metallisches in den Finger schnitt. Ich schaute mir die Bolzenschneider genauer an und entdeckte bei einem einen größeren Metallsplitter, der in den Griff eingedrungen war.

Das stammt von einem Geschoss, dachte ich.

Als al-Kuwaiti das Feuer eröffnet hatte, mussten mich einige Splitter getroffen haben, bevor ich zurückschießen konnte. Die Bolzenschneider sitzen weit oben am Rücken, sodass der Griff nur wenige Zentimeter vom Kopf entfernt ist. Ich hatte verdammtes Glück gehabt, dass mich dieser Splitter nicht am Kopf getroffen hatte.

Nach einer kurzen Nachbesprechung der Aktion luden wir sämtliches Material aus, das wir zusammengerafft hatten. In der Ausbildung bei der Basic Underwater Demolition (BUD/S) hatte man uns eingebläut, dass man stets unterscheiden musste zwischen Teamausrüstung, Abteilungsausrüstung und persönlicher Ausrüstung.

Wir schoben die Tische zu Gruppen zusammen, für jeweils einen Raum im Zielobjekt. Ich trug alle meine Taschen zu dem Tisch für Raum A im zweiten Stock des Hauptgebäudes. Ich öffnete den Netzbeutel und holte alle Sachen heraus, die ich eingesammelt hatte. Ich stapelte die Bänder aufeinander, die ich aus Bin Ladens Kommode genommen hatte, und legte die Pistole und das Gewehr auf den Tisch.

Auf der weißen Tafel zeichneten wir ein Schema der Innenräume des Gebäudekomplexes und erstellten anschließend Grundrisse des Hauptgebäudes und das Gästehauses. Ich brachte meine Kamera zu dem Tisch, wo einer der SEALs dem CIA-Mann half, die Aufnahmen von unseren Digitalkameras herunterzuladen.

»Wie sieht's mit den Bildern aus?«, fragte ich und reichte meine Kamera hinüber.

»Bis jetzt ganz gut«, sagte der CIA-Mann.

Als die Bilder von Bin Ladens Leichnam auf dem Bildschirm des CIA-Analysten erschienen, war ich erleichtert. Da wir die Leiche hatten, waren die Fotos nicht mehr unbedingt notwendig. Doch wenn ich die Aufnahmen vermasselt hätte, dann hätte ich mir bestimmt von Charlie und Walt einiges anhören müssen.

»Alles in Ordnung?«, fragte ich.

»Sieht sehr gut aus«, erwiderte der Analyst. »Genau das, was wir brauchen.«

Ich hatte keine Ahnung, ob die Fotos jemals veröffentlicht werden würden, und es interessierte mich ehrlich gesagt auch nicht.

Diese Entscheidung lag weit außerhalb meiner Zuständigkeit und entzog sich meiner Kontrolle. Ich hörte, wie die Jungs mit den CIA-Leuten über die Dinge sprachen, die sie eingesammelt hatten.

»Es tut uns wirklich leid«, sagte einer meiner Teamkameraden, der den zweiten Stock durchsucht hatte. »Da gab es noch viel mehr Sachen. Wir hatten zu wenig Zeit. Wir hätten es besser machen können.«

Der CIA-Mann lächelte, als er das hörte.

»Ihr habt es gut gemacht«, sagte er. »Ärgert euch bloß nicht. Schaut euch diesen Haufen Zeug an. Wir werden Monate damit beschäftigt sein, das alles zu sichten. Hier haben wir mehr Material, als wir in den vergangenen zehn Jahren zusammen gewonnen haben.«

Die Übergabe des sichergestellten Materials an die Geheimdienstleute dauerte fast zwei Stunden. Vor dem Hangar und ungefähr neun Meter von den Tischen entfernt sah ich, wie ein DNA-Spezialist des FBI Proben von Bin Ladens Körper nahm. Als er fertig war, brachten die Rangers den Leichnam zur Bestattung zur USS *Carl Vinson*.

Nach der Materialübergabe begann ich meine Kampfausrüstung zusammenzupacken. Ich reinigte und sicherte meine Waffe, nahm den Ziellaser ab und legte ihn in seine Schachtel. Ich hievte mein Kit auf den Tisch und entfernte die nicht benutzte Granate und den Sprengstoff. Es gab keinen Grund, dies mit nach Hause zu nehmen. Ich war gerade damit fertig geworden, als mir Jen und Ali entgegenkamen. Sie sollten in wenigen Minuten zurückfliegen in die Vereinigten Staaten. Die Air Force hatte eine leere C-17 bereitgestellt, die sie nach Hause bringen sollte.

Jen umarmte mich.

»Ich weiß nicht, ob ich euch Jungs wiedersehen werde«, sagte sie und ging mit Ali zur Tür. »Passt auf euch auf.«

Sie würde monatelang mit der Auswertung des Materials beschäftigt sein. Aber anders als für uns hatte für sie diese Jagd ihr Leben bedeutet. Als sie wegging, wirkte sie erleichtert und erschöpft zugleich. Für jemanden, der den größten Teil der vergangenen zehn Jahre mit der Suche nach Osama bin Laden verbracht hatte, war es sicher nicht leicht, einfach so wegzugehen, davon war ich überzeugt.

Nachdem der Großteil unserer Ausrüstung verpackt war, machten sich einige der Jungs über den Imbiss her. Wir gingen zu dem Großbildschirm hinüber, der im hinteren Teil des Hangars aufgestellt worden war. Gleich würde Präsident Obama reden. Alle blieben stehen und scharten sich um den Schirm.

Es hatte sich das Gerücht verbreitet, dass das Joint Special Operations Command (JSOC) die Ansprache bereits überprüft habe, um sicherzustellen, dass die Einzelheiten des Unternehmens geheim blieben. Niemand bezweifelte jedoch, dass die Details irgendwann bekannt werden würden, doch zu diesem Zeitpunkt, glaube ich, hofften wir alle nur, Präsident Obama könne ein Geheimnis wenigstens kurze Zeit für sich behalten.

»Ich glaube, es dauert höchstens eine Woche, bis es heißt, dass die SEALs beteiligt waren«, sagte ich zu Walt.

»Nein, ich glaube, nicht mal einen Tag«, erwiderte er.

Gegen 21.45 Uhr Eastern Time kündigte das Weiße Haus an, Präsident Obama werde eine Rede an die Nation halten. Um 22.30 Uhr machten die ersten Hinweise auf Bin Laden die Runde. Der Aufklärungsoffizier Keith Urbahn von der Navy Reserve verbreitete vermutlich als Erster die Meldung über Twitter. Kurze Zeit später berichteten alle großen Zeitungen und Fernsehsender, dass Bin Laden getötet wurde.

Gegen 23.35 Uhr erschien Präsident Obama auf dem Bildschirm. Er ging einen langen Gang entlang und blieb schließlich hinter einem Podium stehen. Er blickte gerade in die Kamera und teilte der Welt mit, was geschehen war.

»Guten Abend. Heute kann ich dem amerikanischen Volk und der Welt mitteilen, dass die USA eine Operation durchgeführt haben, bei der Osama bin Laden getötet wurde, der Führer der al-Qaida und der Terrorist, der für den Mord an Tausenden von unschuldigen Männern, Frauen und Kindern verantwortlich ist.«

Wir hörten alle schweigend zu.

Obama fuhr fort und dankte dem Militär dafür, dass es al-Qaida verfolge und die Sicherheit der amerikanischen Bürger gewährleiste.

»Wir haben terroristische Angriffe unterbunden und unseren Heimatschutz gestärkt. In Afghanistan haben wir die Taliban aus der Regierung vertrieben, die Bin Laden und al-Qaida Unterschlupf und Unterstützung gewährt haben. Überall auf der Welt haben wir in Zusammenarbeit mit unseren Freunden und Verbündeten Terroristen von al-Qaida gefangengenommen oder getötet, darunter auch mehrere, die an der Verschwörung vom 11. September beteiligt waren«, sagte Obama.

Der Präsident betonte, dass er unmittelbar nach seinem Amtsantritt gegenüber Leon Panetta, dem neuen Direktor der CIA, erklärt habe, dass die Tötung oder Gefangennahme Bin Ladens hohe Priorität habe. Er skizzierte, wie wir ihm auf die Spur gekommen waren. Dieser Teil der Rede war geschickt formuliert und enthüllte keine womöglich gefährlichen Einzelheiten.

»Heute haben die Vereinigten Staaten auf meinen Befehl eine Zieloperation gestartet, die sich gegen einen Gebäudekomplex in Abbottabad in Pakistan richtete. Ein kleines Team von Amerikanern hat diese Operation mit außerordentlichem Mut und Können durchgeführt«, erklärte Obama. »Kein Amerikaner ist zu Schaden gekommen. Die Männer haben darauf geachtet, Opfer unter Zivilisten zu vermeiden. Nach einem Feuergefecht haben sie Osama bin Laden getötet und seinen Leichnam in ihren Gewahrsam genommen.«

Keiner von uns war ein großer Fan von Obama. Wir respektierten ihn als militärischen Oberbefehlshaber und auch dafür, dass er uns grünes Licht für die Aktion gegeben hatte.

»Wir haben dafür gesorgt, dass Jay Admiralssterne kriegen wird«, bemerkte Walt während der Ansprache. »Und dafür, dass dieser Kerl wiedergewählt werden wird.«

»Na, hättest du's lieber nicht gemacht?«, fragte ich.

Wir wussten alle, wie der Hase lief.

Wir waren die Werkzeuge in ihrem Werkzeugkasten, und wenn alles gut geht, werden die Helfer gelobt. Und ihre eigenen Leistungen blasen sie auf. Aber nichtsdestotrotz hatten wir es tun müssen. Es war das richtige Signal. Ungeachtet der politischen Auswirkungen, die damit verbunden waren, und das Endergebnis hatten wir schließlich alle herbeigesehnt.

»McRaven wird in einem Jahr das US Special Operations Command (SOCOM) leiten und eines Tages wahrscheinlich auch Chief of Naval Operations (CNO) werden«, bemerkte ich.

Obama bezeichnete die Aktion als »den bisher größten Erfolg unserer Nation im Kampf gegen al-Qaida« und dankte uns für unsere Opferbereitschaft.

»Das amerikanische Volk hat sie nicht gesehen bei ihrer Arbeit und kennt ihre Namen nicht«, fuhr er fort.

Wir hatten erwartet, dass er Einzelheiten preisgeben würde. Dann hätten wir ein bisschen lästern können. Aber ich denke, seine Rede war ziemlich gut. Er bemühte sich, nicht noch mehr Öl ins Feuer zu gießen.

»Okay, genug jetzt«, sagte ich zu Walt. »Holen wir uns was zu essen oder gönnen wir uns wenigstens eine heiße Dusche.«

Wir wurden informiert, dass wir in ein paar Stunden nach Hause fliegen sollten. Ich holte meinen Rucksack mit meinen Zivilkleidern und bestieg einen Bus, der uns zum Gebäude des JSOC brachte. Die Teamkameraden wollten möglichst noch duschen, bevor es zurück nach Virginia Beach ging.

In dem Gebäude gab es mehrere Duschkabinen. Als ich unter dem heißen Wasserstrahl stand, spürte ich, wie sich mein Körper langsam entspannte.

Außerdem bekam ich Hunger.

Der DEVGRU war ein kleiner Bereich im JSOC-Gebäude zugewiesen. Sie stellte unsere Mobilität auf dem Boden sicher. In der Regel waren hier alle unsere Laster, Motorräder, vierradgetriebenen Fahrzeuge und Humvees eingestellt. Ein SEAL leitete die Einrichtung zusammen mit einigen SeaBees (Bautruppen der US-Navy) und Mechanikern.

Der Heimflug verzögerte sich um einige Stunden, also machten wir es uns gemütlich. Die Werkstatt im Arbeitsbereich war voll mit Autoteilen, Werkzeugen und Fahrzeugen in unterschiedlichen Reparaturstadien. Wir versammelten uns in einem kleinen Büro, in dem es ein Wohnzimmer und einen Aufenthaltsraum gab. Der SEAL, der für den Laden zuständig war, empfing uns mit offenen Armen.

»Was braucht ihr?«, fragte er.

Zwischen den Gebäuden, die nach dem Baukastenprinzip zusammengesetzt waren, und einem überdachten Fuhrpark war ein kleiner Innenhof angelegt worden mit einem gemauerten Pizzaofen und einem großen Gasgrill. Walt ging durch Hof und ließ eine Kiste Zigarren herumgehen, die ihm Mitglieder der NRA (National Rifle Association) vor mehreren Wochen bei der Heimkehr von einem Einsatz geschenkt hatten. Sie hatten wohl nicht ahnen können, dass wir sie zur Feier einer Operation rauchen würden, bei der Osama bin Laden getötet worden war.

Alle waren da bis auf Jay, Mike und Tom. Die Führungsleute waren noch drüben am Flugfeld und informierten Admiral McRaven.

Wir verbrachten den größten Teil der Zeit im Innenhof und genossen die warme Frühlingssonne. Die SeaBees, die auf dem Gelände lebten, warfen den Grill an und brieten Steaks und Hummer, die sie aus der Kantine geholt hatten. Im Büro verbreitete sich der Duft von Popcorn und Pizza, die im Ziegelofen gebacken wurde.

Ich war im Innenhof in der Sonne etwas eingedöst, als ich jemanden rufen hörte.

»Jungs, ihr werdet es nicht glauben. Es ist schon rausgekommen!«

Auf einem der Computerbildschirme verfolgte der Teamführer des Perimeter-Security-Teams die neuesten Meldungen. Es hatte nicht einmal vier Stunden gedauert, bis die Nachrichtensender berichteten, dass die SEALs diese Aktion durchgeführt hatten. Und dann hieß es, dass es SEALs von der DEVGRU in Virginia Beach gewesen waren.

Die Aktion war fast einen Monat geheim gehalten worden, und plötzlich wurde ausgiebig darüber berichtet. Wir sahen Aufnahmen von Menschenmengen, die sich spontan vor dem Weißen Haus, an Ground Zero und am Pentagon versammelt hatten. Bei einem Baseball-Spiel der Major League in Philadelphia begannen Zuschauer zu skandieren: »U-S-A.« Allen von uns fiel auf, wie jung sie aussahen. Junge Leute wie sie wussten nicht, wie die USA vor dem 11. September 2001 gewesen waren.

Wir verfolgten den Trubel am Fernseher, und ich musste mir die Frage stellen, was meine Familie und meine Freunde in der Heimat wohl denken würden. Niemand wusste, dass ich in Afghanistan war. Ich hatte meinen Eltern erzählt, dass ich zur Ausbildung draußen im Gelände sei und kein Mobiltelefon benutzen dürfe. Jetzt riefen bestimmt alle meine Nummer an und wollten herausfinden, wo ich steckte.

Die Sonne schien warm herab, während wir im Hof saßen und aßen. Nachdem ich mir den Bauch vollgeschlagen hatte, konnte ich nur noch ans Schlafen denken. Ein paar Stunden später kam der Bus zurück und brachte uns zum Flugzeug. Der Adrenalinpegel hatte sich wieder normalisiert, als wir an Bord gingen.

Die C-17 war leer bis auf die Besatzung.

Unsere Container wurden zuerst aufgeladen, dann folgten wir und breiteten auf dem Boden unsere Isoliermatten aus. Nachdem jeder einen Platz gefunden hatte, sah ich, wie die Crew Chiefs mit den Piloten sprachen. Luftwaffen-Flüge mit einer C-17 sind stets Glückssache. Manchmal erwischt man eine erstklassige Besatzung, die einen schlafen lässt, wo immer man will, während sich eine andere genau an die Vorschriften hält und darauf achtet, dass man auf den Sitzen bleibt.

Während die Motoren der Maschine warm liefen, meldete sich der Crew Chief über die Sprechanlage.

»Hallo Jungs, wir legen keinen Zwischenstopp in Deutschland ein, sondern werden in der Luft auftanken auf dem Rückflug in die Vereinigten Staaten«, sagte er. »Ihr könnt euch also ein wenig aufs Ohr legen.«

Die Besatzung hatte anscheinend herausgefunden, wer ihre Passagiere waren, und sie war umsichtig genug, uns den dringend benötigten Schlaf zu ermöglichen. Gewöhnlich wird in Deutschland ein Zwischenstopp zum Auftanken eingelegt. Alle waren froh, dass die Besatzung so rücksichtsvoll war und wir einen Direktflug absolvieren würden. Wir waren mittlerweile fast 24 Stunden auf den Beinen. Der Start verlief ruhig, und dann nahm das Flugzeug Kurs in Richtung Westen.

Wir waren erschöpft.

Die Berichte, die wir gerade im Fernsehen und im Internet gesehen hatten, waren aufwühlend. Ich glaube nicht, dass einer von
uns darauf vorbereitet war. Doch als ich mich auf dem Deck der
C-17 ausstreckte, war ich nicht mehr imstande, mir darüber weiter
Gedanken zu machen. Ich musste abschalten.

Ich nahm zwei Ambien-Tabletten und schlief schon tief, als wir
den afghanischen Luftraum verließen.

Epilog

Knapp ein Jahr nach der Aktion gegen Bin Laden stieg ich aus dem Schnellzug aus.

Ich hatte mehr als ein Jahrzehnt meines Lebens diesem Job und diesem Land geopfert. Ich hatte alles andere aufgegeben, um mir diesen Traum zu verwirklichen. Der Preis waren lange Zeiten der Abwesenheit von Freunden und von der Familie, entgangene Urlaube und eine physische Belastung meines Körpers, die mich den Rest meines Lebens prägen wird. Ich habe bei Amerikas Besten gedient und in einer Gruppe von Jungs, die ich heute meine Brüder nenne, Freunde fürs Leben gewonnen. Seit meinem ersten Einsatz als SEAL und den Anschlägen vom 11. September 2001 hatte ich davon geträumt, einmal an einer Operation beteiligt zu sein, mit der Bin Laden gefasst oder getötet werden sollte. Ich hatte das Glück, dass ich an ihr mitwirken durfte. Aber jetzt ist es Zeit, dass ein anderer meinen Platz einnimmt.

Nur wenige können sagen, dass sie das Glück hatten, in ihrer gesamten SEAL-Laufbahn ununterbrochen operative Tätigkeiten ausgeübt zu haben. Nachdem ich das Ausbildungsprogramm bei BUD/S absolviert hatte, war ich in das SEAL Team 5 eingetreten und anschließend zu DEVGRU gekommen. Ich war nie mit einer nicht-operativen Tätigkeit beschäftigt gewesen. In mehr als zehn Jahren bei den SEALs hatte ich keine einzige Pause, es gab nur den stetigen Rhythmus der Kampfeinsätze. Nachdem ich zu Beginn des Jahres meine Tätigkeit als Teamführer beendet hatte, wurde ich vor die Wahl gestellt, entweder Ausbilder im Green Team zu werden oder in einer von verschiedenen nicht-operativen Funktionen im Kommando zu arbeiten. Diese Jobs waren weit entfernt vom Schlachtfeld und hätten, um ehrlich zu sein, wahrscheinlich genau jene Pause dargestellt, die ich brauchte. Ich wusste, dass ich nach dieser kurzen Unterbrechung wieder den Wunsch verspüren würde, erneut in dem Kampf zu ziehen. Wie bei allen anderen in unserem Kommando litt auch mein Privatleben unter den Belastungen der Einsätze. So sehr es mir widerstrebte, das Kommando zu verlassen, es war einfach Zeit für mich, etwas Neues in Angriff zu nehmen und meine Karriere bei den SEALs zu beenden.

Vor meinem Ausscheiden traf ich mich noch einmal mit dem Commander, der uns nach unserem Einsatz zu Hause empfangen hatte. Er war nun amtierender Leiter der DEVGRU. Ich wusste, dass ihm als erfahrenem Offizier bekannt war, unter welchem Stress wir standen. Wir trafen uns in seinem Büro ein paar Tage, bevor ich offiziell den Dienst quittieren sollte.

»Was können wir tun, um dich zu halten?«, fragte der Commander.

Ich fühlte mich geehrt, dass er mich zum Bleiben bewegen wollte. Aber ich schaute ihm in die Augen und schüttelte bescheiden den Kopf.

»Für mich ist die Zeit gekommen, mich nach etwas anderem umzusehen«, sagte ich.

Ich fühlte mich zwar gewissermaßen schuldig, dass ich meine Brüder zurückließ, die nun die Last alleine tragen mussten, aber

ich hatte meine Entscheidung getroffen. Es gab jüngere Kameraden, frisch aus dem Green Team gekommen, die bestens ausgebil-
det und bereit waren, sich in den Kampf zu stürzen. Ich war einfach müde und bereit für etwas Neues.

Es war ein komisches Gefühl, Walt, Charlie, Steve und Tom
zu verlassen. Wir sind nach wie vor Freunde, und alle vier sind
noch beim Kommando. Zu ihrem Schutz möchte ich nicht viel darüber sagen, was die Jungs gegenwärtig machen. Sie setzen weiter ihr Leben aufs Spiel und opfern ihre Zeit für das Wohl dieses
Landes.

Phil erholte sich wieder vollständig von seiner Schussverletzung
an der Wade. Er ist immer noch ein Witzbold erster Güte und
bleibt einer meiner besten Freunde. Wie ich ist auch er nicht mehr
bei der Navy, sondern ist nach seiner Verletzung in den Ruhestand
gegangen.

Eines meiner ersten Projekte nach meinem Abschied war dieses
Buch. Es war kein leichter Entschluss, es zu schreiben. Keiner in
unserem Kommando hatte den Rummel genossen, der nach der
Tötung Bin Ladens einsetzte. Wir verfolgten ihn zunächst mit
Amüsement, das sich aber schnell in Besorgnis verwandelte, als
immer mehr Informationen durchsickerten. Wir hatten uns immer gerühmt, eine besonders verschwiegene Truppe zu sein, aber
je mehr ich in den Medien über unsere Aktion hörte, umso mehr
wuchs in mir der Wunsch, die Dinge richtigzustellen.

Bis heute wird der Einsatz zur Tötung Bin Ladens überwiegend
falsch dargestellt. Selbst Berichte, die angeblich auf Insiderinfor-
mationen beruhen, sind nicht korrekt. Ich hatte das Gefühl, dass
jemand die wirkliche Geschichte erzählen müsste. Für mich ist
diese Geschichte größer als das Unternehmen selbst und hat in
erster Linie mit den Männern des Kommandos zu tun, die sich
bereitwillig der Gefahr aussetzen und alles, was sie haben, für ih-

ren Job zu opfern bereit sind. Ihre Geschichte verdient es, erzählt zu werden, und zwar so präzise wie möglich.

Seit dem 1. Mai 2011 hat praktisch jeder, von Präsident Obama bis zu Admiral McRaven, Interviews zu dieser Operation gegeben. Wenn der Oberbefehlshaber sich bemüßigt fühlt, darüber zu reden, dann will ich es auch gerne tun.

Natürlich wird das Kommandounternehmen heute in der politischen Auseinandersetzung zwischen den beiden Parteien benutzt, die um das Weiße Haus kämpfen. Den vierundzwanzig Männern, die in dieser Nacht in die Hubschrauber stiegen, waren die politischen Ränke jedoch gleichgültig. Die Politik ist etwas für die politischen Entscheidungsträger in Washington D.C., die unseren Einsatz Tausende Kilometer entfernt auf einem Bildschirm verfolgten.

Als wir in Dschalalabad die Hubschrauber bestiegen, war Politik das Letzte, woran wir dachten. Ich möchte nicht falsch verstanden werden. Wir waren uns dessen nicht völlig unbewusst. Wir wussten, dass das passieren würde. Aber spielt das im Nachhinein eine Rolle? Natürlich, aber ich glaube nicht, dass es einen Unterschied macht, ob ein demokratischer oder ein republikanischer Präsident den Befehl erteilt hat. Das veranlasst mich nicht dazu, eher die eine als die andere Partei zu wählen.

Ich möchte klarstellen, dass dies nicht meine persönliche Geschichte sein soll. Mein Ziel bestand von Anfang an darin, die wahre Geschichte des Kommandounternehmens zu erzählen und zu zeigen, welche Opfer die SEALs dabei gebracht haben. Ich habe mein Leben nur als Möglichkeit benutzt, um zu beschreiben, wie es ist, Teil einer solchen Spezialeinheit zu sein. Ich bin nicht einzigartig und nichts Besonderes, und ich hoffe, dass meine Erlebnisse als Erlebnisse all jener Männer betrachtet werden, mit denen ich gedient habe. Die Männer, zu denen ich aufgeblickt habe, die Männer, mit denen ich zusammengearbeitet habe, diese Männer sind die Besten der Welt und haben mehr für dieses Land getan, als die Menschen jemals begreifen werden.

Das Opfer, das die gefallenen SEALs gebracht haben, die nicht mehr nach Hause gekommen sind, es war nicht umsonst. Manche starben im Kampf im Irak oder in Afghanistan. Andere sind bei der Ausbildung zum Kampf ums Leben gekommen. Wir bewahren sie alle fest in unseren Herzen und wissen, dass sie für etwas viel Größeres als sie selbst gestorben sind. Obwohl sie die Gefahren kennen, bringen Männer wie sie immer wieder die Bereitschaft auf, alles zu opfern.

Ich ersuche die Leser dieses Buches, ebenfalls ein kleines Opfer zu bringen. Man hat mir die Frage gestellt:

»Ich bin kein SEAL und könnte wahrscheinlich auch keiner werden, aber was kann ich tun, um zu helfen?«

Auf diese Frage fallen mir zwei Antworten ein.

Die erste: Leben Sie nicht nur einfach, sondern leben Sie für eine Aufgabe, die über Sie hinausreicht. Seien Sie eine Bereicherung für Ihre Familie, Ihre Gemeinschaft und Ihr Land.

Die zweite: Sie können Zeit und Geld für eine Veteranenorganisation spenden oder auch für eine Organisation, die versehrte Soldaten unterstützt. Diese Männer und Frauen haben ihren Beitrag geleistet und brauchen unsere Hilfe.

Ich spende den Großteil meiner Einnahmen aus diesem Buch für wohltätige Zwecke. Nachfolgend einige Vereinigungen, die ich empfehlen kann:

All In All Time Foundation
(Allinalltime.org)

The Navy SEAL Foundation
(Navysealfoundation.org)

Tip of the Spear Foundation
(Tipofthespearfoundation.org)

Alle drei Organisationen engagieren sich bei der Unterstützung von Familien gefallener SEALs. Ich bitte Sie, bringen Sie einen Bruchteil dessen auf, was diese Männer geopfert haben, und helfen Sie mir, eine Million Dollar für diese Organisationen zu sammeln.

Ich erzähle diese Geschichte und spende den größten Teil meiner Einnahmen aus dem Verkauf des Buches zu Ehren jener Männer, die wir seit dem 11. September 2001 verloren haben. Sie sind wahre Helden.

Thomas C. Forke
Leutnant

Thomas Ratzlaff
SOCS

Stephen Mills
SOC

Robert Reeves
SOCS

Nicholas Spehar
SO2

Nicholas Null
EODC

Michael Strange
CTR1

Matthew Mason
SOC

Louis Langlais
SOCM

Kraig Vickers
EODCS

Kevin Houston
SOC

Jonas Kelsall
LCDR (SEAL)

Jon Tumilson
SO1

John Faas
SOC

John Douangdara
MA1

Jesse Pittman
SO1

Jason Workman
SO1

Jared Day
IT1

Heath Robinson
SOVS

Darrik Benson
SO1

Christopher Campbell
SO1

Caleb A. Nelson
SO1

Brian Bill
SOC

Aaron Vaughn
SO1

Tyler Stimson
SO1

Ronald Woodle
SO2

Denis Christopher Miranda
SO3

David Blake McLendon
CTRS

Collin Thomas
SOC

Bendan John Looney
LT

Adam Olin Smith
SO2

Adam Brown
SOC

Tyler J. Trahan
EOD2

Ryan Job
SO2

Eric F. Shellenberger
SOC

Andrew J. Lightner
PR1

Thomas J. Valentine
SOCS

Shapoor »Alex« Ghane
SO2

Nathan Hardy
SOC

Michael Koch
SOC

Luis Souffront
EOD1

Lane C. Vaccard
SOC

Joshua Thomas Harris
SO1

John W. Marcum
SOCS

Jason R. Freiwald
CTT1

Robert M. McCrill
MCI

Mark C. Carter
SOC

Joseph Clark Schwedler
SO2

Jason D. Lewis
SO1

Freddie Porter
SN

Michael A. Monsoor
MA2 (SEAL)

Mark A. Lee
AO2 (SEAL)

Shane E. Patton
MM2 (SEAL)

Michael P. Murphy
LT (SEAL)

Michael M. McGreevy, Jr.
LT (SEAL)

Matthew C. Axelson
STG2 (SEAL)

Jeffrey S. Taylor
HM1 (SEAL)

Jeffrey A. Lucas
ET1 (SEAL)

James Suh
QM2 (SEAL)

Jacques J. Fontan
FCC (SEAL)

Erik S. Kristensen
LCDR (SEAL)

Danny P. Dietz
GM2 (SEAL)

Theodore D. Fitzhenry
HMCS (SEAL)

Robert P. Vetter
BM1 (SEAL)

Brian Ouellette
BM1 (SEAL)

Thomas A. Retzer
ICI (SEAL)

Mario Maestas
IT2 (SEAL)

David M. Tapper
PH1 (SEAL)

Peter G. Oswald
CDR (SEAL)

Neil C. Roberts
ABH1 (SEAL)

Matthew J. Bourgeois
HMC (SEAL)

Jerry »Buck« Pope
ENS (SEAL)

Die Liste wurde mit freundlicher Unterstützung der Navy SEAL Foundation erstellt.

Quellen

Ackman, Dan, »The Cost of Being Osama Bin Laden«, *Forbes Magazine,* 14. September 2001.

Associated Press, »Jimmy Carter: Iran hostage rescue should have worked«, *USA Today,* 17. September 2010.

Bowden, Mark, *Black Hawk Down: A Story of Modern War,* New York 2001.

Butcher, Mike. »Here's the guy who unwittingly live-tweeted the raid on Bin Laden«, *TechCrunch,* 2. Mai 2011.

Chalker, Dennis und Kevin Dockery, *One Perfect Op: Navy Seal Special Warfare Teams,* New York 2002.

Eggen, Dan, »Bin Laden, Most Wanted For Embassy Bombings?«, *The Washington Post,* 26. August 2006.

Encyclopedia Britannica Online, ll. Ausgabe, »Abbottabad«, http://en.wikisource.org/wiki/1911_ Encyclop%C3%A6dia_Britannica/Abbottabad.

FBI, »FBI Ten Most Wanted Fugitives«, 3. Januar 2008.

Fury, Dalton, *Kill Bin Laden,* New York 2008.

Goldman, Adam und Matt Apuzzo, »Phone call by Kuwaiti courier led to bin Laden«, *PilotOnline,* 3. Mai 2011.

Graham, Maureen und Troy Graham, »Navy SEAL killed in Afghanistan was part of Lynch rescue«, *Philadelphia Inquirer,* 22. August 2003.

Hagerman, Bart, *USA Airborne: 50th Anniversary,* Paducah 1990.

Marcinko, Richard, *Rogue Warrior,* New York 1992.

Mayer, Jane, *The Dark Side: The Inside Story of How the War on Terror Turned Into a War on American Ideals,* New York 2008.

Miller, Greg, »CIA flew stealth drones into Pakistan to monitor bin Laden house«, *The Washington Post,* 17. Mai 2011.

»Most wanted terrorists list released«, CNN.com, 10. Oktober 2001.

Murdico, Suzanne J., *Osama Bin Laden,* Rosen Publishing Group 2007.

Schmidle, Nicholas, »A Reporter At Large: Getting Bin Laden: What happened that night in Abbottabad«, *The New Yorker,* 8. August 2011.

Smith, Michael, *Killer Elite: The Inside Story of America's Most Secret Special Operations Team,* New York 2007.

United States Army. 160th Special Operations Aviation Regiment, *160th SOAR(A) Green Platoon Train-up program,* 31. Mai 2008.

Über die Autoren

Mark Owen ist ein ehemaliges Mitglied der United States Naval Special Warfare Development Group, besser bekannt als SEALs Team 6. In seinen vielen Jahren als Navy SEAL hat er an Hunderten Einsätzen in der ganzen Welt teilgenommen, darunter auch 2009 an der Befreiung von Captain Richard Phillips im Indischen Ozean. Owen war einer der Teamführer bei der »Operation Neptune Spear« im pakistanischen Abbottabad am 1. Mai 2011, die zur Tötung von Osama bin Laden führte. Er ging auch als einer der ersten beteiligten Männer durch die Tür im zweiten Stock des Verstecks des Terrorchefs, wo er Bin Ladens Tod dokumentierte. Mark Owens richtiger Name und auch die Namen der übrigen SEALs, die in *No Easy Day* erwähnt werden, wurden geändert, um ihre Sicherheit nicht zu gefährden.

Kevin Maurer berichtet seit neun Jahren über die Operationen von Spezialeinsatzkräften. Er begleitete sechsmal als »eingebetteter« Journalist Spezialeinsatzkräfte in Afghanistan, verbrachte 2006 einen Monat bei Spezialeinsatzkräften in Ostafrika und war als »eingebetteter« Berichterstatter US-Truppen im Irak und in Haiti zugewiesen. Er ist Autor von vier Büchern über Spezialeinsätze.